东方管理前沿丛书

网金的魅惑

解码
互联网金融

◎谢辉 著

中国出版集团 东方出版中心

推 荐 序 一

　　互联网金融正日益成为正规金融的补充，也成为社会各界
关注的焦点。尽管当前一些舆论对互联网金融的渲染可能夸大
了它的作用和影响，但互联网金融在缓解信息不对称、提高交易
效率、优化资源配置、丰富投融资方式等方面的确有不俗的
表现。

　　互联网金融的创新体现在产品层面，也体现在诸如互联网
支付的技术层面，还体现在组织体系上，互联网金融机构与传统
金融机构组织形式完全不同。在理念上，互联网金融与传统金
融也不相同。例如传统金融已有完备体系，在金融产品设计时
已将风险利润计算清晰；但互联网金融往往初期思路都是先凝
聚客户，产品设计以客户为中心，其间甚至可以放弃利润砸钱，
把赚钱放到未来。

　　互联网金融包容、平等、去中心化，传统金融规范、守纪、尊
重规则。这其实是两种观念、两种文化的碰撞，未来需要的是这
两种文化的融合。支付宝推出余额宝，最初是公司的战术性产
品而非战略性产品，结果短短半年发展到 5 000 亿元，高峰时占
了全国货币基金总量的 80%。这样的创新打开了公司自身的战
略发展想象空间，也给监管提出了新命题。

　　金融开放已是大势所趋，但互联网金融监管仍有必要。常
有人说互联网金融出身草根，相比传统金融机构是"光脚"的，但
在互联网金融发达的浙江，互联网金融不只穿鞋，还穿了类似刘

1

翔的"金跑鞋"，跑得比传统金融机构快。正因为如此，要给互联网金融一条规范的跑道，让其迅疾的创新能够"沿着跑道"进行。互联网金融本质是金融，是金融业务就有它特定的风险，包括流动性风险，也包括信任风险和市场风险，所以必须纳入有效的监管。监管主要是基于金融的外部性问题。

互联网金融领域的事件十分庞杂，其中的关系盘根错节，本书截取其中比较有代表性的实例，按照一定的逻辑架构进行阐述。作者通过对热点事件进行有条理的分析，使用大众化的语言普及互联网金融领域的基本知识，通过尽自己的微薄之力来推动互联网金融行业的发展，是一次值得鼓励的尝试。

本书适合作为相关金融机构、院校进行互联网金融教学的教材，也适合每个想了解该领域的人士阅读。最后，希望社会各界人士更多地关注互联网金融，共同推动中国金融体系的发展！

中国人民银行杭州中心支行党委书记、行长
国家外汇管理局浙江省分局局长
2014 年 7 月于杭州

推 荐 序 二

　　互联网金融从本质上说是利用网络技术搭建于传统金融模式，降低了成本，极大地扩展了金融市场，它不仅对互联网经济起到了非常重要的支撑作用，客观上还有利于中小企业的发展，有利于经济的转型和升级，对现有的金融模式和格局也带来了不可忽视的冲击。

　　与此同时，由于互联网金融所涉及的业务模式多种多样，并且涉及到互联网和金融两个行业，要充分了解互联网金融并不是一件十分容易的事情。《网金的魅惑：解码互联网金融》正是帮助众多读者解决这一问题的一本好书。作者将大量资料进行了逻辑梳理，最终将互联网金融分为四大部分进行介绍，分为"创新的融资模式"、"第三方支付市场之战"、"新型货币之战"和"互联网金融理财之战"。

　　本书行文流畅，论述详实，向读者全面、细致地介绍了互联网金融各种新型的业务模式，是了解该领域很值得一读的书。希望本书的出版能普及互联网金融的相关知识，推动该行业的健康发展。

中国人民银行金融研究所所长

2014 年 7 月于北京金融街

推 荐 序 三

互联网金融在我国迅猛发展,搅动了金融业的固有格局,倒逼着传统金融企业运营的市场化,以及利率的市场化。互联网和货币市场基金结合所形成的各种"宝宝",与国家正在推进的利率市场化在时空上恰巧重合,这给予了互联网金融更重大的历史地位。各大商业银行也迎头赶上,在成功转型的同时也搭上互联网金融的顺风车。

然而,互联网金融领域所涉及的业务非常多样,并且十分新颖,使得众多百姓难以理清头绪。正如作者所言:P2P这种新潮的债务融资方式逐渐走入公众视野,随之而来的也有各种欺诈和紧跟的监管措施;众筹成了各种创意实现的新渠道,新闻报道从传统的天使投资转移到了众筹上;比特币的过山车行情和不断传出的丑闻让关注者无所适从,监管层开始讨论电子货币的发展将对货币政策和金融监管产生哪些影响;嘀嘀打车与快的打车补贴大战普及了手机支付这一新兴的付费方式;马年春节很多人的注意力不在央视春晚,转而紧盯自己的微信,随时准备抢红包;银行等传统金融机构与第三方支付等金融领域的新进入者摩擦不断;余额宝在规模不断刷新纪录的同时,使得公募基金行业传统的按照收益率排名的评价体系失去了主导地位;马云的阿里巴巴和马化腾的腾讯在互联网金融领域展开全面的厮杀;传统金融机构纷纷推出自己的"互联网金融战略"……本书的问世试图帮助人们理清其头绪。

1

本书以大量文献资料作为基础，进行条分缕析，使读者在轻松愉悦的阅读过程中打开思考的空间。本书适合所有对互联网金融有好奇心，但没有相关知识背景的读者阅读。同时，对相关专业人士本书也是有益的参考资料。

最后，希望本书的问世能为互联网金融这个行业的发展起到一定的推动作用。

中国农业银行董事
2014 年 7 月于北京

前　　言

最近两年，"互联网金融"一跃成为大家关注的热点。相关新闻报道层出不穷，正面或负面的信息、观点激烈交锋，这对一个新兴领域来说，的确有些"受宠若惊"。

例如：P2P这种新潮的债务融资方式逐渐走入公众视野，随之而来的也有各种欺诈和紧跟的监管措施；众筹成了各种创意实现的新渠道，新闻报道从传统的天使投资转移到了众筹上；比特币的过山车行情和不断传出的丑闻让关注者无所适从，监管层开始讨论电子货币的发展将对货币政策和金融监管产生哪些影响；嘀嘀打车与快的打车补贴大战普及了手机支付这一新兴的付费方式；马年春节很多人的注意力不在央视春晚，转而紧盯自己的微信，随时准备抢红包；银行等传统金融机构与第三方支付等金融领域的新进入者摩擦不断；余额宝在规模不断刷新纪录的同时，使得公募基金行业传统的按照收益率排名的评价体系失去了主导地位；马云的阿里巴巴和马化腾的腾讯在互联网金融领域展开全面的厮杀；传统金融机构纷纷推出自己的互联网金融战略……

互联网金融发展迅速，正日益成为正规金融的补充，也成为社会各界关注的热点。互联网金融具有开放、共享、平等、普惠、去中心化等特点，尽管当前一些舆论对互联网金融的渲染可能夸大了它的作用和影响，但互联网金融在缓解信息不对称、提高交易效率、优化资源配置、丰富投融资方式等方面的确有不俗的表现。

互联网金融不是互联网和金融业的简单结合，而是在实现安全、移动等网络技术水平上，被用户熟悉接受后，自然而然为适应新的需求而产生的新模式及新业务。互联网金融是传统金融行业与互联网精神相结合的新兴领域。互联网金融与传统金融的区别不仅仅在于金融业务所采用的媒介不同，更重要的在于金融参与者深谙互联网"开放、平等、协作、分享"的精髓，通过互联网、移动互联网等工具，使得传统金融业务具备透明度更强、参与度更高、协作性更好、中间成本更低、操作上更便捷等一系列特征。

互联网金融是一个新兴的交叉学科，横跨互联网、金融、IT、营销、法律等众多领域，同时互联网金融是在创新中不断摸索前进的。该领域中出现的许多问题是没有正确答案的。也正因为如此，互联网金融领域出现新问题的时候，有关各方才需要通过各种方式进行争辩。这具体的争辩方式多种多样，包括：打车大战中的价格补贴；与监管层沟通，发布有利于自己的政策；像某央视评论员一样在媒体上阐述自己的观点；像四大行一样联合市场上属于己方的机构共同抵制对手，等等。本书着重从这一视角来进行观察分析，展示出一个真实、灵动的新世界。

互联网金融在我国大行其道，主要源于中国金融体系中金融压抑，以及互联网金融领域的监管空白。互联网公司灵活的运作，搅动了金融业的固有格局，倒逼着传统金融企业运营的市场化，以及利率的市场化。互联网金融所进行的监管套利，与国家正在推进的利率市场化在时空上恰巧重合，这给予了互联网金融更重大的历史地位。而互联网金融这个领域的历史，正在被越来越多的从业者书写着。

互联网金融领域的事件十分庞杂，其中的关系盘根错节，本书仅仅截取其中比较有代表性的实例，按照一定的逻辑架构进行阐述。对于这一新兴领域，许多问题有待后人去分析清楚，本书通过对热点事件进行有条理的分析，使用大众化的语言普及互联网金融领域的基本知识，尽作者的微薄之力推动互联网金融的发展。

本书将互联网金融分为四章：互联网融资、第三方支付、新型货币和互联网理财，每章包括多个小节，以利于读者厘清架构和内容。

本书作为抛砖引玉之作，恳请读者批评指正，在此提前致谢！

目　　录

第一章　创新的融资模式

一、实现"金融脱媒"的 P2P 借贷

（一）P2P 借贷简介

P2P 借贷就是现在互联网金融领域所泛称的 P2P，其英文全称为"Peer-to-Peer lending"，即点对点，个人对个人的信贷，中文翻译为"人人贷"。简单地说，就是有资金并且有理财投资想法的个人，通过中介机构牵线搭桥，使用信用贷款的方式将资金贷给其他有借款需求的人。其中，中介机构负责对借款方的经济效益、经营管理水平、发展前景等情况进行详细的考察，并收取账户管理费和服务费等收入。

P2P 网贷模式起源于英国，由英国人理查德·杜瓦、詹姆斯·亚历山大、萨拉·马休斯和大卫·尼克尔森四人在 2005 年 3 月共同创办了全球首家 P2P 网贷平台 Zopa。2006 年这种网贷模式传入美国，2007 年传入中国。

P2P 网络贷款以 Prosper、Lending Club、Zopa、宜信、陆金所、拍拍贷、人人贷等公司为代表。P2P 平台首先在国外悄然兴起，美国最大的网络借贷平台是 Prosper（译名为"繁荣网"），而欧洲最大的网络借贷平台是 Zopa，这两大平台都通过其网站可以实现用户之间的资金借入或借出，在此之前个人借款都是通过银行来实现的，个人将存款汇集到银行，由银行作为媒介发放给贷款人。

P2P 的概念发展至今已经衍生出了很多模式。平台的模式各有不同，归

纳起来主要有以下四类：①

1. 全线上无担保模式。拍拍贷是此类模式的代表，从诞生起一直坚持做平台模式，算是最纯粹的 P2P 模式，这种模式下，平台不参与担保，纯粹进行信息匹配，帮助资金借贷双方更好地进行资金匹配。这种模式其实本质是直接融资的概念，是金融脱媒的一种表现形式。改变了资金原先都通过银行等中介媒体汇集再给予资金需求方的模式，应该算是一种创新的金融模式。但是现实中要达到纯粹脱媒估计还要经历很长的时间，而且更为关键的是，类似拍拍贷这种坚持做平台模式的 P2P，大概全国仅此一家，在大量带担保的 P2P 的围剿下，生存难度日益加大。

2. 有担保模式。这是目前 P2P 的主流模式，平台不吸储，不放贷，只提供金融信息服务，由合作的小贷公司和担保机构提供双重担保。典型代表例如人人贷。此类平台的交易模式多为"一对多"，即一笔借款需求由多个投资人投资。此种模式的优势是可以保证投资人的资金安全，由中安信业、证大速贷、金融联等国内大型担保机构联合担保，如果遇到坏账，担保机构会在拖延还款的第二日把本金和利息及时打到投资人账户。这其中，人人贷也推出了债权转卖交易，如果投资人急需用钱，可以通过转卖债权，从而随时把自己账户中的资金取走。人人贷因为其安全方便迅速获得用户喜爱。

一个本金担保和不担保，看上去一个微小的差异，最终形成的差异却是截然不同的，交易性质发生了本质改变，本金担保的 P2P 模式实质已属于间接融资的概念。

其运作模式由平台成了一个担保机构，而大量的投资人本来基于自身能力和借款人的公开信息的借款行为，就成了更多依赖于对 P2P 机构的信赖基础上的一个借款行为，而 P2P 机构负责寻找客户，筛选客户，提供担保，然后匹配资金，这一系列的行为使得 P2P 在这个层面上成了所有的风险聚集点，不但成了交易的信息中介，资金中介，也更成了风险中介。

这三大中介本质已经是典型的金融机构所履行的业务职责了，P2P 这个

---

① 《人人贷公司的起源和 P2P 平台贷的四种模式》，http://www.souqian.com/infor/26628.html。

时候异化成了一个金融机构。而且还是异常强大的一个金融机构,当前大量的P2P注册资本都非常小,一家注册资本100万元的P2P,最终能够形成几亿元的业务规模,与此同时,一家注册资本一个亿的小贷公司,却只能操作上限1.5亿元的业务,两者强烈的反差所表现的是,P2P很多时候其实是在进行监管套利的行为。

互联网金融其实是希望能够依赖互联网进行金融脱媒,利用互联网的技术,能够让大量金融机构的职能不断地分化甚至消失,这是互联网金融的核心意义。但是显然这种P2P的模式它本身又承担了金融中介的职责和功能,从这个逻辑上来看,这样的P2P跟传统的金融机构其实本质是一样的。无非只是叫法有所区分而已。所以,带了本金担保的P2P的本质就是没有牌照的金融机构。

3. 宜信模式。宜信公司①的借款需求和投资都是打散组合的,甚至由宜信负责人唐宁自己作为最大债权人将资金出借给借款人,然后获取债权对其分割,通过债权转让形式将债权转移给其他投资人,获得借贷资金。宜信也因其特殊的借贷模式,制定了"双向散打"风险控制,通过个人发放贷款的形式,获得一年期的债权,宜信将这笔债权进行金额及期限的同时拆分,这样一来,宜信利用资金和期限的交错配比,不断吸引资金,一边发放贷款获取债权,一边不断将金额与期限错配,不断进行拆分转让,宜信模式的特点是可复制性强、发展快。其构架体系可以看作是左边对接资产,右边对接债权,宜信的平衡系数是对外放贷金额必须大于或等于转让债权,如果放贷金额实际小于转让债权,等于转让不存在的债权。

"有中国特色的线下模式"是宜信的最大特点。由于最正宗的P2P无抵押、无担保,是纯粹的个人信用贷款,在缺乏信用体系的国内并不适用,所以宜信采用线下模式发展。宜信将自己的P2P理财模式总结为"固定收益类理财解决方案"。其网站宣称,宜信宝系列预期年化收益率在10%以上。

---

　　①　宜信公司创建于2006年,总部位于北京。是一家集财富管理、信用风险评估与管理、信用数据整合服务、小额贷款行业投资、小微借款咨询服务与交易促成、公益理财助农平台服务等业务于一体的综合性现代服务业企业。目前已经在100多个城市和20多个农村地区建立起强大的全国协同服务网络,为客户提供全方位、个性化的普惠金融与财富管理服务。

宜信在全国开设了一批网点，实际上做的是没有执照的银行理财和信贷业务，宜信将获得的债权进行拆分组合，打包成类似固定收益的产品，然后通过销售队伍将其销售给投资理财客户，它既可以提供高于银行收益的理财产品吸引投资者，又可以进行实际的放贷业务，这种模式实际上就是一个资金池。①

4. 大型金融集团推出的平台。大型金融集团推出的互联网服务平台与其他平台仅仅几百万的注册资金相比，雄厚的背景是亮点。例如：陆金所注册资本就有 4 个亿。此类平台有大集团的背景，且是由传统金融行业向互联网布局，因此在业务模式上金融色彩更浓，更"科班"。以风险控制来说，陆金所的 P2P 业务依然采用线下的借款人审核，并与平安集团旗下的担保公司合作进行业务担保，还从境外挖了专业团队来做风控。线下审核、全额担保虽然是最靠谱的手段，但成本并非所有的网贷平台都能负担，无法作为行业标配进行推广。值得一提的是陆金所采用的是"一对一"模式，一笔借款只有一个投资人，需要投资人自行在网上操作投资，而且投资期限为 1—3 年，所以在刚推出时天天被抱怨买不到，而且流动性不高。但由于"一对一"模式债权清晰，因此陆金所在 2012 年底推出了债权转让服务，缓解了供应不足和流动性差的问题。

其实，由于 P2P 的经营模式很多，分类也并不仅有上述四种。通过对于 P2P 不同经营模式的分析和比较，有利于我们清楚的认识这个十分多样化的行业。

此外，P2P 的金融功能优势十分明显。P2P 的兴起使得资金绕开了商业银行这个媒介体系，实现了"金融脱媒（Financial Disintermediation）"，出借人可以自行将钱出借给平台上的其他人，而平台通过制定交易规则来保障交易双方的利益，同时还会提供一系列服务性质的工作，以帮助借贷双方更好地完成交易。在人人贷诞生之前，个人如果想要申请贷款，首先想到的是银行，需要身体力行地前往银行设立的网点递交申请、提供繁复的材料，之后经过冗长的等待，才能获得想要的资金。P2P 则大为不同，个人通过登录网站成为注册

---

① 李濒濒，《盘点中国 P2P 的四种模式》，《证券时报》，2013 年 10 月 28 日。

用户后,填写相关信息,通过相关验证,便可以发布个人贷款信息。P2P 相对传统银行贷款业务,特点之一是便捷。此外 P2P 网络借贷对于个人及中小企业借贷方具有门槛低、审批快、手续简、额度高等优势。

总体来看,P2P 在一定程度上降低了市场信息的不对称,对利率市场化将起到一定的推动作用。由于其参与门槛低、渠道成本低,在一定程度上拓展了社会的融资渠道,为中小微企业融资渠道提供了很好的机会和条件。但从目前来看,P2P 网贷暂时很难撼动银行在信贷领域的霸主地位,无法对银行造成根本性冲击。

(二) 发展迅速的中国 P2P 行业

中国的金融市场似乎特别适合 P2P 的生长。随着互联网用户的普及、技术的进步与货币数字化的迅速发展,2005 年在英国首次出现 P2P 模式服务平台。这种模式由于使借贷双方互惠双赢,加上其高效便捷的操作方式、个性化的利率定价机制,推出后得到广泛的认可和关注,迅速在中国复制。

国内小额贷款及人人贷的出现和兴起,主要是因为国内现有的金融体系对小微客户的金融排斥。小微客户由于财务管理不规范和缺乏可用于抵押担保的资产,一般很难从银行等正规金融机构获得贷款。同时传统银行贷款业务在进行客户导向时,考虑成本及管理因素,银行对小额贷款业务受理缺乏热情,国内有 4 200 万家中小企业,其中只有 3% 的企业主从银行获得贷款。银行等金融机构的传统客户是资质优良的国有企业、大中型企业等,数量庞大的中小微企业在现有的银行服务体系中多数被定位为低端客户。在金融服务成本相差不大的情况下,银行等金融机构更倾向于选择优质、高端客户。

央行副行长刘士余曾提供一组数据显示,截至 2013 年末,全国范围内活跃的 P2P 网络借贷平台已超过 350 家,累计交易额超过 600 亿元。然而该数据仅统计了"活跃"的 P2P 网贷平台,据业内估计,行业平台已经超过 1 000 家,交易额超过 1 000 亿元,较 2012 年 200 亿的成交额呈爆发式增长。[①]

---

① 银联信,《互联网金融深度研究季报》,2014 年 1 季度。

（三）P2P 的网络安全风险

互联网金融火了，随之而来的是黑客们尾随的脚步，众多 P2P 网贷平台集中被黑。例如以"网贷之家"为代表的多家 P2P 行业门户网站、论坛，多次成为黑客的攻击目标。

1. 那些年，被黑过的 P2P 平台

自 2013 年以来，P2P 平台正逐渐成为黑客眼中的一块"肥肉"。曾有黑客给某 P2P 平台负责人发信息，称"又要过年了，奶粉钱比较紧张"，要求该公司给其封一个 8.8 万元的红包。由此可见众 P2P 平台在黑客眼中确是一块肥得流油的上好肉。

这些黑客通常通过申请账号、篡改数据、冒充投资人进行恶意提现，用户隐私被泄露甚至资金被盗事件也发生过，只不过这些尚未见诸报端而已。黑客在对 P2P 平台发起"黑"行动时都会采取"精准打击"的方式，即在一个网贷平台处于"薄弱"时下手。如果一家平台在某个时间段有大量资金到期，这时会产生许多提现需求。而如果平台这个时候被黑，投资人一旦恐慌提现，加上平台是拆标的话，资金链一断裂，平台就玩完了。

2013 年 12 月，广东地区多家 P2P 平台，包括 e 速贷、通融易贷、快速贷、融易贷、融信网等集中被黑。而在当年 10 月，就有一些平台因黑客的攻击导致系统瘫痪，深陷挤兑泥潭，比如内蒙古的银实贷。而在 2014 年 1 月 9 日，P2P 平台大佬人人贷刚刚对外发布获得 1.3 亿美元的投资，时隔不到两个小时，其官方微博就发布了被黑客攻击的告示。同一天，拍拍贷、好贷网也遭遇了黑客的恶意流量攻击。国内最大、最具影响力的 P2P 网贷行业门户网"网贷之家"自 2014 年 3 月 16 日以来，也受到黑客持续多日的恶意严重攻击，这是继 2013 年底人人贷、好贷网、拍拍贷等受到黑客攻击后，P2P 行业的另一波黑客攻击行为。网贷之家只是一家普通的行业门户网，却受到如此强烈的恶意攻击，要是这种事情发生在投资人信息众多、交易金额巨大的 P2P 网贷平台身上，后果不堪设想。这些事件，都为 P2P 行业乃至整个互联网金融安全敲响了警钟。

2. 黑客为何钟情于 P2P 网贷行业？

以 P2P 为代表的互联网金融行业受到资本市场的关注，是引起黑客注意的原因之一。此外,由于 P2P 网贷行业的类金融属性,做的是"钱生钱"的生意,所以从一诞生就被黑客惦记上了。整个行业从 2013 年下半年开始就被黑客集中攻击,有好几家平台因为黑客的攻击出现提现困难和挤兑。

P2P 网贷作为互联网金融的率先试水者,这一新型的民间金融模式,既帮助解决了中小企业融资难、融资贵的问题,也让资金富余者多了一条投资渠道。一些早期的投资者,也已然尽享这一新兴理财产品所带来的稳定收益。据统计,至 2013 年底,整个 P2P 网贷行业已有超过 800 家网贷平台,成交规模超过 1 000 亿元,比 2012 年增长 5 倍,是 2011 年的 20 倍。2014 年,随着互联网金融的进一步升温,其成交规模或再创新高。

与此同时,与其他金融机构相比,P2P 平台的安全技术力量无疑是一块短板,很多平台漏洞较多。一般来讲,百度、腾讯、阿里巴巴等大型互联网公司拥有大量服务器和带宽用以防御此类攻击,而相对弱小的 P2P 平台,其抗风险能力则很小。提高平台技术安全,无疑成为各大 P2P 平台 2014 年迫在眉睫的任务。

此外,遭遇黑客攻击可能还有两种原因,一是由于竞争激烈,入侵行为实为对手公司所为,让不少用户从被攻击的平台流出,是一种不正当竞争行为;另一则可能是黑客本身向公司进行敲诈勒索。

3. 网络安全任重道远

有人形容黑客攻击,犹如悬在互联网金融头上的一把达摩克利斯之剑,随时都有可能掉下来。而 P2P 网贷的迅猛发展也带来了行业风险的高速聚集,特别是安全风险正在成为 P2P 平台的致命威胁。

2008 年以来,全球众多 P2P 网贷平台宣布破产倒闭,损失超过 300 亿美元。除 30 多家涉嫌诈骗跑路外,其余皆因黑客攻击导致系统瘫痪,数据被恶意修改洗劫一空,最终因投资者疯狂提现被迫关门。据世界反黑客组织透露,今后很长一段时间内,P2P 网贷平台仍将是全球黑客攻击的首要目标。技术安全已成为 P2P 网贷平台最致命的风险。

为何黑客能够如此嚣张? 主要是黑客攻击成本太低,防御成本远远大于攻击成本。目前黑客攻击主要有两种:一是黑客入侵,会造成敏感数据泄露;二是,暴力打击,会影响服务,但数据不会泄露。

对于前一种攻击,可以采取比如数据库与对外系统的隔离、更严格的权限限制,以及外加一些防火墙设备等措施。对于第二种,需要花钱购买足够大的带宽、使用防火墙。目前多数中小型互联网企业可以抵御 1 G 到 2 G 的小规模入侵,但 10 G 以上的入侵,几乎无力抵抗。

而当网站被攻击时,除了购买应急性的解决方案以外,只能在日后升级软硬件设备,而这将是巨大的成本开销。例如购买 1 G 带宽的费用一般是 30 万元/年。如果攻击有 30 G,自己买带宽的话,得花 900 万元。事实上,黑客的攻击正让 P2P 及相关的互联网金融公司成本骤增。2014 年在互联网安全方面要投入的成本,将比此前至少要翻倍。

另一方面,法律方面的盲点或是互联网金融安全的一大短板。目前在互联网金融安全方面,具体到 P2P 行业尚没有相关法律条例,更多的是参照其他互联网网站。此外,不少网站因受攻击,都曾报过警,但基本上都是不了了之。网络犯罪比较难取证,难定位,而且目前国内网络安全方面,侦查措施仍比较欠缺。未来的 P2P 网络安全维护,任重而道远。

(四) P2P 的诈骗风险

1. 跑路不断的 P2P 网贷行业

随着 P2P 网贷行业的野蛮式增长,整个行业陷入人们的质疑声中踯躅不前。从 2013 年初众贷网的倒闭,到年底网赢天下的破产。P2P 网贷行业仅在短短不到一年的时间里,便经历了从整体爆发,到行业倒闭潮的来临。

事实上,在我国最早的 P2P 网贷出现在 2006 年,就当时国内的网贷行业情况来看,整体尚处于鲜有人问津的状态。这一情况直到 2010 年的物联网概念爆发,才有所打破,并陆续出现了一些试水者。

近年来,民间金融一直都是政府金融改革的重点之一,而民间借贷也是老百姓关注的焦点所在。在这样的大环境下,2013 年的互联网金融一夜之间风生水起,无论是传统的金融行业,还是实业资本和风险投资,都将手中的热钱瞄准互联网金融。

然而,政策的缺失和行业整体的监管缺乏,使得 P2P 网贷乱象丛生。相关统计数据显示,2013 年有超过 70 家网贷平台"倒闭"或"跑路",涉及金额约为

12 亿元。

2013 年倒下的 P2P 网贷企业主要可以分为三类,其一是由于行业监管力度缺乏,企业本身做平台就是为了骗钱;其二则是基于实体企业圈钱,周转出现了问题;其三则是对于行业缺乏了解,大额过桥贷款逾期导致周转不开。此外还有一类,就是对风控和网贷不了解,出了问题。[①]

2. 花样翻新:P2P 出售股权

在经历了 2013 年底的倒闭潮后,P2P 网贷平台又遇到了 2014 年初的投标难问题,就是投资者想投到普通标难度很大,往往抢不到标。在这种情况下,本该是连接起投资人与贷款人的第三方 P2P 网贷平台,则玩起了转让股权给投资者的新花样,如 P2P 网贷平台"爱贷网"在 2014 年 2 月 27 日发出的公告中正式提出股权出让邀约,"计划以每股 3 元的价格出让公司法人所持有股份中的 250 万股,其占爱贷网总股本的 25%。邀约中承诺所有认购者按持有的股份比例享有平台经营利润的年终分红,同时平台承诺首年每股分红回报最低标准 0.6 元以上,即年增长 20% 以上,经营利润分配不足以支付分红回报最低标准时由大股东出资补足最低标准"。其实这就是一种向大众变相圈钱的手段。敢于提出增资扩股的都是有一定实力和人气的老平台,投资人对他们的认可度高,而且这些平台普遍利息水平都比较低,看起来相对安全。一旦认购成功,资金的封闭期长达一年,以 P2P 网贷行业的现状来看,一年之后是什么样子谁都说不清。

这里我们暂且不论投资者是否愿意去认购 P2P 网贷平台的股权,实际上 P2P 网贷平台发售股权这件事情本身就有法律风险。如果向社会公众发售股权,确实属于非法集资,符合非法吸收公众存款的特征。公司要谨慎从事,否则容易被追究刑事责任。根据《关于取缔非法金融机构和非法金融业务活动中有关问题的通知》规定,单位或者个人未依照法定程序经有关部门批准,以发行股票、债券、彩票、投资基金证券或者其他债权凭证的方式向社会公众筹集资金,并承诺在一定期限内以货币、实物以及其他方式向出资人还本付息或给予回报的行为就属于非法集资。

---

① 《P2P 老总担心行业跑路潮加剧》,http://kuaixun.stcn.com/2014/0331/11296823.shtml。

网贷平台募股除了存在一定的法律风险之外，所募集的资金去向也令人生疑，因为 P2P 网贷平台应该是纯中介形式的，突然一下子募集了上千万的资金又没有明确说明这些资金的去向，不免有自融嫌疑。

事实上，目前大多数平台转让或增资募股的行为从根本上来说还是以吸收并沉淀投资者的长期资金为目的。因为短期资金对平台本身来说会增加流动性风险和不确定性，因此网贷平台希望有更多的长期资金沉淀在平台内，而一般 6 个月以上的标又没有太多人会去投，因此采取增资募股的方式变相吸引长期资金。对整个 P2P 行业来说，这也不一定是坏事。这至少反映了一种从投机到投资，从非理性到理性的转变，扩充股本吸纳更多股东意味着网贷平台面临着更多来自投资人群体的监督，并最终促使其向着更透明、更稳健的方向发展。

3. 高大上的谎言：以中欧温顿跑路为例

2014 年 2 月 25 日，在北京、上海、深圳等一线城市 CBD 的 P2P 中欧温顿被曝北京负责人李晓涌"消失"，受此影响，2 000 多名投资者近 4 亿元资金无法赎回。但是由于该公司连法人代表都造假，受害者连发起民事起诉也没有主体。① 这是一起典型的假 P2P 平台装扮高大上、高收益骗取投资者投资的诈骗案例。

中欧温顿利用"公司成立于 2012 年 7 月，并在北京、河北、内蒙古、上海、深圳均设有分公司及办事处"，"公司注册资金 1 亿元"，"董事长陈立秋为'深圳政协委员'"，"高管有海外留学和金融机构工作背景"等内容为其塑造"高大上"的公司形象，骗取投资者近 4 亿元资金。

根据受害投资者提供的资料，中欧温顿主要在超市招揽客户，大部分投资者是老年人。据悉，中欧温顿在 2013 年 4 月 27 日举行客户答谢会，其现场照片显示，每个围桌上都有老年人。老人家经常去超市，被这些经过专业培训的业务员一发传单一洗脑，再被带去参观他们在北京国贸 CBD 的办公地点，致使很多老年人相信该公司的经营实力而上当受骗。

中欧温顿爆发出来的问题，体现了一些假 P2P 的新特征。这类公司一般有几个特点：拥有庞大的线下理财团队、位于城市 CBD 的豪华办公场所，理财

---

① 陈颖，《中欧温顿 P2P 骗 4 亿元 2 000 多人被骗》，《南方都市报》，2014 年 3 月 21 日。

资金和理财项目不匹配,操作不透明。而且为了让人相信,其收益率一般在8%—12%之间,收益率略高于银行理财产品,略低于P2P网贷平均收益率。

在不少地方,在超市、在广场、在小区我们都可以看到类似"中欧温顿"这样的所谓"基金公司"、"创投公司"、"财富管理公司",给一些鉴别能力稍弱的中年人,甚至是老年人派发宣传单,通过高收益吸引投资者注意。但这种操作模式,绝对不是P2P模式,而只是借着P2P网贷这个概念热,高关注度,浑水摸鱼而已,其已经有非法集资、非法吸收公众存款的嫌疑了。

一些P2P出事后,部分平台工作人员会假扮成为投资者混入投资者的维权圈中,散布一些不可靠消息,并劝说投资者找人进来接盘,让庞氏骗局继续得以继续。

(五) P2P 的经营模式风险

从P2P的现实操作来看,当前大量的P2P模式之中,互联网其实在当中所扮演的只是一个吸储的角色,是资金流量入口的概念,而在信贷交易的核心领域:信用风险的控制领域,这类的P2P机构采取的又是跟传统金融机构几乎一致的模式,都普遍采取线下审核的模式,都没能体现出互联网的优越性出来,也就注定了P2P的悖论。运营跟传统金融机构的运营模式几乎一致,但是却没有获得传统金融机构的制度性的保障优势。例如传统金融机构对抗风险,很大程度上是可以采取几乎零成本来对抗极高坏账率的情况,而显然P2P缺乏这样的制度性保障,更容易引发风险。

如果说上一节中提到的中欧温顿属于以行骗为目的的"皮包公司",那么P2P行业的领头羊宜信公司肯定是为了长期经营而设立的。但2014年4月8日,香港媒体却爆料称宜信有8亿元坏账很难追回。此报道一出,对于中国P2P发展模式的讨论喧嚣尘上。随后的4月14日,针对媒体曝出宜信8亿元坏账的消息,宜信CEO唐宁首次公开回应,称网络媒体报道与事实严重不符,宜信正在积极跟进处理。[①] 但这一事件也充分暴露了一个令人担忧的问题,即

---

① 明宇,《宜信CEO唐宁回应8亿坏账消息:项目均运作正常》,http://www.techweb.com.cn/internet/2014 - 04 - 14/2027378. shtml。

整个 P2P 网贷公司的经营模式也是十分具有风险性的，这一点是需要在未来 P2P 行业发展不断去完善和避免的。当然，任何行业都有风险，P2P 作为新兴行业，本身就在创新中寻求可持续发展的模式，市场允许试错，但由于涉及"别人的钱"，所以可以对试错进行适度容忍，但监管必须跟上。

（六）两会热点——P2P 的监管

2013 年，曾经"门禁森严"的金融业出现了众多的搅局者，金融业也进入了从混业到跨界的发展状态。这期间迅速发展的 P2P 行业也理所当然地成为大众关注的焦点。仅 2013 年一年，全国范围内活跃的 P2P 网络借贷平台已超过 350 家，累计交易额超过 600 亿元。在非 P2P 的网络小额贷款方面，阿里金融旗下三家小额贷款公司累计发放贷款已达 1 500 亿元，累计客户数超过 65 万家，贷款余额超过 125 亿元。但是，在发展的过程中，行业问题也逐渐开始暴露。随着互联网金融创新越来越多，中间可能夹杂一些损害消费者利益的因素。此外，行业内的竞争也越来越激烈，甚至出现了一些违反法律的案件。互联网金融，特别是 P2P 模式的风险不同于其他行业。一旦企业经营不下去，多数会选择"跑路"，可能牵涉人数众多。事实上目前 P2P 业内的诸多企业非常重视风险管理，但是一些企业为了竞争承诺高收益，难免出现"劣币驱逐良币"的现象。[①] 为此，加大对整个 P2P 行业的监管力度，就成了广大消费者和 P2P 企业共同的呼声。

在这样的大背景下，互联网金融监管的话题理所当然地成了 2014"两会"上的绝对热点，与此同时，各监管机构也正就互联网金融业务及其监管进行内部磋商，拟出台相关监管办法。P2P 网贷的存在在当前经济金融环境下有其重要意义，但 P2P 网贷面临很多问题，它享受着监管政策套利，也缺乏规范性。这些问题，都是眼下热议的互联网金融监管的重要着眼点。具体来看，有准备金问题、虚假信息、非法行为、自律问题、风控问题、征信问题、来自传统金融的挑战等七大问题。[②]

---

① 张玉香，《互联网金融监管起步业界呼吁"黑名单"管理》，《中国经营报》，2014 年 3 月 1 日。
② 郭杰群，《P2P 网贷监管究竟面临哪些问题》，《南方都市报》，2014 年 3 月 6 日。

为此，我们不能盲目夸大 P2P 网贷的力量。P2P 平台得以发展的主要原因还是源于传统金融仍坐享垄断红利、传统金融对小微贷款客户的漠视、存款收益率的低下。但无论如何，P2P 平台没有能够撼动、更不要说颠覆传统金融，其自身发展面临巨大压力。这些也都是互联网金融监管需要考虑的问题。

第一，准备金问题。作为金融服务企业，P2P 网贷公司目前并没有被要求提取准备金。但如果银行和其他金融机构有准备金的规定，为什么 P2P 网贷不需要？有人可能会说，P2P 平台只是中介机构。但实际上 P2P 这个金融平台与一般的中介机构如房产中介有本质的区别，其经营破产直接影响到投资者的资金并会对社会稳定产生冲击。这里笔者并不是说 P2P 网贷平台要维持和银行等金融机构一样的风险准备金水平，但这个风险防范的工具是一定需要的。目前，即便一些条件较好、风险意识较强的网贷公司设立了风险准备金，其总量和比例也仍然非常低，而且准备金并没有被第三方机构托管，更不要说虚提、漏提、不提的情况也同时存在。因此，对准备金的问题不能回避。

第二，虚假信息。P2P 网贷公司的生存面临重大压力，为了吸引更多投资者，一些 P2P 平台无法淡定地追求长期稳定的发展策略，而是急切地追逐着短期融资的规模，期待风投资金的跟进。在如此短浅的目标下，一些平台给投资者提供着虚假或者不实信息。其表现在方方面面，比如，一些公司刻意隐瞒借款者的不良财务信息，信息披露不透明、不明确，甚至是有意歪曲；一些公司对外夸大风险投资的融资金额，明明是风投有条件、分阶段的意向投资额度，却被故意宣扬为实际融资额度，而非专业人士基本无法辨别。

第三，非法行为。这里说的非法行为不是纳储、吸储等央行明确表示反对的行为。目前，即便是一些自我标榜严谨的 P2P 网贷也在做一些非法的事。比如，秒标的存在。所谓"秒标"就是为吸纳投资者，而由 P2P 平台人为制造、虚构的高收益、超短期限的借款项目。根据第一网贷的不完全统计数据，仅 2014 年 1 月，全国 P2P 网贷秒标交易总量就达 1.7 亿元。再比如，虽然一些 P2P 平台寻求第三方支付平台来存放投资者的资金，但是资金并不完全由投资者控制，在资金的去留环节，投资者仍需 P2P 平台批准。事实上，P2P 平台已经通过关联交易涉及资金的运作。再比如，一些平台为了不流失客户资金，而给予客户滞留资金（即没有用于投资项目的资金）一定的回报承诺，这也因为关联运作成为变相的吸储，即便投资者资金被第三方支付平台托管。

第四，自律问题。如果询问任何一家P2P网贷公司，它们都会强调希望被政府监管。其原因，除了规避法律风险外，也有助于设立行业进入门槛，增强投资者的信心。但在监管部门、条例明确之前，央行强调的仍是P2P平台的自身约束。但事实上自律只是一个单方面的承诺。从小的方面来说，如果违背了自律条款，其后果又将如何，要打个巨大的问号；从大的方面，自律是封闭的，如果没有监管机构的有效协调，微观风险仍然无法与宏观市场上的其他风险相分离。特别是，上面提到的虚假、非法行为在行业中普遍存在。因此，在自律的基础上，监管法规和条例是必需的，与提倡金融创新并不矛盾。此外，目前由央行主导、有限的P2P网贷平台参与的自律组织与发达国家完全由行业组织的自律团体又有着重要区别，不但缺乏能动性，也无法代表大多数未被纳入的P2P平台。而这些由少数P2P平台参与的组织又在为自身的利益设置不同的行业进入门槛，以期加强自身的竞争力。这与互联网普惠平等的理念有着天壤之别。

第五，风控问题。风险控制是任何涉及金融业务公司的核心。目前存在两层风控问题，在微观上，每一家公司都在宣扬自己的风控力度，但事实上，还没有看到一个非常规范的风控流程。大多数平台在追求发展的道路上，无法平衡平台交易量增长速度与项目风险，以及客户关系与项目风控措施的冲突，在矛盾产生时，风控大都处在第二位。在另一层面，P2P平台的交易存量仍在扩大。对系统风险的防范，监管部门还缺乏认识。虽然说P2P平台的交易存量也不过1 000亿元，但要意识到，在系统风险来临之时，P2P平台对金融体系的影响可以以几何级别递增。不要忘了，2008年席卷全球的金融危机就是由全球债券市场上占比不到1%的次贷引发的。

第六，征信问题。贷款者信用调查对P2P平台是个难题，因为目前的央行征信信息并不对P2P平台开放。不但如此，央行征信信息内容有限，贷款者的非银行贷款也没有被完全纳入央行的征信体系。一个贷款者可以在多个P2P平台进行贷款而其贷款信息不被其他P2P平台和银行知晓。这对整个金融体系都会产生巨大破坏作用。因此，尽早将P2P借贷信息纳入征信体系是个亟须解决的问题。

毋庸置疑，P2P网贷是对当前中国金融格局、金融思维理念、投资者投资渠道一个有价值的补充,是对传统金融业的一个挑战。在概念价值上,其意义深远;在实际价值上,多家 P2P 网贷平台的资料显示,来自诸如北上广等富裕地区的资金向较为落后的区域流动,不但有助于解决小微企业营运资金的流转,扩大个人消费,也增强了对落后地区的资金支持。此外,规范的 P2P 网贷的存在也是对"高利贷"行为的一种有力驱逐。

(七) P2P 监管的走向

1. 央行监管的未雨绸缪

鉴于大量 P2P 公司的"野蛮"成长,使得一些"心怀鬼胎"和"不务正业"的 P2P 公司出现了问题。相对前几年团购网站的倒闭潮,P2P 公司倒闭所引发的金融风险、社会问题也要更严重。对于 P2P 行业的风险,央行则早已进行了未雨绸缪的监管。从 2010 年开始,央行监管层就对 P2P 行业进行了一系列调查。2013 年 11 月 25 日,人民银行条法司相关人士给出了明确的风险警示,要求明确 P2P 网络借贷平台的业务经营红线。央行相关负责人指出:"应当在鼓励 P2P 网络借贷平台创新发展的同时,合理设定其业务边界,划出红线,明确平台的中介性质,明确平台本身不得提供担保,不得归集资金搞资金池,不得非法吸收公众存款,更不能实施集资诈骗。"

2. "黑名单"监管

2014 年 2 月 26 日,由央行领导下的支付清算协会在京召开了 P2P 网贷行业座谈会。据悉,会议听取了业界对 P2P 行业的监管建议。与会企业讨论了建立 P2P 借款人黑名单共享机制以及明确 P2P 网络借贷行业的监管部门等内容。而央行副行长刘士余亦撰文称,互联网金融存在三大风险,并提出了相应的监管建议。[①]

所谓"黑名单"模式,即为法不禁止,即为允许。这样,行业内一些中间地带的做法即为合法。互联网金融发展是一个大的潮流,应该用相对开放的态度去监管和管理。如果采取发牌照的方式,那么可能又会出现各种垄断和寻租。如果采取"白名单"的方式,等于是肯定了小部分,而伤害了大部分。

---

① 张玉香,《互联网金融监管起步业界呼吁"黑名单"管理》,《中国经营报》,2014 年 3 月 1 日。

3. 开发、鼓励的监管走向

2014 年 3 月 25 日，媒体报道称官方对于 P2P 监管的基本思路和原则已确定，明确放弃此前一度被看好的牌照准入制度。监管原则是 P2P 不能背离"金融信息服务中介"的本质，严防异化为"信用中介"、"平台担保"、"资金池操作"、"资金假托管"等。①

监管走向明朗，对于绝大部分真正 P2P 企业以及从业者而言，是一件期盼已久的事。道理很简单，在中国，纳入监管、有人管了，就意味着你的存在受到认可、获得合法性。

监管层释放的消息表明，P2P 监管将采取"内容监管"的方式。"内容监管"与牌照准入制有本质的差别。"内容监管"是制定监管制度、细则，规定P2P 能做什么、不能做什么，不对主体设限。而牌照准入制，其监管起点就是，限定主体。也就是说，"内容监管"是大家围绕游戏规则来玩，而牌照准入制是圈定几个人进来玩，没其他人什么事。其实，不论从业界还是监管层而言，如果采取牌照准入制，其弊端是显见的，比如，牌照发放背后存在的腐败风险、地区利益博弈等。如此来看，采取"内容监管"充分表明监管层对 P2P 抱着开放、鼓励的态度，也将最大限度地杜绝监管腐败。

(八) P2P 平台的第三方平台助力

2013 年，央行在九部委联席会议上对 P2P 提示三点风险，其中要求建立P2P 网络借贷平台的第三方资金托管机制——引入第三方平台进行资金托管，使 P2P 平台不直接经手归集客户资金，也无权擅自动用在第三方托管的资金，让 P2P 平台回归撮合的中介本质。

在央行等监管力量的推动下，通过托管账户实现 P2P 平台资金与信息流分离是大势所趋。

1. 第三方支付企业包揽 P2P 资金托管业务

随着 P2P 屡屡成为媒体"头条"，其受关注度日益提升。这不仅仅因为P2P 的发展速度惊人，也是由于 P2P 行业参与者的良莠不齐，导致该行业发生

---

① 温炜鑫，《P2P 监管出台，有利其阳光化》，http：//www.tmtpost.com/101047.html。

高风险问题。就在不断有 P2P 公司陷入风险泥沼之时,第三方支付企业适时地伸出援手,纷纷推出针对 P2P 的定制产品,包揽 P2P 资金托管业务,大有成为 P2P 公司"防火墙"之势。

值得一提的是,虽然央行提倡由第三方来托管 P2P 的资金,第三方可以是银行,也可以是第三方支付,但由于受 P2P 行业的业务总量不大,银行并不感兴趣等因素影响,国内银行介入 P2P 资金托管行业的案例屈指可数,反而是第三方支付企业占据了 P2P 资金托管的大面积业务领域。例如,早在 2013 年初,第三方支付企业汇付天下就推出了 P2P 托管账户体系。汇付天下也在一些城市召开小型的推介会,向 P2P 公司推介该体系。在此之前,另一家第三方支付企业环迅支付为 P2P 平台定制打造的资金管理服务平台已经上线,其称此平台将帮助 P2P 企业全面提升风险控制能力。环迅支付的资金管理服务平台可同时适用于线上模式、线下模式以及线上线下相结合的多种 P2P 行业服务平台模式,做到了对 P2P 行业服务平台的全覆盖。此外,资金进出经由多次身份确认及交易校验,避免了 P2P 行业服务平台企业内部人士恶意携款潜逃的风险。汇付天下及环迅支付所提供的产品服务均可归结为 P2P 业内比较流行的清结算分离模式。以 P2P 企业积木盒子与汇付天下的合作为例,积木盒子有关负责人表示,积木盒子使用的是第三方支付的资金托管功能,资金要么在投资人的第三方支付账户里,要么在融资人的第三方支付账户里,永远不会出现在平台控制的账户中。作为积木盒子的资金托管方,汇付天下将用户资金直接在第三方支付账户中过账,无须经过 P2P 平台自己的账户。通过托管账户实现了 P2P 平台资金与信息流分离,即清结算分离模式。

2. 为什么银行不愿意托管 P2P?

对于诚心做好网络借贷而不是圈完钱就跑路的良心 P2P 来说,资金托管自然是放在银行比较好。因为银行托管能够保证客户交易保证金和公司自有资金的完全隔离,并利用自身强大的征信系统预先对借款人的资质进行把关;而第三方支付通常是接到用户投诉后,才会要求 P2P 公司在规定时间内进行处理并扣减相应保证金用于赔偿用户。[①] 但将资金托管放在银行的 P2P 屈指

---

① 刘筱攸,《P2P 无处安放的资金》,《证券时报》,2014 年 4 月 4 日。

可数，绝大多数 P2P 还是只能将托管账户放在第三方支付，比如人人聚财的托管设在财付通，而 P2P 巨头人人贷与银行的监管往来，也仅限于招商银行为其提供风险保障金。资深老玩家红岭创投都是在成立四年、央行副行长刘士余调研之后，才拿到与工商银行的一纸托管协议。为什么银行不愿意托管 P2P 呢？现实的原因是 P2P 公司良莠不齐、监管层态度不明朗、单笔借贷金额小、资金划转频繁等，银行普遍不愿意为 P2P 平台开立资金托管账户。而尴尬的是，第三方支付行业本身就比较脆弱，一纸公文就能让业界寝食不安。央行 2014 年 3 月 19 日下发《支付机构网络支付业务管理办法（征求意见稿）》规定，支付机构不得为金融机构以及从事融资、理财、担保、货币兑换等金融业务的其他机构开立支付账户。这还只是意见稿，就已让业内鸡飞狗跳。要知道，第三方支付托管账户手握着 P2P 的半壁江山。以汇付天下为例，该公司托管账户系统就有近百家合规网贷平台接入，若是这样的管理办法落地，这一大批 P2P 又将何去何从？

总体来看，如果 P2P 真的在第三方支付开立托管账户受限，除了寻求高高在上的银行以外，把余额转为类余额宝也可说是一个聪明之举。P2P 请银行做资金托管太难，第三方支付本身也有点泥菩萨过江，如果能把余额投到货币基金，就不会被说成是资金池运作不透明。所以，从网贷平台嵌入余额理财功能可以看出国内对互联网金融监管的滞后，这也是银行不愿托管 P2P 的根本原因。

3. 第三方 P2P 资金托管的效用之争

总体来说，第三方平台可以为 P2P 解决两个方面的问题：第一，第三方平台给 P2P 提供了快捷便利的支付通道；第二，起到资金的安全风险控制作用。但对于这一点，市场上也有不同的看法，一些 P2P 平台认为：对于支付通道的风险，目前有的第三方支付公司是在用管道类产品连接 P2P，这其实是在加剧行业的风险，为一些平台恶意卷款潜逃提供了技术手段。对于清结算分离模式，第三方支付没有权力也没有义务去验证 P2P 交易标的的真伪，交易双方的信息完全可以编造。清结算分离并不能降低 P2P 平台的风险，反而只会增加相关的费用支出。在网络借贷中，所谓的第三方托管、支付都是摆噱头、忽悠人，其实质都是网站公司在第三方支付平台上开了个户，借贷双方的资金直接汇入这个网站公司的账户再转账,这样借贷双方对资金就失去了控制,反而被网站公司控制了资金,滋生了向借贷双方隐形收费、赚取利差、挪作他用,甚至卷款逃跑。2012 年 6 月 3 日,淘金贷负责人陈锦磊卷款跑路事件就是一个例子,淘金贷在一家第三方支付平台上开设了账户,80 名投资人的 100 多万元经投标后汇入该账户,然后陈锦磊就卷款逃跑了。因此,网络借贷双方的资金直接来往是最合法、最安全、最方便、最经济的。当然借款人向投资人支付利息和本金,也应该由借款人向投资人直接支付,不必经由第三方。

但是,与 P2P 平台经营者不同,用户(包括投资人、借款人)最关心的永远是资金安全。据相关咨询机构统计,目前 90％以上用户都倾向于选择使用第三方资金管理的 P2P 平台,他们认为这能防范平台内部人员携款潜逃的风险。

P2P 行业在各方的纠结中,发展依然方兴未艾,有更多的参与者加入其中,第三方支付企业已开始涉足 P2P。当下主要的第三方支付厂商一方面积极推进原有支付业务板块,另一方面也在积极创新寻求差异化发展路径。而这差异化发展路径之一便是涉足 P2P。与 P2P 携手,第三方支付可以实现业务适度多元化。过去,他们提供支付,只是简单地给实物交易提供担保支付;后续又进入服务行业,比如说 O2O 团购;现在,通过给 P2P 提供服务,他们又进入了金融行业。像第三方支付企业"易宝支付"推出了为企业客户提供供应链融资服务,引入银行、小贷等第三方信贷机构以及推出自有品牌的 P2P 平台,为企业客户提供融资服务。而很多第三方支付企业对于上线自己的 P2P 平台也是信心满满。

正是由于 P2P 行业在我国处于发展初期,市场参与者的各种矛盾还有待化解,如何在发展与风险之间找到一个平衡点,还需要市场参与各方深入思考。

(九) P2P 的未来

1. 不断吸引投资的新兴行业

(1) 从积木盒子获得银泰资本投资说起

2014 年 2 月 24 日,国内新兴的 P2P 网络投融资平台积木盒子宣布获得千万美元 A 轮融资，投资方为银泰资本，这是马年开年以来互联网金融领域的第一笔投资。而且已经有多家 P2P 平台陆续获得风险投资。其中，包括有利网获得软银资本千万美元级别的投资，人人贷获得挚信资本领投 1.3 亿美元投资等。[①]

2014 年随着传统银行的加入和监管政策的出台，互联网金融竞争会越来越激烈，行业也将面临整合和洗牌。网贷平台会呈现两极分化的态势，品牌好的会继续高歌猛进，违规操作及经营不善的平台会退出市场。

积木盒子于 2013 年 8 月 7 日正式上线，其平台产品主要面向中小微企业主的经营类贷款以及面向个人用户的消费类贷款。除业绩之外，投资积木盒子主要看中集合了互联网和传统金融人才的团队。同时，也看重积木盒子提供公平、透明、有效、安全，尤其是安全。积木盒子一直以来非常重视风险控制，主要体现在以下两点：首先，平台上所有项目均须经由自有团队实地尽职调查，将源于政府部门、金融机构、征信系统、核心商圈等的权威调查数据汇总，导入积木盒子的中央数据分析系统，通过多重模型分析、分层风险控制、遴选并审核项目，以保障项目安全。其次，对于所有上线项目，公司还与独立的第三方担保公司合作，为所有融资项目配置了包括担保公司、保证金池、风险金池、互保金池等四层保障机制。

银泰资本是欧洲的创业投资机构，出资人包括法国 AXA 集团、法国国家人寿保险等金融财团，于 2007 年进入中国市场。积木盒子与多家 VC 见面沟通过，最后之所以能与银泰资本达成合作，主要源于两个方面：一是银泰资本很有合作的态度，一直在积极帮助积木盒子；二是它投资的电商等其他领域的公司能与积木盒子形成互补。

积木盒子除了大幅增加运营（特别是数据分析、风险控制、创新产品开发）上的投入，也将更加致力于为投融资双方打造国际最优质量的用户体验；伴随中国不断深入发展的金融创新与产业升级，积木盒子期望为扶植中国的中西部地区中小微企业和普惠金融事业尽一份力。

---

① 朱丹丹，《互联网金融持续升温 P2P 平台积木盒子再获千万美元投资》，《每日经济新闻》，2014 年 2 月 25 日。

(2) 拍拍贷——国内 P2P 平台的元老

拍拍贷是 2007 年成立的中国最早的 P2P 平台,算是 P2P 行业里"元老级"的。拍拍贷团队一开始做的是视频搜索网站,因感觉对社会的价值影响不大,加上本身作为一个小企业遭遇融资难等问题,才萌生了通过互联网来做小额贷款的想法。拍拍贷曾在 2012 年获得红杉资本千万美元级首轮融资,平台的 B 轮融资已经完成。拍拍贷将自己定位于一个撮合的中介平台,不参与借贷双方的任何交易。且采用纯线上无担保交易模式,与美国 Lending Club、Prosper 等 P2P 机构的模式相近。而近几年成立的很多 P2P 平台或参与平台交易,或由线上转到线下,都不属于纯粹的 P2P 机构。①

在目前 P2P 行业中,部分平台会通过承诺保本来吸引投资者。像拍拍贷这样的无担保模式稍显另类。拍拍贷不愿意提供担保的最重要的原因是考虑到未来的监管,很多公司是违法担保,一是没有担保资质,二是没人监管。拍拍贷不愿意碰法律的红线。

无担保模式并不会影响平台对投资者的吸引力。投资者由一开始试探性地投几百几千元,到逐步加大投资,这是一个非常健康的状态,不断对用户进行风险提示和风险教育,用户也逐渐接受这样一种投资方式。相反,如果提供担保,投资者来了以后不管三七二十一放几百万元,其实风险反而很大,这是对投资者的不负责任。

拍拍贷正在就平台的风控模型向国家申请专利。拍拍贷采用线上审核方式,前后花了 500 万美元,七八十位技术人员持续投入了三年,建立起了自己的信用识别风险模型。拍拍贷的风险模型包括互联网上面各种数据,如社交网络上面的数据。举个例子,同样的社交媒体用户,一个社交媒体上有 100 多个好友,而且互动很频繁的人,跟一个人只有几十个好友且互动很少的人,那前者在互联网上的违约成本要比后者的违约成本高很多。目前拍拍贷评价用户违约成本的数据维度多达 2 000 个,平均下来有 400 多个。银行评价一个人信用的维度大概只有七八十个,未来会考虑向银行输出信用数据。坏账率是

---

① 周纯,《拍拍贷获 B 轮融资风控模型正申请国家专利》,http://finance.qq.com/a/20140401/023481.htm。

一项反映 P2P 平台风控能力的重要指标。坏账率并非越低越好，风险管理要在可接受的目标范围之内，波动较小，并且要可预期。拍拍贷 1.5％的坏账率符合其风险管控的目标。这些都使得拍拍贷成为国内 P2P 平台的领跑者。

（3）不断刷新纪录的贷款满标时间

P2P 借贷平台自诞生以来，每标贷款满标时间的计时单位已经从天下降到秒。这种发展速度甚至出乎平台高管们的意料，而这其中的重要原因是机构投资者的加入。该行业的快速发展吸引了像对冲基金、大型投资公司等机构，据统计，P2P 行业的领军企业 Lending Club 上 60％的贷款是由机构所购买。机构或其他专业投资者可以利用计算机程序快速完成投资流程，为保护散户投资者，Lending Club 已经开始限制投资者可购买贷款的数量，并且应用新的技术使散户投资者也有时间争夺贷款项目。① 在国内，每标贷款的满标时间也在不断刷新纪录。例如"2014 年 3 月 24 日，位于深圳的 P2P 借贷平台红岭创投发表公告称，将于当天下午 2 点开始为某控股公司融资 1 亿元，借款将用于'收购某公司的 100％的股权'。控股公司法人及大股东，所属集团旗下两家子公司承担本次融资的连带担保责任。1 亿元的借款分拆为十个项目，每个项目规模为 1 000 万元。至下午 5 点左右，所有标的全部满标，成功筹集了 1 亿元。这个项目的规模之大，密度之高，不但刷新了红岭的单日成交金额记录，即使在整个 P2P 行业内都非常罕见，令人咋舌。P2P 模式的吸金能力还是再一次超越了人们想象。试想一下，如果民营企业向银行贷款 1 亿，一般也需要较高级别的分支行审批，而且过程也会比较繁琐，不可能如 P2P 借贷一样，资金在数小时之内全部到账。"②

如此惊人的贷款满标时间折射出了国内大量社会闲散资金的事实，但值得一提的是，资金充裕的背后，是社会闲散资金多，可投资渠道有限的问题，而 P2P 平台因其高回报成为重要的投资资金出口；另一方面，人们对 P2P 平台的接受度显著提高，尤其是那些已经尝到甜头的投资者迫不及待地把资金持续

---

① 刘博谦，《海外 P2P 网贷双周报：大银行与 P2P 首次联姻》，http：//olcaijing. com/html/pzpjd/1434_2597. html。

② 陈敏轩，《单项目 3 小时筹 1 亿：P2P 网贷平台逼近银行地盘？》，http：//olcaijing. com/html/zl/1446_2741. html。

投入自身认可的平台,导致这些平台积攒了大量闲散资金,可快速投入"明星"项目。

过去 P2P 模式一直被认为只适用于规模较小的借款需求,作为银行贷款外的补充。而越来越多的 P2P 平台开始操作上千万、几千万的借贷项目,红岭创投的亿元项目可以算作一个标志性事件。亿元以上贷款规模的客户,对于一些中小银行甚至是主力客户了,即便在大型国有商业银行眼里,也进入了争抢的目标范围。由此也可看出,P2P 借贷对于传统银行信贷的挑战,也正在逼近。当然,如此大额的项目筹资,对 P2P 平台本身也是一个巨大的考验,关系到项目审核、风险控制、流程把握、贷后管理的提升。在未来,希望 P2P 借贷能够开拓越来越广阔的市场,为借贷市场带来更大的"冲击"、更好的服务;也希望传统银行能够用更好的服务、更高的效率直面挑战。

2. 银行与 P2P 的贷款之争

(1) Lending Club 进军互联网银行

2014 年 3 月 21 日,全球最大的 P2P 网贷平台 Lending Club 在"个人贷款"之外又上线了专门的"企业贷款"业务,这意味着它在通往互联网银行之路上又迈进了一步。[①]

Lending Club 创始于 2007 年,已募集风险资本约 2.2 亿美元。在 2013 年完成 1.25 亿美元融资时估值已达到 15 亿美元,2014 年极有可能上市。它的董事会名单拉出来能吓死人,包括来自 KPCB(凯鹏华盈)[②]的互联网女皇 Mary Meeker,摩根士丹利前董事会主席兼 CEO John Mack,以及美国前财政部长 Larry Summers。

自创立以来,Lending Club 已累计撮合贷款超过 38 亿美元,其中大部分是个人消费贷款,直到今天才正式将企业经营贷款作为独立业务线。据 Lending Club 创始人兼 CEO Renaud Laplanche 说,他们现有针对个人的风控技术和信贷产品可以很轻易地移植到车贷、企业经营贷、住房抵押贷等其他贷款领域,而他们的终极目标,则是"覆盖全部信贷产业"。

---

① 《全球最大 P2P 网贷 Lending Club 进军"企业贷款"意欲"互联网银行"》,http://www.7782.10/article/1353.html。

② 成立于 1972 年,是美国最大的风险基金,主要是承担各大名校的校产投资业务。

Lending Club 的企业贷款额度从 1.5 万美元到 10 万美元不等，未来将有可能将上限提高到 30 万美元。针对企业的出借年利率从 5.9％到 29.9％不等，视乎借款人的资信状况而定。作为纯线上模式的 P2P 借贷平台，Lending Club 经营企业贷款的方式与国内 P2P 行业十分不同。

Lending Club 进入"企业贷款"无疑会大大拓展其想象空间，如果未来真的能在企业贷款领域走得更深，对 Lending Club 的 IPO 估值将是一大利好。

（2）倍感威胁的银行

关于 P2P 对银行的威胁，这里我们以美国最大市值的富国银行做案例阐释来进行分析。2014 年 1 月 21 日，美国最大市值的富国银行已经禁止其雇员使用 P2P 平台借贷他们自己的钱。在认定"利益导向的 P2P 贷款是一种构成利益冲突的行为"后，富国银行的"道德管理员"决定禁止员工通过 P2P 平台贷款。[1] 这充分反映了银行方面已感受到了来自 P2P 的极大威胁。

其实，银行和 P2P 平台之间的紧张关系由来已久，主要原因是 P2P 模式通过与借款人的直接资本匹配削弱了传统贷款人的地位。该模式带来的诱人的收益率吸引了包括对冲基金和个人在内的一系列潜在贷款人。P2P 平台是用来接替在金融危机之后缩减贷款的银行的。通过新技术，它们往往能够在对借款人利率较低的时候发放贷款，同时提供给投资者更高的回报。尽管包括花旗集团，巴克莱银行和德意志银行在内的一些银行正在探索如何在将贷款先打包成债券然后再出售给大型机构投资者，富国银行此举还是凸显了 P2P 贷款者与银行业之间脆弱的关系。

富国银行感受到了来自 P2P 信贷的威胁。那么，像 Lending Club 或 Prosper 这样的公司，是如何对世界上最大的银行之一造成威胁的？[2]

单看规模，富国银行没有任何理由担心这个"边缘"区域，但是他们仍然对一家规模上是其九牛一毛的小公司宣布禁令。以 GDP 类比，这类似于美国宣布对岛国毛里求斯进行贸易禁运。所以，这背后肯定有其他的原因存在，这个原因来自新型发放贷款的方式如何"取代传统借款人"。学术上把这种取代的

---

[1] 《富国银行禁止旗下员工投资 P2P 贷款》，http：//finace. sina. com. cn/360desktop/world/mzjj/20140121/0838/8025423. shtml。

[2] Simon Cunningham，《富国银行缘何惧怕 P2P》，http：//www. tuicool. com/article/2yu7Nb。

过程称作"脱媒"或者"去中介化"。

Lending Club 提供了令人惊讶的低贷款利率,因为它们比现有的银行都更加便宜高效。像 iTunes[①]一样,P2P 平台完全基于线上。它们不需要固定的住所,没有资金要求。它们不需要雇佣出纳员坐在柜台旁等待走进来的客户。Lending Club 唯一的基础设施是位于内华达州的服务器群和位于旧金山的办公室。然而仅凭这些简单的设施,仅仅 200 名雇员已经发放了数十亿美元的贷款。富国银行定期通过社区银行项目发放的个人贷款数量,很接近 Lending Club 发放的贷款数量。

我们需要对比两家公司的效率,而非其规模,而是两家公司发放贷款的容易程度。例如:如果富国银行需要花费 2 美元来发行 1 000 美元的贷款,而 Lending Club 只需要花费 1 美元来发行同样额度的贷款,那么 Lending Club 的效率是富国银行的两倍。用它们的费用除以贷款余额,可以看出 Lending Club 的效率比富国银行高出 270%。Lending Club 不仅仅是一家远比富国银行有效率的公司,而且它们的效率每一季度都在不断地提高。相比之下,富国银行的效率一般保持不变,在 5.5% 到 6.5% 之间波动。这是个多么令人震惊的势头。P2P 信贷可能是美国银行业自建立以来所面临的最严重的现实威胁。

尽管规模上,Lending Club 只是银行业巨头的一小部分,但是它的高效率和高增长正危及包括富国银行在内的银行业务的核心。

为什么一个像富国银行这样资源丰富的公司会感受被 P2P 信贷的高效率所威胁?他们完全可以自己建立这样一个低成本的平台。从富国银行的行动中我们可以看出,它们已经看到了未来发展的趋势,那它们为什么不改变自己来应对这种危险?

如果回顾创新的历史就会发现——已成功的公司降低其成本结构,打败以低成本技术为基础的新进入者的例子非常罕见。已经有许多例子证明这一点。无论是书店巨头 Border 无法快速应对亚马逊的网络书籍销售,或者百视

---

① iTunes 是一款数字媒体播放应用程序,是供 Mac 和 PC 使用的一款免费应用软件,能管理和播放数字音乐和视频。由苹果电脑在 2001 年 1 月 10 日于旧金山的 Macworld Expo 推出。

达(Blockbuster)的录像出租无法快速应对 Netflix 的在线出租,它们都最终走向破产。

总的来说,富国银行永远都无法和 Lending Club 竞争,因为这样做需要过于激进的转变。富国银行运营的分支机构超过 9 000 处,每一家分支机构日常维护和安保费用使得富国银行无法提供比 P2P 信贷更低的贷款利率。而富国银行不会愿意关闭其上千处分支机构。有趣的是,庞大的分支机构帮助富国银行取得了现有的成功,也正是这些分支机构有可能使富国银行走向破产。就像柯达被自己深爱的胶卷市场所拒绝,最后几年中只能以销售电脑打印机为生。

未来,银行业可能会因数百人和一个服务器群而显得卑微。

3. 银行的反击

(1) 银行与 P2P 联手

前文已经提到,富国银行为应对来自 P2P 的威胁,向其旗下员工下达了"禁止其员工利用自己钱款从事 P2P 借贷活动"的禁令,但在 2014 年 3 月 11 日,富国银行决定撤销这一禁令。此举意味着富国银行突然改变了其对 P2P 借贷的看法。作为美国市值最大的银行,富国银行表示已经重新审视了 P2P 市场,认为工作人员在 P2P 平台上放贷并没有与"道德准则不符"。[①] 对 P2P 平台的威胁采取了拉拢联合的措施。

美国主流的 P2P 贷款平台 Lending Club 和 Prosper 在银行削减放贷的同时,正在迅速扩充业务,这也吸引了华尔街一些知名人物的目光。前摩根士丹利首席执行官约翰·麦克目前便是 Lending Club 的董事会成员。而 Prosper 则招募了前富国银行大宗经纪业务主管史蒂芬·威尔穆特来担任 CEO。Lending Club 也已经与一些规模较小的银行联手,从他们的平台上放贷或是购买 P2P 贷款。

(2) 银行抢食 P2P 市场

2014 新年伊始,P2P 网贷更加火热。1 月份,全国 P2P 网贷成交总额创历

①　《美富国银行决定允许员工从事 P2P 贷款活动》,http：//finace. qq. com/a/20140311/016277. htm。

史新高,超过 100 亿元。更多的网贷公司创立营运,银行"正规军"也开始进军这一市场。除不断有机构获得融资之外,银行在 P2P 网贷的争夺上也是不遗余力。[①] 其实,国内银行对 P2P 威胁的反击从 2013 年就已经开始,之所以在近期大动作频频,是与央行发布的 2014 年 1 月 9 400 亿元银行存款搬家的重磅消息有关,巨额的存款搬家动了银行根基,让各家银行都不得不想办法捂紧钱袋,下定了反击互联网金融的决心。银行开办 P2P 网贷,抢食 P2P 市场,只是其反扑行动之一。

4. 抢占先河的招商银行 P2P

2014 年初,招商银行的 P2P 网贷平台——小企业 e 家投融资业务,继 2013 年试运行后悄然重启上线。重启后的投融资平台,预期收益率提高近 1 个百分点,最高达到 7.5%。不到一周的时间,上线的"e 稳健融资项目"已达到了 15 个,其中一个项目的发行规模达到了 2 509 万元。

招行应该算是国内银行界内少有的异类了,在产品创新和客户体验上都有不错的口碑,更为关键的是招行对互联网加速金融脱媒的趋势吃得很透。招行原行长马蔚华曾经对拍拍贷等互联网金融创新模式发表过多次看法,比如 2013 年 4 月份他担忧地说,在互联网金融面前银行恐怕会变成遭遇白垩纪的恐龙;9 月初他语气更加肯定地说,间接金融将很快被互联网金融所取代;同样是在 9 月份的中国银行家高峰论坛上,马蔚华警告说互联网金融逼迫商业银行必须就传统业务模式进行改造。从马蔚华的讲话中我们可以看到招行对 P2P 一直在研究,所以其布局 P2P 看起来也是顺理成章的事情。[②]

招行对于 P2P 行业的布局,顺应当下的金融趋势,但其 P2P 业务又与拍拍贷等民间的 P2P 有相当的不同的。首先是其定位于金融的互联网化,而非互联网金融。民间草根出身的 P2P 更多看到的是互联网的高效率和大数据的技术分析手段可以有效地切入小额信用贷款市场,从而去填补市场的空白,是定位于市场补充,是互联网金融;而招行的 P2P 则看到的是金融脱媒的趋势,想要把自己传统的信贷业务通过 P2P 的方式来解决,提高其效率,这本质上是

---

① 刘靖宜,《银行全面反扑互联网金融》,《法制晚报》,2014 年 2 月 28 日。

② 张俊,《解读招行 P2P:为什么是它率先落子? 实质是什么?》,http://www.huxiu.com/article/21708/1.html。

金融的互联网化。

招行 P2P 的最大亮点，是和拍拍贷一样，采取了不担保的纯平台策略：在其项目页面上明确显示，"招商银行作为信息提供方不对融资项目、融资人归还本息承担任何形式的担保、保证责任"，此外还有"银行兑付凭证涉及的资金和相关权益当遇到法院及其他有权机关执行查封、冻结或扣划措施时，招商银行将依司法机关或监管机构等的要求行事"。这是一个可喜的现象。提供担保或者资金池的平台很容易演变成影子银行，这是监管机构所一直担心的，招行的 P2P 选择无担保的中介模式无疑是对该模式的一个非常大的认可。当然，也容易得到监管机构的认可和支持。

除了招商银行抢食 P2P 网贷市场，其他银行也跃跃欲试，中国银行的 P2P 网贷平台 2013 年底已在深圳试点。此外，中国农业银行、广发银行也在积极筹备，准备推出 P2P 网贷平台。但毫无疑问，招行占了先机，开了先河，是银行方面 P2P 反击的典型代表。

5. "自金融"时代

"自媒体"这个概念大家并不陌生，未来我们将进入"自金融"时代。由于正规金融机构长期以来未能有效满足中小企业和个人的融资需求，"自金融"模式是通过互联网的用户聚合和高速传播的特点，大幅降低了信息不对称和交易成本，为用户提供直接的投融资服务，取代了原有的机构渠道来进行融资和贷款，使资金供需双方都是个人的投融资模式成为可能。宜信、拍拍贷、人人贷等小额网络贷款平台是提供此类服务的代表性平台。

为什么会出现自媒体的社会现象，无非是两个原因，一是强势不在，二是个性张扬。无论是早期的博客、微博到微信，无非都是要挑战权威，张扬个性。社会权威的存在是有其意义的，它是秩序保障的必要条件。当然，权威存在势必需要个性、个体利益做出牺牲，而个体利益的牺牲，或者个体意识的服从是秩序建立和社会进步的必要保证，是对个体的更大保护。但任何事物都不能走到极端，我们需要考虑的是如何和谐关系，如何尊重个体，这就需要对权威做一个约束。

未来的"自金融"时代，背后的基本动因有：社会进步、科技发达、信息对称和个性的苏醒与觉悟。"自金融"时代的本质意义，不是实现消费者的自我服务,而是一种"主语"转换的模式变革。"自金融"时代的基本诉求是透明、自主、平等、效率和公平。金融保险业的经营模式将从"价差"时代走向"服务"时代。①

在运营数据的网络金融与运营货币的传统银行的激烈对决中,金融市场份额的瓜分已是次要问题,互联网金融是一种更为民主化、不被少数专业精英控制的金融,它的出现使得现有金融业的分工和专业化大大淡化,市场参与者更为大众化。双方的竞争在本质上是垄断、专业的传统金融与开放、大众的"自金融"之间的竞争。② 面对这个时代的到来,抵触和所谓的应对都不是明智之举,而应当采取的是理解和拥抱。

二、看上去很美的众筹

鉴于当前云计算、大数据技术催生的互联网金融的迅猛发展,作为互联网金融融资创新之一的众筹模式已经日渐流行,并有望掀起互联网金融的第三波浪潮,以众筹网开放平台为代表的众筹模式在项目投融资、行业孵化、市场推广等方面的经验也日渐成熟。

(一) 想看"快男"电影版,粉丝先把钱筹出来

1. 什么是众筹?

提起众筹,很多人可能会想到 2013 年进入公众视野的"快男纪录片",即"'2013 快乐男声'决战当天,天娱传媒宣布,如果粉丝们想在大银幕上看到'快男'的纪录片,就要在 20 天内凑满 500 万元人民币。随后,这一项目被挂到了众筹网上。到了 2013 年 10 月 19 日,距离项目截止还有 24 小时,该众筹项目就已募得了超过 500 万元的电影预售票房。超过 2.8 万名的投资者,不但为项目融资,更为电影的顺利上线献计献策"。③ 这是国内影视类"众筹"当中做

---

① 周祖燕,《王和:我们将进入"自金融"时代 抵触和应对都不明智》,http://insurance.hexun.com/2013 - 12 - 05/160330898.html。
② 李聪,《自金融颠覆银行》,《中国企业家》,2012 年 12 月 11 日。
③ 《众筹模式背后的金融逻辑》,http://news.qudong.com/2014/0210/162384.shtml。

得最大的一次，也由此刷新了国内众筹项目最短时间的最高募资额。那么，这种具有惊人融资能力的众筹到底是什么呢？从理论上来理解，众筹是指用"团购＋预购"的形式，向网友募集项目资金的模式。英文名字为 Crowd Funding，是大众筹资或群众筹资的意思，香港译作"群众集资"，台湾译作"群众募资"。众筹的规则主要有三个：一是每个项目必须设定筹资目标和筹资天数；二是在设定天数内，达到目标金额即成功，发起人即可获得资金；项目筹资失败则将已获资金全部退还支持者；三是众筹不是捐款，所有支持者一定要设有相应的回报。众筹平台会从募资成功的项目中抽取一定比例的服务费用。众筹利用互联网和 SNS 传播的特性，让小企业、艺术家或个人对公众展示他们的创意，争取大家的关注和支持，进而获得所需要的资金援助。现代众筹通过互联网方式发布筹款项目并募集资金。相对于传统的融资方式，众筹更为开放，能否获得资金也不再是由项目的商业价值作为唯一的标准。只要是网友喜欢的项目，都可以通过众筹方式获得项目启动的第一笔资金，为更多小本经营或创作的人提供了无限的可能。众筹平台在运作模式上几乎大同小异，需要资金的个人或团队将项目策划交给众筹平台，经过相关审核后，便可以在平台的网站上建立属于自己的页面，用来向公众介绍项目情况。

其实众筹作为一种募款方式，最初是艰难奋斗的艺术家们为创作筹措资金而采用的一个手段，现已演变成初创企业和个人为自己的项目争取资金的一个渠道。众筹网站使任何有创意的人都能够向几乎完全陌生的人筹集资金，消除了从传统投资者和机构融资的许多障碍。众筹的兴起最早源于美国的网站 Kickstarter，该网站通过搭建网络平台面对公众筹资，让有创造力的人可能获得他们所需要的资金，以便使他们的梦想有可能实现。这种模式的兴起打破了传统的融资模式，每一个普通人都可以通过该种众筹模式获得从事某项创作或活动的资金，使得融资的来源者不再局限于风投等机构，而可以来源于大众。

从商业文化发展的角度来看，众筹的文化根源是通过社区为项目进行募资的模式，后者已有数百年的历史。互联网的发展使得这种基于社区的融资模式迁移到线上，减少了交易成本并拓展了潜在的受众。早在2000 年初，众筹就成为一种新型的为项目进行融资的方式。受益于这种低成本的融资方式,在金融业中缺乏背景的小企业主们得以通过网络平台进行募资。

2. 众筹的积极意义

有人的地方就有创意,但创意往往很少转化为实际产出。先不论创意本身价值的参差不齐,创意者最为缺乏的是引入投资的渠道。即使有引入投资的渠道,往往也会因缺乏投资方所需的材料,如市场销售策略分析、市场前景评估、市场风险评估、细分市场投资机会分析等,而导致创意直接消亡。[①]

或许很多人都曾有过这样的幻想:如果全国 13 亿人都给自己捐出 1 分钱,那么就可以很容易地成为千万富翁,实现以往遥不可及的梦想。与此同时,每人捐出 1 分钱也不会对捐款人造成任何压力。或许这就是"众筹"的最初雏形。

"众筹"的概念早就存在于许多人的脑海中,而近年来的发展则是由于一系列原因。有研究显示,在欧洲,对计划融资 5 万至 50 万欧元的创业公司,感兴趣的传统投资人正越来越少。这主要是由于投资这类创业公司的风险极大,而投资人现在有了其他投资选择。因此,这样的创业公司不得不寻找新的融资渠道。另一方面,互联网平台的发展使更多人可以方便地了解创业项目,增强了这些项目的透明度。而对每名投资人而言,这样一笔投资的数额或许仅相当于一天的生活费。尽管可能并没有经济回报,但项目成功后他们将获得项目的成果,例如硬件产品或视频内容,对感兴趣的人来说,这样的回报也很有趣。

一个人如果有一个好想法,他就可以把这个想法放到网上,让大家给投资,然后用这个产品还款。投资者在网上投资可以获得股权。现在世界上只有美国正式通过法律规定,小企业可以通过这种方式获得股权融资。这种众筹融资的方式,比创投、天使投资又往前走了一步。

众筹对资本市场发展和经济增长都具有一定的现实意义。一是有利于缓解小微企业融资难的问题,鼓励创新创业;二是有利于丰富投融资渠道,刺激金融创新;三是有利于引导民间金融走向规范化,拓展和完善多层次资本市

---

① 陈劲,《2014 年互联网金融前瞻:人人天生有信用》,《21 世纪经济报道》,2014 年 2 月 19 日。

场;四是有利于分散融资风险,增强金融体系的弹性和稳定性;五是有利于创造就业机会,促进技术创新和经济增长。

3. 从 Kickstarter 到全球众筹平台的发展

众筹的兴起源于美国网站 Kickstarter,该网站通过搭建网络平台面对公众筹资,让有创造力的人可能获得他们所需要的资金,以便使他们的梦想有可能实现。该网站的创意来自其中一位华裔创始人 Perry Chen(中文译名陈佩里),他的正式职业是期货交易员,但因为热爱艺术,他开办了一家画廊,还时常参与主办一些音乐会。2002 年,他因为资金问题被迫取消了一场筹划在新奥尔良爵士音乐节上举办的音乐会,这让他非常失落,进而就开始酝酿建立起一个募集资金的网站。陈佩里回忆说:"一直以来,钱就是创意事业面前的一个壁垒。我们脑海里常会忽然浮现出一些不错的创意,想看到它们能有机会实现,但除非你有个富爸爸,否则不太有机会真的去做到这点。"经过了漫长的等待之后,2009 年 4 月 28 日,Kickstarter 上线了。该网站致力于支持和激励创新性、创造性、创意性的活动。通过网络平台面对公众募集小额资金,让有创造力的人有可能获得他们所需要的资金,以便使他们的梦想实现。Kickstarter 为"有创意、有想法,但缺乏资金"的人与"有资金,也愿意捐款支持好创意"的人提供了互利的平台。

Kickstarter 平台的运作方式相对来说比较简单而有效:该平台的用户一方是有创新意识、渴望进行创作和创造的人,另一方则是愿意为他们出资金,然后见证新发明、新创作、新产品的出现的人。在 Kickstarter 网站上,项目提出人首先需要确定融资目标,包括截止时间和最低融资额。随后,该平台的投资者可以对项目做出投资承诺。如果项目在截止期限没有达到最低融资目标,那么将不会获得任何资金。而如果融资成功,那么所有资金将通过亚马逊支付来转移。Kickstarter 目前支持全球任何国家和地区的投资人,以及美国、英国和加拿大的项目。在平台商业化方面,Kickstarter 从项目的筹资额中提取 5％作为服务费,这成为 Kickstarter 最主要的收入来源。另一方面,亚马逊还将对项目收取 3％—5％的费用。

Kickstarter 网站的创意性活动包括:音乐、网页设计、平面设计、动画、作家以及所有有能力创造以及影响他人的活动。在 Kickstarter 网站,任何人都可以向某个项目捐赠指定数目的资金,网站收取很低的佣金,门槛低到不能再低。比如:加州马金·卡拉汉希望创作一部关于半人半妖的新漫画,第一期的创作和宣传费用预计需要 1 500 美元,因此,她给网站写了一封介绍信,希望有人能够提供小额捐款。捐款者可以得到的回报是,捐 5 美元可以得到一册带有作者签名的漫画书,捐 100 美元可以得到一个带有以漫画故事中主人公为饰物的包。当然,只有收到的捐款超过 1 500 美元,她的许诺才会兑现。结果是,她在很短的时间里就拥有了这笔捐款。

此外,Kickstarter 网站不仅使很多人的梦想在众人的帮助下得以实现,还培育出了多款知名硬件产品,例如智能手表 Pebble 和游戏主机 Ouya。《时代》周刊更是曾将 Kickstarter 评为"2010 年最佳创新"和"2011 年最佳网站",而该公司联合创始人及现任董事长陈佩里还曾与李开复一同成为入选《时代》百大人物的两名美籍华人之一。

与许多融资平台不同,Kickstarter 的一大优点在于,并不要求项目和成果的所有权。Kickstarter 于 2012 年 6 月 21 日开始发布平台上项目的统计数据。截至 2014 年 2 月 27 日,该平台上启动的项目达到 134 712 个,处于启动过程中的项目为 4 294 个,成功率为 43.56%,项目融资总额达到 8.55 亿美元。

面对如此惊人成绩,Kickstarter 作为众筹平台的领跑者,在美国却并非一家独大。目前众筹平台这一市场正越来越繁荣,而 Indiegogo 则是另一家成功的众筹平台。

Indiegogo 的总部位于旧金山,因此在位置上与纽约的 Kickstarter 拉开了距离,并更接近于硅谷。实际上,Indiegogo 创立的时间比 Kickstarter 更早,早在 2008 年就已推出服务。该平台最初瞄准电影市场,于 2010 年获得了 MTV 新媒体部门的合作。Indiegogo 自身于 2011 年获得了种子融资,并于 2012 年 2 月成为美国总统奥巴马"创业美国"项目的合作伙伴,为美国的创业者提供众筹服务。

Indiegogo 收取的费率低于 Kickstarter。对于成功融资的项目,Indiegogo 收取 4% 服务费。而对失败的项目,项目提出者可以选择向投资人退款,或支付 9% 的服务费并留下资金。与 Kickstarter 不同,Indiegogo 上的投资并不采用先承诺后划款的方式，其中的资金将直接通过 PayPal 账户来转移。

IndieGoGo 的目标是成为大型而多元的投资公司。相对于其他类型的众筹公司都有特定的服务对象，IndieGoGo 不希望限定他们的客户类型。根据《华尔街日报》的报道，到 2011 年，Indiegogo 平台上就已开展了超过 4.5 万个融资项目。该平台上最成功的项目是智能家居安全产品 Canary，融资额接近 200 万美元，达到最初目标 10 万美元的近 20 倍。

与其他任何平台类似，随着市场竞争的日趋激烈，一些新出现的众筹平台开始专注于某一细分市场，并通过独特的服务来实现差异化发展。如于 2013 年 10 月推出专注硬件的众筹平台——Dragon Innovation，其最初是一家制造咨询公司，该公司凭借此前的积累，在公关、营销和生产等领域向硬件创业项目提供必要的经验和知识，从而更好地为平台上的项目服务。还有像 2012 年诞生的众筹平台 Crowdtilt，宣称支持各种项目的众筹，甚至包括不被 Kickstarter 和 Indiegogo 接受的项目。其在推出的 3 个月时间内，平台上的筹资额就达到 100 万美元。该平台随后还面向非营利组织提供服务，并推出了 API 和移动版服务。

继美国之后，众筹平台在全球范围内正呈现星火燎原之势。在英国，首个获得监管部门审批的众筹平台 Abundance Generation 于 2012 年开始提供服务；在北欧，FundedByMe 和 Invesdor 在过去两年间迅速发展；而澳洲、德国和意大利等国家和地区也已通过了允许众筹的立法。[①]

4. 我国众筹发展的特点

前文已经说到，众筹在欧美发展得较早，2009 年在美国成立的 Kickstarter 是最有名气的众筹网站。之后，伴随着股权制众筹、借贷制众筹的相关法律法规和政策在很多国家和地区的陆续出台，众筹在海外呈现出爆发式的发展局面。

在国内，受相关法律环境的限制，众筹网站上的所有项目不能以股权、债券、分红或是利息等金融形式作为回报，项目发起者更不能向支持者许诺任何

---

① 李玮，《众筹平台盘点：当创业遇上互联网金融》，http://tech.sina.com.cn/zl/post/detail/i/2014 - 02 - 12/pid_8442043.html。

资金上的收益,必须是以其相应的实物、服务或者媒体内容等作为回报;否则,可能涉及非法集资,情节严重的甚至可能构成犯罪。此外,股权制还存在突破法律对股东人数限制等问题。因此,基于我国目前的法律制度环境,大多数众筹平台都属于奖励制的,仅有少部分众筹平台从我国法律环境出发,谨慎地进行着疑似股权股份型众筹的初步尝试和探索。

在国内,此前不断有人预测众筹模式将会成为企业融资的另一种渠道,对于 IPO[①] 不成的情况下企业还有另一种解决方案,即通过众筹的模式进行筹资。但从目前国内实际众筹平台来看,因为股东人数限制及公开募资的规定,国内更多的是以"点名时间"为代表的创新产品的预售及市场宣传平台,还有以"淘梦网"、"追梦网"等为代表的人文、影视、音乐和出版等创造性项目的梦想实现平台,以及一些微公益募资平台。

自 2013 年中以来,以创投圈、天使汇为代表的一批针对种子期、天使期的创业服务平台,以一种"众投"的模式进入了人们的视野,并很好地承接了对众筹本意的理解,但是因为项目优劣评判的困难、回报率的极为不确定性,目前仅仅停留在少量天使投资人、投资机构及少数投资玩票的人当中,涉及金额也相对较小。

与热闹的 P2P 相对,众筹在我国尚处于一个相对静悄悄的阶段。目前国内对公开募资的规定及特别容易踩到非法集资的红线使得众筹的股权制在国内发展缓慢,很难在国内做大做强,短期内对金融业和企业融资的影响非常有限。

从行业发展来看,目前国内众筹网站的发展要避免出现当年团购网站由于运营模式和内容上的千篇一律,呈现出一窝蜂地兴起,而又一大片地倒下的局面。这就要求国内众筹网站的运营体现出自身的差异化,凸显出自身的垂直化特征。

5. 众筹和风险投资的区别

众筹网站为科技创业者提供了一个特殊的融资渠道,与传统的风险投资

---

① IPO,Initial Public Offerings,首次公开发行,指股份公司首次向社会公众公开招股的发行方式。

(Venture Capital,VC)相比,众筹方式显得门槛更低一些,与市场也更加接地气。因为你的资金直接来自消费者一端,如果融资成功(甚至超过目标数倍),这说明你的产品是有一定市场价值的,你得到的钱就是将来的客户对你最直接的肯定。不可避免的,众筹模式与传统的风险投资之间的关系成了热门话题,很多人对两者普遍的评价是：众筹模式的出现威胁到了传统 VC 行业。下面我们不妨梳理下众筹模式的优缺点。[①]

（1）优点

首先,创业门槛较低。现在许多的众筹网站主打的一个卖点都是"实现你的梦想"。这句话的潜台词是"之前创业门槛高,众筹帮你降低这个障碍"。从实际的案例来看,众筹平台确实帮助许多草根创业者融到资金,并推出了既定的产品。

这个过程如果走传统的融资路线会比较艰难,因为 VC 可能不看好你的这个 Idea,况且你没有产品做出来也很难得到 VC 的认可。

其次,众筹获得的除了资金,还有一份市场调查报告。这个优点道理很简单,因为钱是直接来自消费者的,消费者对你这个产品的认可与评价就是一份市场调查,能在一定程度上反映出你的产品将来大范围投放市场后的结果。

众筹模式的一个隐性的价值在于：先让消费者掏腰包,再去制造产品。如果项目融资成功,并且实际的研发与生产过程一切顺利,那么这相当于在很大程度上降低了创业成本与风险。

最后,众筹是一个不错的广告平台。这体现在两点,第一,你的项目融资成功了,这相当于是对大众的一次广告。有些人看到你的项目但没有贡献资金,可能是因为他无法判断你这个产品是否一定能融得足够的资金量产出来。但看到别人一拥而上帮你把钱凑齐后,他们就会成为你未来的客户。第二,无论是否融资成功,你的项目都获得了展示。给谁看？给潜在的投资人看。

（2）缺点

首先,造成了生产压力。根据众筹平台的普遍规则,如果你的项目筹资成

---

① Steven,《众筹与风险投资,谁才是创业者的"天使"?》,http：//www.okban.cn/news/Detail_20194.html。

功,那么就必须要在规定时间内完成产品的开发与制造,实现对支持者的承诺。所以众筹在让你筹到钱的同时也给你带来了订单压力。因为这些钱是来自消费者一端,相当于是直接订购。这种压力尤其彰显在实体产品项目上。

其次,与传统 VC 相比,众筹缺乏创业指导。传统的 VC 都是"过来人",或是自身有创业经验,或是有宽广的行业人脉和观察积累。总之,你在众筹平台上的支持者们是不可能提供给你统一、有建设性的建议的。一个好的 VC 能帮你少走很多弯路,尤其是在产品的推广阶段。你可能善于研发,但不一定会卖。

最后,众筹平台上的投资人不够专一。众筹平台能帮你快速筹到用于产品研发和生产的资金,但不能保证你今后的资金链保持完整。传统的 VC 在给你提供早期投资后,如果项目发展顺利,你还有机会获得后续的 A、B、C 轮融资。而在众筹平台上,你的那些支持者很可能早已把注意力转向了其他新奇的发明。

(3) 众筹与 VC 可以互补

从上面的对比来看,众筹与 VC 这两种融资渠道各有千秋。对于科技创业者来说,似乎面临着一个两难的选择。但其实大可不必非要把这两种融资模式对立起来,众筹与 VC 可以很好地共存,而且起到互补的效果。

对于创业者来说,可以先在众筹平台发起项目,用这里的钱把产品做出来,然后带着这项战果再去找 VC。这样一来,在跟 VC 谈判时:一、你已经有了实际的产品(无论是实体还是虚拟);二、你用众筹这份市场调查有力地向投资人证明了你的项目的市场价值;三、与你直接去找 VC 相比,你的项目以及你的团队更加成熟,更能获得投资人的信任。这样一来,众筹就相当于把项目先做个 Demo 摆在网上,然后 VC 就会去寻找他看好的项目。

对于国内的创业者而言,中美的融资环境是完全不同的。在硅谷,有相当数量的 VC 都十分关注早期、A 轮投资,但国内关注早期阶段的投资人太少,大部分都专注于项目做成后的投资。还有一点是,政策环境不同。奥巴马在2012 年 4 月份签署了 JOBS 法案,这在很大程度上促进了众筹平台的发展,因为这项法律允许没有投资资质的普通公民向小企业投资。在国内,目前众筹模式并不流行,更没有相应的监管政策,所以相比美国的政策环境,大部分国内创业者目前更可靠的融资渠道仍然是 VC。

（二）众筹的分类

按照募资的形式，众筹可大致划分为三类或者四类模式。第一是"募捐制众筹"，个人以捐款、慈善、赞助的形式为项目或企业提供财务资助，不求实质性财务回报。典型的例子有赈灾救助、政治选举、电影制作、免费软件开发等。第二是"奖励制众筹"，即部分项目出资人可从中得到一些小礼品或预售产品作为回报，但这些赠品通常价值较低，并非一般意义上的投资回报。第三是"股权制众筹"，个人投资于一个实体以期获得实体的股份或分享实体未来的利润。第四是"借贷制众筹"，个人借钱给一个项目或企业，预期得到偿还，并希望得到一定的财务回报。由于出借人大量的是个人，借款人也是个人，这种借贷模式与上文中讨论的 P2P 借贷类似，一些文献甚至没有把这种模式单独列为一类，而是与 P2P 借贷等同也不无道理。本书采取一共分为三类的方式。

1. 捐助梦想的行为——募捐制众筹

对于募捐制众筹的捐助梦想行为，我们可以用其与电商网站预购模式的区分来加以说明。在募捐制众筹模式下，通过众筹平台支持某个产品或服务，从形式上看似乎和通过电商预购某个产品或服务没有太大差别，但是实际上众筹平台的项目支持者和电商商品的消费者的心理活动是存在差异的。如果说消费者通过电商购买某种产品看重的是"物有所值"，那么募捐制众筹模式下支持者对某个项目的"出资支持行为"则表现出更多的"重在参与"的属性。换言之，募捐制众筹的支持者几乎不会在乎自己的出资最终能得到多少回报，显然，他们的出资行为带有更多的捐赠和帮助的公益性质。虽然众筹网站和电商网站都能提供一盒巧克力或一束玫瑰花，但众筹网站致力于让"消费者"（出资者）忘掉购物这回事儿，认为自己并非在消费，而是资助了一个梦想。众筹网站和电商网站的区别就在于众筹网站带有一定程度的公益性质，将购买消费品的行为转换成了捐助梦想的行为。

所以说，公益的声音通过众筹这个绝佳的平台实现了"扩音"，从而发出了公益文化的雄浑之音。搭建这样的"扩音台"恰恰是众筹平台的重要使命之一，募捐制众筹即通过众筹窗口的交流与互动，达到改变某一宏观领域现状的目的,为中国的慈善文化事业承担企业应尽的责任。一个有社会良知的企业或个人应在社会保护等公益领域率先垂范,把个人或企业的发展置位于整个社会发展的大背景下,才能实现其可持续发展,从而为建设慈善友好型社会作出应有的贡献。①

2. 团购和预购的联姻——奖励制众筹

奖励制众筹平台看上去与团购网站十分相似,但又有所不同。相似之处在于两者都通过在网络上发布"活动(或项目)"来吸引大众参与者的支持;明确规定所需的支持者人数(或金额)下限和截止期限;在截止期限内达到或超过预设的目标人数(或金额)下限,活动(或项目)方可生效,否则,资金将被返还给项目的支持者。

两者的不同之处在于,奖励制众筹较团购多了一重期货性质,换言之,众筹更像是一种团购和预购的联姻,"买家"(即众筹平台的项目支持者)无法在支付后立即获得"卖家"(即众筹平台的项目发起者)售出的"商品"(即众筹平台项目的回报)。通常,根据项目的不同性质,项目发起者会在项目成功后的几天甚至几十天内同项目的支持者兑现事先所承诺的回报。既然具有预购性质,奖励制众筹模式一方面能够使消费者的消费资金前移,提高生产资金筹备和销售等环节的效率,产生出原来可能无法实现的新产品;另一方面通过奖励制众筹可以获得潜在消费者对于预期产品的市场反馈,从而满足用户更加细化和个性化的需求,有效规避盲目生产所带来的风险和资源浪费。

奖励制众筹平台的出现,某种程度上在产品的设计生产者和市场潜在消费者之间建立了一个互相获取信息和交换意见的桥梁。

3. 广泛应用于初创企业或中小企业的股权制众筹

股权众筹是指众筹平台通过向出资者提供证券来为项目所有人筹集大量资金的众筹模式。通常,股权众筹常用于初创企业或中小企业的开始阶段,尤其在软件、网络、计算机和通讯、消费产品、媒体等企业中应用比较广泛。

众筹的想象力很大,可以在各个领域延伸。在众筹的框架下,几乎所有的互联网金融模式都可以囊括。譬如,众筹网已经涉足多个领域,科技众筹、出

---

① 　银联信,《互联网金融深度研究季报》,2014 年 1 季度。

版众筹、演出众筹、电影众筹、新闻众筹、金融众筹、足球众筹等。最关键的一点是，投资者能遇到真正满意的产品。同样，股权众筹的想象力也非常强大，它可以短时间内提升众筹市场的规模，一旦通过互联网进行股权众筹，初创企业的股权就可以向公众销售，这将在很多行业产生颠覆性的影响。但在 2012 年美国 JOBS 法案出台之前，由于以股权作为众筹的标的物缺少法律上的支持，众筹平台基本上采取给投资者一次性短期回报的形式，而股权回报的形式比较缺乏。2012 年 4 月 5 日，美国总统奥巴马签署 JOBS 法案（全称《2012 年促进创业企业融资法》），法案允许小企业在众筹融资平台上进行股权融资，不再局限于实物回报，同时法案也作出了一些保护投资者利益的规定。法案规定，对每一个项目来讲，其融资规模在 12 个月内不能超过 100 万美元；同时也限制了每一个特定投资人的融资规模，不可超过其年收入的 5%。美国的 JOBS 法案开启了股权式众筹合法化的大门。英国和德国已经将股权式众筹融资看作合法的融资模式。但两国均没有专门针对股权众筹立法，而是将其纳入现有的金融监管法律框架。意大利在美国之后通过了类似的关于股权众筹的 Decreto CrescitaBis 法案，成为世界上第一个将股权众筹合法化的国家。加拿大没有设定全国性的众筹监管规则，而是由各州的监管机构负责监管。股权模式的众筹融资在安大略省已经被合法化，并受安大略省证券委员会的监管，但在加拿大其他省份仍属于违法的融资形式。

目前，根据我国特定的法律法规和政策，股权制众筹在我国化身为凭证式、会籍式、天使式三大类表现形式。凭证式众筹一般都是通过熟人介绍加入众筹项目，投资者不成为股东；会籍式投资者则成为被投资企业的股东；天使式则有明确的财务回报要求。

就股权模式的众筹平台来说，国内目前没有严格意义上的股权众筹平台，但已有一些平台涉及股权融资，"大家投"是第一家踏进股权融资"雷池"的众筹平台。大家投是一个对接天使投资与创业项目私募股权的投融资平台。其运作模式是：由创业公司在平台上发布项目，当吸引到足够数量的小额投资人，并凑满融资额度后，投资人就按照各自的出资比例成立有限合伙企业，再以该有限合伙企业法人身份入股被投项目公司，持有项目公司出让的股份。在此过程中，大家投为天使投融资双方提供的是订立投资合同的中介服务，通过向投资人提供目标公司的增资扩股、股权转让等商业信息,促成投资人与目标公司股东签订增资扩股协议、股权转让协议或者其他协议。

　　按照我国证券法规定,向不特定对象发行证券的、向特定对象发行证券累计超过 200 人的,都算是公开发行证券,而公开发行证券则必须通过证监会或国务院授权的部门核准。为规避政策风险,"大家投"采取了以有限合伙公司形式入股项目的做法:最低跟投门槛为融资额度的 2.5%,参与项目集资人数不超过 40 人;所设立公司走有限合伙制,不走协议代持;不做高额利润承诺;设立第三方资金托管账户,投资款项分期到位,不会产生资金沉淀。然而,许多法律界人士认为"大家投"钻了法律的空子,把投资者置身于巨大的风险当中,仍有触犯"非法吸收公众存款罪"的嫌疑。①

　　此外,红岭创投、天使汇也是涉及股权融资的典型代表。2013 年初,红岭创投涉足股权融资业务,为 P2P 网贷中具有稳定还款记录、现金流良好的客户,量身设计股权融资或债转股的操作方案,并通过旗下的股权投资基金管理公司(下称"红岭基金")以股权代持的方式,介入初创期企业或者项目的股权投资。与国外的投资众筹不同,红岭创投的股权融资模式不是设立一个直接连接投资者和融资者的股权交易平台,而是通过设立红岭基金的方式,先在平台上向投资者发布股权融资信息,让投资者出资并与红岭基金签订股份代持协议的同时,由红岭基金出面代为持有融资企业的股份。而作为知名网络投资平台的天使汇,则是一个为创业者和天使投资人之间架起交流平台的社交网络门户。通过为创业者和投资人建立各自的页面,使得双方可以在线上交流、相互了解。天使汇也在线下举办见面会和通过合作伙伴推荐项目的方式帮助创业者和投资人达成融资意向。尽管如此,天使汇还算不上一家真正意义上的众筹平台,因为它对投资者有较高的要求,必须达到人民币 300 万元的准入门槛。如此高的准入门槛,注定了普通大众不可能参与其中,其对公司支持的影响力也就有限。而实际上,参与投融资的群体也确实没有本质变化,参与投资的多半是原来就知名的机构投资者和天使投资人,只是将投资人发现项目、创业者寻求资金的过程搬到网上。

---

　　①　母冰,《"众筹"法律风险待解》,《北京日报》,2014 年 2 月 19 日。

大家投、红岭创投和天使汇的业务模式尽管与国外的股权众筹有着显著不同，但在当前我国法律环境和市场环境下更具操作性，不失为众筹模式在我国资本市场应用的有益尝试。在发展方向上，股权众筹平台未来可能会直接涉足创业投资，投资于本平台的优秀项目，甚至转型为孵化器。①

（三）众筹，看上去很美

1. 法律风险"步步惊心"

众筹在中国才刚刚起步，目前国内尚缺乏专门的法律法规对众筹行业予以规范，对于众筹网站的批准设立、业务经营范围许可、资金风险控制没有明确规定，日常监管方面几乎处于空白。在外部监管缺失的情况下，此类平台非常容易变成诈骗或者非法集资的工具。

对于项目的审核和信用评判，法律或者整个众筹行业都没有形成标准化评判体系。项目发起前，众筹网站会核实发起人的身份，并调查对方是否有完成项目的能力。但是对于创意或者项目是否具有可操作性，以及是否经过官方或正规检测机构的检验，尚未有完整或者统一的评判检测标准，因此项目的科学性和可行性存在很大的风险。资金筹集完毕以后，网站并不对项目能否按时完成负责，也不会对创业者是否有能力完成该项目进行考察。

尽管在法律上创业者有实现承诺的义务，但即使创业者将资金使用完毕也未能实现承诺，甚至目前几乎没有具体的法律法规能判定如果项目出现诈骗，平台方是否需要承担责任。

对普通投资者而言，他们根本不具有专业的投资风险预估和辨别能力，对项目的了解几乎都来自网站上的材料和创业者制作的视频。对于一些所谓的"高科技项目"，投资者被制作者精心准备的充斥着特效和专业参数的视频所迷惑，轻而易举就掏空了自己的钱包。基于国内知识产权保护的现状，对创业者而言，如果过于详细地将自己的创意或者项目在众筹网站上表述，有可能会导致自己的智力成果被人剽窃。而为了维护自己的智力成果只是对创意或者

---

① 鲁公路、胡吉祥，《互联网金融的创新模式——"众筹融资"》，《清华金融评论》，2014年2月25日。

项目进行简单表述的话,则有可能导致自己不能完成融资计划,使得创业者陷入两难的境地。

在金融市场仍需发展完善的中国,新模式试水融资并不容易,甚至有可能背上"非法集资"之名。正如美微传媒创办人朱江感叹:可能会有100种死法,律师已经尽量帮我们规避了70种,但另外30种我们并不知道。朱江一手创办的美微传媒(以下简称美微)在淘宝店铺"美微会员卡在线直营店"以众筹方式融资数百万元,成为淘宝上的一匹"黑马",引发市场关注。但随后又被监管部门紧急叫停,责令退回公开募集所得,此事更是在网上被炒得沸沸扬扬。①

2012年10月5日,"美微会员卡在线直营店"在淘宝网上开业。当天朱江将第一个产品上架:美微传媒会员卡,售价100元/张。消费者可通过在淘宝店拍下相应金额会员卡,由会员俱乐部负责人寄发文件签字确认后寄回会员卡,消费者再进行支付确认。除此以外,消费者还可以直接支付费用购买。这不是简单的会员卡,购买者除了能够享有"订阅电子杂志"等的一些权益,还可以拥有美微传媒的原始股份100股。产品挂出的当天晚上,第一单由深圳一网友拍下,数量为2万股。直到10月10日晚,网友认购资金高达38.77万元。

2013年1月9日,美微传媒又以相同的方式在网络上发起第二轮融资,产品仍为美微传媒凭证登记式会员卡,不同的是,每股单价上升到1.20元,100股起拍。截至2月3日中午12点,共有1 191名会员参与了认购,总数为68万股,总金额人民币81.6万元。至此,美微传媒两次一共募集资金120.37万元。不过,还未等交易全部完成,这家店铺就于2月5日被淘宝官方关闭,阿里巴巴集团对外宣称淘宝平台不准许公开募股。

直到2013年3月20日,美微传媒发表声明,融资性质被监管部门认为是"不合适的"。监管层主要表达了三个意思:一是不能再继续通过网络融资,二是保护好现有投资人利益,三则是需要不定期汇报公司情况。

从美微传媒的"一夜走红"和"一夜走黑"我们可以看到,互联网作为工具,可以帮助金融业务开展,但并不能因为这种工具改变融资的性质。一般来讲,

① 刘真真,《试水"中国式众筹"》,《支点》,2013年5月。

股权融资需要投资人对项目或者公司有透彻了解，建立在信任关系之上，如果是陌生人的股权融资，只当把钱打水漂，对出资没有责任感，等于没有真正有效地对公司加以监督，这对公司治理并非好事。

由于国家法律制度不同，在中国环境下会涉及一些法律障碍。美国由于法律健全，融资人会比较规范合法，欺诈行为发生的概率会小一些，中国可能就会存在一些欺诈情况。但不管是股权还是债权融资，最基本的是出资人对风险有充分了解，在做投资决策的时候，对方是否提供了充分依据。

作为面向公众的集资，众筹很容易被套上非法集资的帽子，为了规避法律风险，众筹的鼻祖网站 Kickstarter 曾经明确规定"通过网络面向公众筹集资金，融资方以相应的产品或服务作为回报，禁止股权、债券、分红、利息形式的交易"。[①]

因为忌惮非法集资这条红线，国内的众筹网站也基本遵照此规定，项目发起人对投资者的回报形式必须是实物、服务或者媒体内容。因此在实践中，国内的众筹基本上都是基于捐赠的众筹和基于奖励或事前销售的众筹，众筹本质上就演变成了捐资、团购或者网上预售。

2. 投资者保护是难题

股权众筹平台一头连着资金需求端的中小企业融资，一头连着资金供应端的投资者保护。"换床治不好感冒"，股权众筹即便披着"互联网金融"这身时髦华丽的马甲，它也得解决传统金融行业就已经存在、股权众筹也无法回避的投资者保护这个核心问题。

对于投资，很多人都会跃跃欲试，自己如果还真有点闲钱，要不也做一把小额天使，把闲钱汇聚到最能够创造价值的事业中来，让钱生钱。但这只是一种理想状态，现实是众筹模式还远未成熟。中国太缺乏相应的机制和体制，更缺乏支持这种模式的环境。如果通过陌生平台或者弱关系开展众筹，你的信任机制、分配机制、退出机制是否健全到足以让人相信，而且持久相信，这是一个很关键的问题。

众所周知，创业的钱变现或者增值是需要一个相对漫长的过程，而众筹从

---

① 母冰，《"众筹"法律风险待解》，《北京日报》，2014 年 2 月 19 日。

某种意义上讲是将很多并不太相关的人的小额资金汇集起来,用于支持某项事业或活动。这个过程中,游戏规则就变得非常重要。如果没有设计好游戏规则,不仅将来会出现剪不断理还乱、错综复杂的关系,还会引来无边无际的烦扰,比如,有参与者要退出、有参与者对你产生不信任、有参与者对你进行诋毁,等等,到那个光景,小钱是小,信誉是大,这也让众筹存在很多担忧。

当我们扒去股权众筹"互联网金融"这身时髦华丽的马甲,我们就会发现:

(1)投资者参与股权众筹的筹码都挺大。最低投资门槛通常都上万元;

(2)众筹企业基本都是早期小微企业,抗市场风险和行业风险能力弱,投资风险巨大;

(3)众筹企业信息披露简单粗糙,投资者与众筹企业信息极其不对称,很难判断企业的真实运营情况;

(4)我国的信用体系不健全,违约成本小。有的股权众筹企业公开承诺投资回报。股权众筹平台忙于跑马圈地,有意或无意地无视这种行为;

(5)众筹企业投资回报周期长,股权也不存在公开的交易市场,流动性差。投资者投资后,只能听天由命,退出渠道很少;

(6)我国《证券法》明确规定,向不特定对象发行证券或向特定对象发行证券累计超过200人的,均构成"公开发行"。更为重要的是,非公开发行证券不得采用广告、公开劝诱和变相公开方式。这些规定至今仍然有效。我们的股权众筹平台虽然形式上只对注册的会员公开,看似有个闭环系统,但众筹企业却在半遮半掩地通过众筹网站主页或微信公开推介企业的众筹计划。如果操作不当,众筹企业有被认定为非法证券活动的嫌疑,操作不当甚至构成非法集资刑事犯罪("擅自发行股票罪")的风险,众筹平台则有共犯的风险。与我们国家不同的是,美国通过《促进创业企业融资法案》("JOBS法案"),已经明确有条件放开了企业通过股权众筹平台公开发行,不存在法律政策风险;

(7)我国的股权众筹平台并没有做足对投资者投资风险的教育与提示,也没有采取足够的证券发行反欺诈措施;

(8)很多参与股权众筹的投资者并不是专业投资人,缺乏估值、投资与投后管理能力,风险判断与抗风险能力弱。更大的隐忧是,很多非专业投资者可能抱着买原始股暴富的心态参与;

（9）股权众筹参与者众多，项目投资失败极易引发政府敏感的群体事件。

此外，众筹是否符合中国的法律环境，有无潜在的风险，至今大家看法不一。这也为众筹模式在中国落地生根带来一定的障碍。

3. 中国众筹模式成功的要素

众筹模式有多种顾虑和一定的法律风险，这种模式在中国扎根并顺利成长需要解决以下三个基本问题：

第一，形成众筹的参与者标准。如果没有门槛、没有要求的众筹，最后很可能因吸纳了不符合群体主流价值认同的乌合之众，并把生意或活动搅得乌烟瘴气。众筹模式并不是参与者越多越好，而是合适的参与者越多越好。也许正是因为有了标准，才会形成过滤效应，产生稀缺价值，才会有更多志趣相投的人加入进来。

第二，融入强链接或强化弱链接。因为很多众筹都是基于互联网进行的，而互联网目前欠缺信任基础。为了解决信任难题，保障众筹的推进，应该引入强链接，通过引入信任关系来提升众筹参与群体的信任基础。就如同海底捞很多员工都认同企业文化，不会犯一些基本的低级错误一样，尽管他们大多数人都来自欠发达的农村地区，也缺乏相应的教育，但是他们很多是老乡、家庭成员或亲属关系，这无形中就导入了宗法关系，让你置身于道德环境，很少有人会做逾矩之事。当然，导入强链接需要召集人有一定的人脉影响力，或者项目本身具备人脉引爆力。如果不具备这样的条件，就要建立相应的机制，强化弱链接，即建立信任体制。此时，你的承诺是什么，让参与者看得见摸得着的法则是什么，有没有信任背书，这些都有助于强化欠缺信任基础的弱链接。

第三，建立价值保障体系。众筹模式在于发动公众的力量，涓涓细流汇聚成海，众人拾柴火焰高。但要吸引众人的参与并乐意把钱委托给招募者，一定要发起人建立价值保障体系。这种价值保障并不一定是金钱，也可以是独特的价值服务、尊享的荣誉、特别的体验机会等非物质增值激励。这些价值承诺必须是白纸黑字写下来，并要持续坚守承诺。如果有信任基础或机制，你的承诺建立在你以往信誉的基础上，这种承诺本身就有号召力。如果缺乏相应的信任基础，你还要约法三章为你的价值承诺保驾护航。

通过依托标准，建立信任，提供保障，众筹模式才算是搭建基本雏形。否则,在当前中国的土壤上,没有游戏规则玩众筹,那基本上是过眼云烟,玩一把潇洒而已。

4. 未来众筹的努力与期待

原则上,众筹模式是解决小微企业股权融资的"灵丹妙药",但实际操作中,它却存在隐忧。长远来看,虽然众筹有发展的潜力,但目前却容易触动法律红线,必须严审项目的合法性与可行性,充分运用合同法条款防控刑事风险,同时向投资人充分披露和提示风险,并请法律专业人员审查把关。

新模式的出现总会领先于具体监管措施的出台,是常识性问题。但这并不意味着对于新兴业态市场就要退避三舍。不是所有新生商业模式都需要制定单独的法律,如果现有的法律体系可以让参与各方的权利义务达到平衡,那么说明现行法律完全可以起到有效调节作用。比如,目前包括 P2P 在内的一些创新领域不是"法外之地",可以在现有法律框架内得到有效管理。

从股权众筹平台的角度来看,应该做足投资者风险教育与证券发行反欺诈措施,投资者们有风险保护与投资回报是对股权众筹平台最好的宣传推广。我们很难想象,如果股权众筹平台上企业欺诈盛行,三五年之后潮水退出,投资者们裸泳赔得精光,众筹平台诉讼缠身,声誉碎了一地,这样的股权众筹平台还会有任何公信力和前景么?

从众筹企业角度来看,秀真实的生活照是重点。股权众筹企业应给投资者秀真实的生活照,而不是像雾像雨又像风的艺术照,或隆胸垫鼻造假。众筹企业主动披露企业真实的业务、团队与财务数据。这既是对投资者的保护,也是对众筹企业自己的保护。在互联网环境下,有劣迹的企业或团队更容易实现"坏事传千里"。基于初创企业本身固有的投资风险,众筹企业慎重或杜绝承诺投资回报。

从投资者角度来看,投资风险意识还较薄弱。股权众筹不怕没市场,就怕投资人太疯狂。非专业投资者应充分理解投资于众筹企业的前述巨大投资风险。非专业投资者不适合抱着买企业原始股暴发的心态、将家庭资产或收入大额投资于股权众筹市场。

地狱向左,天堂向右。我们的股权众筹可以克服或减少它的魔性,发挥它解决中小企业融资难的优势,为我国孵化一批伟大的创业企业。

（四）众筹在中国的特殊价值

1. 在中国，为何众筹没能像 P2P 那样混得风生水起

相比众筹模式雷声大雨点小的格局，P2P 模式在中国却是遍地开花，特别是我国 P2P 在过去一两年的大爆发，肯定让 P2P 的创始人们无法想象，而且这个趋势还在愈演愈烈中，每年成交金额都在不断飞速攀升。针对这一现象，主要有两个核心点：

第一个核心点是本金担保，无论是网站自己提供本金担保还是相关关联方提供本金担保，在他们看来都会受到严格的法律追责。因为网站成为交易媒介的同时，还成了交易不可或缺的第三方，这个第三方主导了整个交易，本来应该归属直接融资的 P2P，成了间接融资的市场，网站自身也对投资人产生了各种责任和义务，而且，最终会因为这些责任和义务使 P2P 运营方随时面临资金流出的可能性，从而对后续投资人造成投资损失。

第二个核心点是虚假标的物，这个其实是已经上升到了诈骗范畴，很多 P2P 网站，设置了很多不存在的标的物，然后用来吸引资金，资金到了这些标的之后，然后再用来进行别的投资，相当于低成本地吸引资金，然后借给更高收益的借款人，赚取中间的利差，一旦出现问题，极端情况就是关门卷款而逃。

这两个核心点，让 P2P 规模快速不断地做大，做大的背后是什么呢？其实并不是 P2P 金融创新的结果，而是典型的集资行为披上了金融创新的外衣罢了，通过保本、保收益以及建立资金池的方式，让这个规模不断扩大，跟金融创新本身是没有太大关系的。

通过上述两种方式，所谓 P2P 其实压根就是个笑话。商业逻辑模式很简单，无非就是网站担保借了笔钱，放贷而已，而 P2P 的本质是撮合借贷双方达成交易，而不是介入到里面去做担保，甚至通过虚假借款人去借进来再放贷。①

中国式 P2P 具有典型的非法集资特征，符合非法集资构成的三大要件，第一是未经审批，第二是保本保收益，第三则是向社会不特定对象宣传并且吸收

---

① 江南愤青，《也谈众筹模式》，http://www.douban.com/note/2738484291。

资金。

当然这里提的是中国式 P2P,回到 P2P 的本意来看,P2P 如果恪守真实标的物信息公开,然后平台提供服务不接触资金等要件来看,那么还是可以定义为金融创新的,但是这样的 P2P,在中国这样浮躁的金融市场上,几乎不具备可以存在的任何条件。

因为大家都在担保,你不担保就没人来你这里玩,大家都在建虚假标的物的资金池,你不建,你就没法跟人比。这样的 P2P 市场,无非就是非法集资的温床,出事是必然的,迟早而已。

再回过头来看众筹模式,由于 P2P 投入小,出效益快,自然而言,众筹模式也就备受冷落,众筹模式对项目信息的公开非常细致,商业模式要求也非常清晰,才有可能在市场进行募集,而且因为是股权性质,不保本不保收益,因此相对募集难度都会加大,更重要的是由于项目标的要求清晰,使得虚假标的物很容易被识别,不容易通过设置虚假标的物来套取资金,从而使得众筹模式的运营方,只能通过众筹项目的收益进行提现,而众所周知,股权类项目的收益周期非常漫长,同时成功率也很低,这种情况下,众筹模式更有点类似创投概念,就基于大量投资之后的小量成功的模式,实际上的运营难度是很大的,更适合进行公益项目的运作或者是文艺青年们聚集的模式。从商业模式上来看,众筹模式需要的是较长时间的酝酿和培育,需要静得下心来慢慢地沉淀和培养,然后获得较高的收益。而这种情况在中国普遍浮躁的金融环境里,是不太有这样的人能静下心来做这样的事情的。众筹模式到目前没有特别成功的也就是非常正常了。

很多人认为众筹模式在中国是因为很多政策性问题才无法发展起来,实则不然。要说非法集资的问题,P2P 的非法集资远比众筹模式来的严重得多,拍拍贷上一笔 40 万的借款,保本保收益,投资人有上千人之多。按照我国的非法集资要件的话,早就构成了非法集资,这样操作都可行的话,那么我国的"点名时间"网站上的项目,不保本,不保收益,接受大家捐助,也就更不存在所谓的政策性风险了。

所以,众筹模式在中国开展难度大,首推金融市场整体浮躁,大家先想的是圈钱,对于无法圈钱的事情,基本不愿意去做。其次是投资人教育,我国的投资人把 P2P 作为一种理财产品进行配置，但是又不愿意承担相应的风险，所以都希望选择保本保收益的产品，而在实际情况来看，我国的 P2P 虽然会有一些标的物介绍，但是都不对外进行公布，使得投资人把更多关注点都放在收益率上，而不关心这个项目到底好还是不好，他们缺乏判断项目的能力，很多时候也不愿意去做这样的判断。对于众筹模式的不保本行为，他们缺乏天然的兴趣，所以众筹模式在这样的投资环境里其实际难度是较大的。更多只能在一些周期较短的创意类项目里实施，无法推广到更多的小微企业层面。而事实上，我们看国外很多网站，不但在小微企业层面运作，甚至都已经做到了大企业范畴。

2. 更具现实意义的众筹模式

相比于 P2P 的泛滥、监管较难而言，众筹模式反倒更容易监管，所带来的社会问题会相对更小，基于对众筹项目的充分判断分析基础上的股权投资，与纯粹依据对 P2P 网站的信任而做的非理性借贷而言，众筹模式更有现实意义。

利用众筹模式，可以进行公益项目的投资，也可以进行一些早期天使项目的投资，国内外都有不少成功的案例，因为是股权投资行为，因此对风险的判断和项目的预期都是其个人投资决策的基础。所以，不但可以培养独立的投资人体系，也能通过投资人的判断，改善融资方的商业模式和产品体验，有助于形成良性的互动。美国的众筹网有好多项目都是演变到最后成为在线产品预认同的模式，就是融资方跟投资方在线不断地对一款产品进行互动，交互开发，最后针对在线的众多投资人特定销售的模式，不但完善了产品设计，还直接实现了产品销售。我国的点名时间也有类似的案例。

从理论上来看，众筹网对于推动社会创新、资源整合都是有现实意义的。美国现任总统奥巴马针对这种模式进行专门的立法，也是致力于推动创新和保护这种理念思维。

当然众筹模式也只是互联网金融体系的一个分支而已，要赋予其太大的意义也不现实，在解决特定领域的融资方面，有其历史意义，尤其在小微金融层面，甚至可能要高于 P2P，因为众筹模式在理论上实现了风险和收益相对称的核心要点，创业失败率高，因此必然要通过股权的方式实现相对较高的收益，而不是类似债权模式，收益相对有限，风险却相对较高。

在互联网金融时代,信息交换的便利、高效和低价催生了平等与分享。不管创意者做什么工作、社会地位如何,只要有好的创意,把它展示出来,都将有机会得到融资,网民也可以根据自己的投资喜好和实际能力对创意进行投资,这就是众筹模式的价值。相对于传统融资方式,这种模式更为开放,同时能否获得投资也不再是以创意的商业价值作为唯一标准,只要是网民喜欢的创意,都可以通过众筹获得启动的第一笔资金,这笔资金将给创意者带来无限的可能与期望。

三、互联网金融铸就者——大数据

(一) 互联网数据转化为个体信用的互联网金融新时代

1. 从一对美国夫妇的创业经历说起

亚当和凯瑟琳是美国加州一对经营原创手绘艺术品的夫妇。与其他充满梦想的艺术家一样,凯瑟琳在孩童时代就非常喜欢特殊艺术风格的绘画。当他们的女儿诞生时,凯瑟琳希望通过某种途径来激发女儿的艺术潜质,决定把女儿的房间用自己的画来布置。这个不经意的举动,为后来创业埋下了种子。

2007 年,亚当夫妇发现了 Etsy(世界上最活跃的手工艺术品交易网站),决定在 Etsy 上做一个尝试,销售绘画,赚一些外快。于是,凯瑟琳亲自设计并手绘艺术绘画,亚当负责网站运营、销售和财务。2009 年,亚当夫妇开始全职经营网上手绘艺术品牌,畅销至今。作为一个小企业,亚当夫妇面临的最大挑战就是现金流。从开始绘画到收回货款有一个时间差,需要亚当夫妇先行垫付资金,这就加大了资金周转的成本。

2012 年夏天,亚当夫妇发现了 Kabbage,一个为中小型网商提供营运资金贷款服务的网站。注册认证后,亚当夫妇向 Kabbage 为"已售出但未收到现金"的商品申请"贷款"。Kabbage 对亚当夫妇的信息进行加权评分,包括信用评分和非信用评分,其中信用评分包括卖家官方信用分数、销售额、网友评论数、好评率和物品售出概率等,非信用评分包括卖家个人贷款信息等。当评分高于 Kabbage 设定的条件时,卖家就可以获得"贷款"。由于亚当夫妇良好的经营信誉，自 2012 年 8 月起，他们便获得了 Kabbage 营运资金"贷款"，可以用"贷款"提前购买履行订单所需机器和材料，现在亚当夫妇网店的运营效率得到大大提高。

正如亚当夫妇所评价："Kabbage 对小企业非常友好，能真正满足我们的需求，不仅得到了现金流，而且等待时间非常短，对我们是一个巨大的帮助。"

Kabbage 公司开创了"网商贷款"的新模式，用"大数据"重构信用体系，为小微网商企业提供"贷款"。其颇具革命性的创新在于，高效地整合了交易数据、物流公司配送数据以及社交网络行为数据，将互联网每个角落的数据信息充分转化为个体信用，开辟了互联网金融的新时代。

2. "各种票"到网购的数字化生活变迁

在国内，回顾计划经济时代，购物是一件很奢侈的事情，这不仅表现在当时收入普遍很低，而且还需要有相应的"票"：买油要"油票"，买粮食要"粮票"，结婚买糖果要"副食品票"……可以说，那是一个有钱也没处花的时代，没有这些"票"的话，确实什么也买不到。

20 世纪 90 年代，市场经济已经在建立过程中，买东西已经不需要"各种票"了，只需要到百货商店的柜台，向服务员指出要哪件商品，服务员就会将这一商品拿到柜台前，给消费者看，然后就成交了。一些小商品，可以在夜市的地摊上买到，这些摆地摊的人，有些属于"二道贩子"。二道贩子也称小贩，该称呼多在北方流行，尤其东北，多含贬义色彩。其工作的实质就好像中间商一样。因为，在计划经济时代，二道贩子的工作恰恰触犯了"投机倒把"这一重罪。但是，这些二道贩子在那个年代却给了广大消费者另一个购买商品的渠道选择。随着市场经济的发展和时间的推移，现在所说的"渠道商"其实就是"二道贩子"的一种存在形式。只不过现在大家对于中间商没有任何贬义了。

到了最近几年，人们购物的模式又发生了新的变化。尤其是中青年人士，将网购作为自己的一项重要购物形式。淘宝、京东、当当、亚马逊等电商网站也成为其"逛"的对象。在这些网站上输入要购买物品的关键词就会立即显示出各种品牌、型号、尺寸、颜色、价格区间的相应商品，下单和支付均可以在网上几分钟内完成。接下来，少则一两天，多则三五天之内，快递员就会将商品送货到家门口，真是省时省力。同时，网购可以选择的种类也很多，传统商场受限于柜台的大小,而电商网站却不受此因素影响。顾客货比三家,也不必亲自走到各家商场,并且需要记住每家商场每件衣服的价格,只需要在几个电商网站比较同一款商品的价格即可。

数据也佐证了我们购物方式的变化。以 2013 年的"双十一"为例,总成交 350 亿元,共 1.7 亿笔,平均每笔消费 250 元。其中,手机淘宝成交占 21%;17 家网店单店销售额过亿元;新登场的基金、保险等理财产品总成交金额 5.55 亿元;如果再加上京东、苏宁、一号店、亚马逊等电商的销售额,估计双十一当日的销售额达到 500 亿元。这一切不只是数字,而是真金白银,并且是对中国传统购物习惯的挑战。

以智能移动终端为标志的移动互联网打破了原来 PC 机在线的概念,移动终端使得客户的信息可以通过移动终端来送达,这些信息均通过数字化的方式记录下来。所以我们进入了一个数字化生活的新时代。传统金融经营的资本、信息、信用和风险将发生深刻变革。这一变革,将让传统高深专业的金融知识和产品,回归普通人都能理解参与的常识和常态,使更多人体验到更好的金融服务。①

3. 数据为王

2013 年"双十一"淘宝当日达成近两亿笔交易,总交易额达创纪录的 350 余亿元,这些交易记录就形成了"双十一"疯狂网购的大数据。IBM 公司在其大数据网站首页上说,最近两年产生了人类社会诞生以来 90% 的数据量。这些数据来自方方面面:传感器采集的气候信息、网站上的帖子、数字照片和视频、购物交易记录、手机 GPS 信号等。尽管尚无统一定义,但这些无比庞大的数据被称为"大数据"。我们在搜索引擎中每一次搜索的记录、在电子商城中每一次的商品浏览和购买记录、每一次电子支付的数据……这些看似不相干的庞杂数据,汇总在一起,经过分析提炼,一般即可描绘出这个人的行为习惯概况,并对未来可能采取的行为作出概率相当高的预测。利用大数据技术,将上述众多无头绪的信息编织在一起,经过分析筛查,就能够精确地指向潜在客户,这也是大数据被商家们寄予厚望的原因之所在。

---

① 陈劲,《2014 年互联网金融前瞻:人人天生有信用》,《21 世纪经济报道》,2014 年 2 月 19 日。

美国一家金融服务机构的信用卡部门，通过大数据分析，获得了每季度200%的业务增长。这个项目为每个用户建立了30多个参数进行分析，只为找出当前信用卡欠款、但具备潜在偿还能力的客户。因为数据分析模型的成功，此项目取得了令人满意的效果。在大数据时代，信用记录、社交媒体、搜索引擎等数据信息日趋完善，这些都有待不断创新的数据分析模式进行挖掘。

4. "云"让大数据得以普及

云计算是一种通过互联网以服务的方式提供动态可伸缩的虚拟化资源的计算模式。狭义云计算是 IT 基础设施的交付和使用模式，指通过网络以按需、易扩展的方式获得所需计算资源；广义云计算是指服务的交付和使用模式，指通过网络以按需、易扩展的方式获得所需的计算服务。云计算系统的核心技术是并行计算。并行计算是指同时使用多种计算资源解决计算问题的过程，是提高计算机系统计算速度和处理能力的一种有效手段。在云计算成为基础资源的今天，信息存储不再是瓶颈，更多数据挖掘项目可以得到施展。

数据不是今天才有，也不是今天才"大"起来。但过去一些数据挖掘研究虽然有了思路，却限于存储、计算资源等硬件条件无法实行。2006 年前后，我国某大银行，希望通过关联交易数据的分析提高他们对公信贷业务的精确度，估计信息量是 20PB 的级别。当时一家银行历年的贷款报告，财务发展分析报告、图表、基本财务信息、公司信息加起来也就 100 G，相比之下，20 PB 可谓天文数字，项目因为成本而未能良好执行。但在云计算成为基础资源的今天，信息存储已经不再是大数据分析的瓶颈，一些原有的数据挖掘项目可以得到施展，帮助行业开辟业务新天地。例如，一家名为"91 金融超市"的公司在微软 Windows Azure 云平台上将金融中介服务进行互联网化，打通了金融机构和个人消费者之间的通路，并通过对个人数据和需求的分析，将最合适的金融产品推送给个人，或者将个人需求精准匹配给相应的机构。这一模式被资本市场、机构和消费者高度看好，他们也因此拿到了 6 000 万元的风险投资。

在云计算成为基础资源的背景下，基于大数据的互联网信息服务，能够帮助企业和个人更好地预测未来和进行决策，从而成为促进信息消费的主要推动力。在云和大数据的支持下，将有越来越多的新型信息服务模式得以建立。

大数据信息服务影响和促进社会各个领域,基于金融领域的精准信息服务创新,只是最容易被人们理解的应用领域之一。随着云和大数据技术的日益普及和深化,各个行业都将迎来信息消费的黄金时代。①

5. 大数据连接下的信用纽带

与依靠各类证明、担保、记录累积而成的传统信用不同,在互联网金融时代,新信用的构成是无处不在的,消费结构、支付场景、购买习惯、社交关系等碎片化的信息都将成为个体信用的组成要素。信用构成要素的变化,使"人人天生有信用"成为现实,让信用真正回归以人为本。

除此之外,过去的信用是在生产和消费的终端,在生产、消费活动中逐步积累,并被挖掘应用。而互联网金融时代,是信用本身在发生改变,受益于互联网的高效、开放与信息易取等特性,其构成要素更加全面和精细。未来互联网涵盖的范围将更广、更深,随着云平台逐渐渗透到工作生活的各个层面。越来越多的实时化、多样化、个性化、碎片化的信息将被采集,并且随着信用价值的精准转化,从而实现只要是社会的人都会被赋予信用。其带来的直接结果就是,使用信用消费的人数将会从现在的1亿人左右,跨越到5亿人以上。

(二) 阿里的大数据金融

国内阿里金融一直在用阿里巴巴、淘宝和支付宝上的数据来做信用评价。通过分析淘宝网上的大量信息,利用支付宝,给每个人发贷款。这种做法和银行的做法完全不同,是一种自动放贷机制。淘宝商户所有的行为构成了本身风险的定价,然后阿里小贷根据风险定价,给它授信额度,可以随时贷款、随时还息。最终形成一个动态的风险定价过程。

1. 最近爆红的阿里金融

阿里金融亦称阿里小贷,为小微金融服务集团下的微贷事业部,主要面向小微企业、个人创业者提供小额信贷等业务。目前阿里金融已经搭建了分别面向阿里巴巴B2B平台小微企业的阿里贷款业务群体,和面向淘宝、天猫平台

---

① 《云和大数据促进互联网金融发展》,http：//cloud. chinabyte. com/tech/135/12785635. shtml。

上小微企业、个人创业者的淘宝贷款业务群体，并已经推出淘宝（天猫）信用贷款、淘宝（天猫）订单贷款、阿里信用贷款等微贷产品。

阿里小贷所开发的新型微贷技术是其解决小微企业融资的关键所在，数据和网络是这套微贷技术的核心。阿里小贷利用其天然优势，即阿里巴巴B2B、淘宝、支付宝等电子商务平台上客户积累的信用数据及行为数据，引入网络数据模型和在线资信调查模式，通过交叉检验技术辅以第三方验证确认客户信息的真实性，将客户在电子商务网络平台上的行为数据映射为企业和个人的信用评价，向这些通常无法在传统金融渠道获得贷款的弱势群体批量发放"金额小、期限短、随借随还"的小额贷款。

同时，阿里小贷微贷技术也极为重视互联网技术的运用。其中，小微企业大量数据的运算即依赖互联网的云计算技术。阿里小贷的微贷技术包含了大量数据模型，需要使用大规模集成计算，微贷技术过程中通过大量数据运算，判断买家和卖家之间是否有关联，是否炒作信用，风险的概率的大小、交易集中度等。正是应用了大规模的云计算技术，使得阿里小贷有能力调用如此庞大的数据，以此来判断小微企业的信用。不仅保证其安全、效率，也降低阿里小贷的运营成本。

另外，对于网络的利用，也简化了小微企业融资的手续、环节，更能向小微企业提供"365×24"全天候金融服务，并使得同时向大批量的小微企业提供金融服务成为现实。这也符合国内小微企业数量庞大，且融资需求旺盛的特点。借助互联网，阿里小贷在产品设置中支持以日计息，随借随还，便利小微企业有效掌控融资成本，更提升了自身的资金运作效率，得以在有限资源内为更多小微企业提供融资服务。

阿里小贷的创新实践始于 2010 年 6 月，当时就迎来了阿里小贷的第一家获贷小微企业，为淘宝订单贷款获贷。截至 2014 年 2 月，阿里金融服务的小微企业已经超过 70 万家。

2. 阿里小贷的水文模型

2014 年 2 月 20 日，阿里金融旗下的阿里小贷最新数据出炉，2013 年阿里小贷全年新增投放贷款 1 000 亿元。截至 2014 年 2 月中旬，阿里小贷累计投放贷款超过 1 700 亿元，服务小微企业逾 70 万家，户均贷款余额不超过 4 万元,不良率小于1%。

阿里小贷首次对外披露了其基于互联网和大数据的放贷模型"水文模型"。"水文模型"是按小微企业类目、级别等分别统计一个阿里系商户的相关"水文数据"库。[①]

顾名思义,水文模型参考了城市的水文管理。比如,某河道水位达到某个值,但人们无法依据这个数值采取应对,是准备防汛还是不做任何动作? 也无从依据该数据判断趋势:下月河道水位走高还是走低,会否影响防汛等河道管理的措施? 但如果将这个值放到历史数据及周边河道数据中,就可以做出一定判断:如比过往同期,这个数据是否变高了,高了多少;以往这个时期后,河道水位又是怎么变化的。每个河道的趋势,都可依照这一方式做出判断。

阿里系统考虑为客户授信时,就是结合水文模型,通过该店铺自身数据的变化,以及同类别类似店铺数据的变化,判断客户未来店铺的变化。

如以往每到某个时点,该店铺销售会进入旺季,销售额就会增长,同时每在这个时段,该客户对外投放的额度就会上升,结合这些水文数据,系统可以判断出该店铺的融资需求;结合该店铺以往资金支用数据及同类店铺资金支用数据,可以判断出该店铺的资金需求额度。

举例来说,某手机销售店铺,在双十一达到300万元销售额,远高于平时。单看这个数据给予用户分层或授信,很可能做出错误判断。而如果把这个店铺放到水文模型中,去观察其不同时间、季节的经营数据及其所处类目同类店铺的数据变化,也许平常该店铺经营额并不高。和过往双十一的数据相比,店铺今年营业额或许反而下降,和同类目店铺相比,增长或许还没有其他店铺快。利用水文模型进行分析,店铺的资金需求额度就会一目了然了。

3. 值得一提的阿里风险控制金融模式

阿里小贷微贷技术中有完整的风险控制体系。在信贷风险防范上,阿里小贷建立了多层次的微贷风险预警和管理体系,具体来看,贷前、贷中以及贷后三个环节节节相扣,利用数据采集和模型分析等手段,根据小微企业在阿里巴巴平台上积累的信用及行为数据,对企业的还款能力及还款意愿进行较准

---

① 包慧,《阿里金融大数据授信法:"水文模型"审贷》,《21世纪经济报道》,2014年2月21日。

确的评估。同时结合贷后监控和网络店铺/账号关停机制，提高了客户违约成本，有效地控制贷款风险。阿里金融的核心竞争力在于它构建的风控本身，拥有了这个核心风控，就意味着资金融通的最大障碍得以清除。

阿里金融的核心风控金融模式其实是一条量化放贷的道路，就是阿里巴巴依托自身在网络体系内的巨大客户数据优势，进行有效的数据整合，它将自身网络内的客户的一系列有利于进行风险判别的数据例如交易数据，客户评价度数据、货运数据、口碑评价、认证信息等进行量化处理，同时也引入了一些外部数据，例如海关数据、税务、电力、水力等方面的数据情况加以匹配，从而形成了一套独特的风控标准，意图建立起纯粹的定量化的贷款发放模型。同时，建立中小企业贷款的数据库模型，进行数据库跟踪管理等。

这个量化的贷款模型的好处不单是大大提升了放贷效率，更关键的其实是让金融机构在其中的作用得到了弱化，从而为去除金融机构在体系内构建了基础的可能性。据统计，阿里巴巴的户均放贷数额只有 7 000 元人民币，一共发放贷款却超过百亿，每天处理高达 1 万笔左右的贷款额，这个数字如果采取的是传统金融机构的审核标准的话，投入产出明显不成正比，相信没有银行能做这样规模和数字的交易。而阿里巴巴依托贷款模型和网络化处理很好地实现了。这就是网络优势，也是量化交易的优势。排斥了对单个人的定性化分析，通过标准的筛选，大大降低纳入范围内客户的违约概率，保证了贷款的质量。

4. 阿里金融的风险分析

尽管阿里具有较为完整的风险控制体系，在大数据方面也投入了非常庞大的资金和人力进行定量化放贷模型的尝试，但我们也要看到，到目前为止，还没有特别成功的放贷模型可以复制。

量化交易需要有逻辑基础，长期稳定的交易环境和交易规则是量化的基础。在贷款层面，贷款需求和意愿需要长期稳定的基础，贷款更多是个人意愿的一种表现，虽然大范围内可以量化，但是跟经济形式的正相关度颇高，个人感觉贷款变化太快，例如经济周期好的时候，人们愿意贷款进行投资，但是经济周期不好会压低贷款的意愿度，从贸易领域来看就是经济形势好的时候，愿意多备货而去借钱，形势不好的时候，就宁愿抛售也不愿意借钱备货。

所以,量化参数设置方面就需要考虑到很多因素,没有很长时间的相关经济数据的系数研究,很难有稳定的量化交易标准出现。而且这期间,还会付出极大的代价。从金融发展历史来看,任何一套良好的风险控制体系其实都是在市场金融实践中不断碰撞出来的,期望通过闭门造车的方式实现,难度很大,阿里巴巴需要做好足够的心理准备来面对贷款坏账率的问题。

另外,贷款标准设置容易,但是修正很难。如果设置的过严,那么就会发现很难找到符合风控标准的客户,导致出现无贷款可放的境地,如果贷款标准过于宽松,坏账一堆的情况也必然可见。这个度的把握就是要在市场中不断地碰撞才能产生,虽然可以做各种精算,模型测试,但是具体实践的数值肯定是不断地积累的。只有形成了极为庞大的实践数据,才有可能具备一定的合理性。但在金融不稳定、经济形势不确定的情况下,很多数据其实是失真的。

淘宝网看上去有庞大的客户群体,但是如果做一些切分,就会发现,客户质量分化很严重,由于网店的开设成本日益增加,很多时候维护好一家网店的成本已经不低于开一家实体店的成本了,而以天猫为代表的 B2B 对网店的冲击也很大,这种情况下,淘宝网就日益分化成两个层级:好商家越来越好,同时越来越少,不好的商家越来越不好,数量越来越多,淘宝网就已演变为几只大象和一堆蚂蚁聚集的地方。

这种情况下导致的贷款难题就是,可能找不到符合你想要发放贷款标准的客户。风控标准过严,会淘汰掉大量的客户群体,大量蚂蚁被挡在了门外,而大象却又不需要你。如果风控标准过于松散的话,你在蚂蚁之中,又无法清晰地找到你想要的蚂蚁。因为他们都差不多。

量化交易很害怕系统性风险,因为会让所有数据设置在系统性风险面前都失去了意义,例如经济形势大面积下滑时,很多作为参数的数据值都没有意义,本来过往可能很好信用度的客户在这一形势下跟信用度不好的客户一样都无法还款,系统性风险成为量化交易的噩梦,所以如果阿里巴巴不能建立起很好的系统性风险应对机制,却大规模地量化放贷,可能会很容易在某一个区间里出现大面积坏账。系统性风险是不得不防范的,尤其在中国最近五年内经济走势极不明确的情况下,更值得注意和考虑。

同时道德风险也无可屏蔽。在中国,只要有标准,就会有人想尽一切办法来造一个符合标准的样本出来。例如据传某银行有个客户经理，几日几夜不眠不休，不断测试银行的评级系统，居然被他找到了银行评级管理办法的系统漏洞，掌握了输入什么值能让银行的交易系统出现较高评级。所以，阿里巴巴的贷款风控标准，也会在不断的测试中被陆续推敲出来，然后市场上出现各种各样的造假数据，对于量化贷款交易而言，由于只注重数据，而不太注重贷款主体的情况下，诈骗等案例也会不断出现。

但是不管怎样，技术不断地在进步，大数据的理论和实践也都在不断地开展，所以从这个角度来看，阿里金融是未来最有可能成为真正互联网金融的一家机构，它虽然不一定能在体系内起到完全去掉金融机构的可能性，但是它至少可以让金融机构在它的体系内处于从属的地位。而这恰恰是互联网金融的本质。①

5. 淘宝大数据的启示

2014 马年春节，伴随着春运，人口迁徙图成为今年春节最热门的互联网应用之一。在正月十五的前夕，淘宝网推出了人口迁移数据。正是利用大数据技术的普及，普通人才能窥探出哪些城市是用工的热门城市，同乡都喜欢去哪些城市工作。实际上，随着移动互联网的普及，越来越多的人利用网络购物、消费、娱乐……也正是这些无处不在的网络活动，构成了大数据，让大数据得出的结论方便我们的生活，阿里旗下的支付宝也正是利用大数据发布了《支付宝用户春运报告》，为人们勾勒了一幅 2014 马年人口迁徙图。

除了人口迁徙利用了大数据外，其实在网民使用的各种网络应用中，都会或多或少见到大数据的身影，像打车软件、互联网金融创新、网购消费等。

电商在销售商品时也会用到大数据，除了根据用户搜索数据推送相关商品外，还应用大数据推出适合消费者的产品。在 2013 年"双十二"时，淘宝运用大数据技术进行促销。淘宝根据不同的人群需求，划分出 200 多个购物场景。"场景购物"意味着消费者可以只凭着一个模糊的想法，甚至只是一个感觉，就能找到所需商品并一站购齐。此外，在"双十二"时，淘宝在购物的各个环节为消费者提供购物预测。根据消费者在过去一年的消费特征，将所有红

---

① 江南愤青，《什么是互联网金融？跟金融互联网存在哪些区别？》，http://www.huxiu.com/article/15335/1.html。

包、秒杀商品经过个性化数据匹配后,推荐给用户。

在对大数据的利用上,除了阿里巴巴已经在利用大数据技术提供阿里信用贷款与淘宝数据魔方外,腾讯则通过社交网络数据挖掘打造全新营销平台,为广告主实现精准营销。百度建立了百度指数、司南、风云榜、数据研究中心、百度统计等五大数据体系平台,提供企业实时数据服务。

目前在数据价值的发挥上,京东、天猫、易讯等电商已展开与第三方机构的合作,试图通过对用户各种数据的分析,展示各自在网购市场上的优势。

6. 从 IT 到 DT

2014 年 3 月,马云在北京的一次演讲中指出:人类已经从 IT 时代走向 DT 时代,IT 时代是以自我控制、自我管理为主,而 DT(Data technology)时代,它是以服务大众、激发生产力为主的技术。这两者之间看起来似乎是一种技术的差异,但实际上是思想观念层面的差异。

阿里巴巴是大数据的红利获得者。这源起于阿里巴巴从五年前开始推出的大数据、云计算战略。从五年前开始,阿里巴巴在云计算上面押了很多宝,才诞生了互联网金融,如果没有数据支持,互联网金融是不可想象的。未来的竞争将不再按照电力等能源拥有对区域竞争进行划分,今后拼的是人才和创新价值的能力,拼的是数据能够给社会创造多少价值,用数据挣钱才是未来真正的核心所在。[①]

从马云的表态以及阿里巴巴现有的产业布局来看,未来,包括数据处理、综合处理、语音识别、商业智能软件等在内的线下数据采集整合,将成为阿里巴巴的下一步发展重点。

(三) 京东的大数据金融

1. 大金融战略

很多人没有想到,互联网金融第一款面向个人用户的信用支付产品是由京东抢先推出的。一段时间以来,互联网金融的热点以 P2P 和各种"宝"的理财产品为首,占据着用户的视线。而此前阿里金融如箭在弦的"信用支付"几

---

① 孙奇茹,《人类正从 IT 时代走向 DT 时代》,《北京日报》,2014 年 3 月 3 日。

经内测迟迟没有推出。而京东金融的快速突围除了让 IPO 更具有想象空间和助推力之外，也带给业界很多全新视角和思考。①

京东的金融业务是依托于零售业务存在的，其背后的支撑是大数据，京东的整体战略布局是通过打造生态圈，打通生态的上游供应商和下游消费者。如果给京东的战略结构画一张图应该是这样的：首先是"电商业务、互联网金融、智能物流、技术"四架马车，其中技术平台协同贯穿另外三项。而金融业务战略又被划分为四个部分：供应链金融业务、消费金融业务、平台业务和网银在线。未来京东金融的模式，就是"互联网＋零售商＋传统金融服务"的模式。

将这些串联起来的核心驱动力正是数据。庞大的数据资源是互联网金融的最大资本和背书，甚至从某种层面来说，同样是数据，京东通过自营业务积累出来的数据，比阿里要更加"干净准确"。通过 10 年的积累，京东拥有海量的消费者以及消费者行为和信用的消费数据、拥有上万家供应商和供应商的销售数据和信用分析，以及遍布全国的物流网络和物流数据。

京东和京东金融两个集团之间是独立的核算，而通过快速的组件，全新的金融集团组织结构也已经完整。在全新的京东金融集团里，其部署的大金融战略正在慢慢展开。

2. 京东"白条"——嵌入京东业务流程的金融服务

如果说 2013 年被称为"互联网金融元年"，互联网金融产品层出不穷。那么京东的互联网金融创新则从 2014 年出发。自京东金融集团独立开始，互联网金融大战的另一个重量级选手正式入场了。

2014 年 2 月 13 日，京东"白条"公测。15 日，所有获得京东白条首批公测资格的会员，可在个人账户中激活京东白条，在京东全场体验新的购物模式。这是继"京保贝"之后，京东金融的又一个明确的产品。一个是面向企业的带供应链金融业务，一个是面对个人的消费金融服务。京东在充分利用自身上下游资源的基础上全面打开其金融战略布局。

对于京东"白条"最简单的理解就是，基于京东平台的信用贷款或购物赊账服务。京东将从自己的亿级用户当中挑选出一部分用户，邀请其享受京东

---

① 孙彤，《京东金融出发》，《商业价值》，2014 年 3 月 3 日。

白条的服务。京东将实时评估客户的信用,根据客户的消费记录、配送地址、退货信息、购物评价等数据进行风险评级,给京东白条建立自己的信用体系,白条用户最高可以获得 1.5 万元的信用额度。由于京东上面销售的 80％ 都是 3C 产品,而这些产品的单额较高,如果用户只在几千元的信用额度,可能并不够用。京东白条定在 1.5 万元符合自己网站的购物特点。通过在线授信评估白条资格,当获得资格的用户登录"我的京东"就能找到白条,选择白条支付可以分期付款、延期付款,并循环使用。

与银行发行信用卡后的消费指向比较零散不同,京东白条将用户的消费指向京东商城的购买。利用白条,促进消费,可以提升京东商品的销售,未来还有机会成为一种短期促销的手段(比如出国可以临时提升信用卡额度)。用户的京东白条页面,已经搭建了一个白条用户专享的购物主页(这类似于信用卡商城)。

相较于传统银行,京东白条最大的亮点之一就是可以在 1 分钟内在线实时完成申请和授信过程,而服务费用仅为银行类似业务的一半。毫无疑问,通过互联网压缩经营成本,把物理网点、人工审核、实体介质、营销人员的成本都节省下来,最终帮助用户降低金融服务成本,在汇集用户的同时节省了大量的时间和费用,是互联网金融最大的优势。①

对京东白条来说,需要在京东整体商品的促进销售与自身风控之间找到一个平衡。短期内,白条可能更多承担的是促销的功能,而未来,白条带来的金融收入也会很大。

3. 强大的京东数据基础

京东 B2C 十年,最大的资源就是积累了大量的客户数据和消费记录。通过对这些消费、金融和大数据的深入分析和理解,对用户的消费记录、配送信息、退货信息、购物评价等数据进行风险评级,完全可以建立一套京东自己的信用体系。"京东白条是嵌入京东业务流程的金融服务",这句话是对白条业务最准确的形容。

如果研究过消费金融的历史,我们并不难发现很多来自美国的参考范本,但其市场推动者往往是实体企业。比如沃尔玛独立发行自己的信用卡和分期

---

① 孙彤,《京东金融出发》,http：//blog.sina.com.cn/s/blog_604f5cca0102e6k4.html。

服务通用电器，为了自己旗下家电产业，购买家电有更好金融服务，成立了消费公司，为消费者提供个人贷款服务，现在成长为主要利润贡献来源；美国运通成立的初期只是旅行社和快递公司，在此过程中为满足客户需求提供直接的旅行支票或者信用卡等服务，最终成长为一家世界级的金融机构。

从某种程度上说，消费金融听上去很容易，但不是"谁都能玩"以及"有资格玩的"，尤其是基于如今的中国互联网。阿里可以，京东可以。只有掌握着最真实和海量的消费数据，以及最准确和独立的物流信息的玩家，才有底气和能力创造出带有浓重互联网基因的个人消费金融产品。

（四）华夏银行的平台金融模式

对于传统金融机构来说，其本身就掌握着客户的许多数据，所以也将大数据应用于业务当中更是理所当然的。2013 年华夏银行在业内首先创新性推出的"平台金融"服务模式就是典型的一例，其主要是指通过互联网技术与金融服务的深度融合，最大限度地发挥银行传统的金融优势和平台经济、高效、便捷、覆盖广等优势，为小微企业提供更全面、更优质的金融服务。[①] 其模式为：以华夏自主研发的支付融资系统，对接核心企业、市场商圈、电商等平台客户的财务管理或销售管理系统、电子交易平台，并为此提供在线融资、现金管理、跨行支付、资金结算、资金监管等服务。通过该平台，掌握核心客户与其上下游客户日常交易中的资金流、信息流、物流信息，破解信息不对称"难题"。

2013 年 9 月 5 日，银监会发布的 15 条《指导意见》推进小微金融。其中，鼓励银行业充分利用互联网等新技术，研究发展网络融资平台，不断创新网络金融服务模式等。同时，发展产业链融资、商业圈融资和企业群融资。华夏银行的"平台金融"，就是上述两者的结合。

华夏银行的"平台金融"模式建立了一种全新的金融生态环境，企业和银行之间的信息流、资金流和物流不再分散，而是被整合为一个闭环，为平台体系内小企业提供不受时间、地域限制的在线融资、现金管理等全流程、全方位

---

① 杜祖东、李澜涛，《华夏银行成都分行"平台金融"服务小微企业》，《成都晚报》，2013 年 5 月 29 日，第 22 版。

的电子化金融服务,有效地缓解了小企业融资难、融资贵的问题;同时有利于帮助平台客户加快回笼销售资金、优化财务结构、迅速扩大市场份额,在此过程中也将推进传统企业向电商业态提升,以创新的金融模式打造出"电商孵化平台"。

(五) 中信银行的虚拟信用卡

1. 被暂缓的中信银行虚拟信用卡

2014 年 2 月以来,由于在互联网金融领域合作的不断拓展,中信银行被市场视为银行业的"触网"先锋,甚至传出阿里巴巴入股的传闻后,股价涨幅一度超过 45%,让中信银行脱离银行股"破净"队伍。3 月 11 日,支付宝和微信宣布推出虚拟信用卡业务,首家合作银行为中信银行,消息传出后的第二天(3 月 12 日)中信银行 A 股股价一度涨停。不过,由于在合规性和安全性存在一定质疑,3 月 14 日央行紧急发文暂停了中信银行与微信、支付宝合作的虚拟信用卡和二维码支付业务。虚拟信用卡虽然被暂停,但因为其后续仍会推出的可能性非常大,所以其短短数日引发的对于网络信用卡的想象空间仍是巨大的。

首先,作为率先合作的互联网企业、商业银行和互联网保险公司都有望利用创新的盈利模式,开拓新的价值蓝海。

其次,对优势在对公业务的中信银行来说,其虚拟信用卡业务的推出就是借助阿里和腾讯这两个互联网巨头,一举获得 200 万张虚拟信用卡,廉价轻松地开拓了零售业务。而且作为虚拟信用卡的首家合作银行不仅可以获得广告宣传,还可以获得大量新增零售客户。中长期来看,首家合作银行获得的信用卡刷卡手续费收入也是可观的。

再者,对于传统银行来说,虚拟信用卡一旦推出,意味着传统银行的又一项业务或被颠覆。互联网个人信用支付产品具有授信额度小、审批速度快、无须抵押担保等特点,其打破了传统信用卡必须通过繁琐的审批流程而且以实物卡发卡的惯例,必将吸引广大网购用户的青睐。而互联网渠道对于银行自身发卡成本的节省也极为可观。①

---

① 梁龄,《支付宝微信齐发虚拟信用卡 挑战实体卡》,《重庆商报》,2014 年 3 月 12 日。

2. 虚拟信用卡业务的强大数据支撑

中信银行此次被暂缓推出的虚拟信用卡从实质上就是一张被形式互联网化的信用卡。最大的亮点是由互联网企业来提供用户的互联网信用数据，说白了就是用阿里这样的互联网企业强大的数据来支撑虚拟信用卡的业务。阿里把这些数据形成模型，然后开放一个接口，让中信银行的风险管理系统接入。这个数据模型由用户消费额度、频次、账户余额、交易行为等多个维度组成。阿里巴巴的角色是提供庞大的流量和入口以及用户信用数据。后端均是按照传统信用卡的方式运转，由银行来做。即中信银行结合阿里提供的数据，参照中国人民银行的征信系统审核用户资料，决定信用额度，直接向用户授信，包括制定免息期后的利率水平。并且一旦出现坏账，一切风险由中信银行承担，网络平台概不负责。[1] 互联网用户具有分散等特点，银行如何缓解坏账风险？中信银行只要向众安保险投保即可，之后，坏账的风险管理和承担均由他们消化。

中信银行和阿里的合作本质上是基于数据的合作，虚拟的信用卡也是基于强大的数据支撑，对于整个金融市场来说，这个大数据产品是一个开放平台，所有的银行都可以接入，未来的发展超乎想象。

3. 中信银行的大数据策略——再造一个网上中信银行

2013 年被视为互联网金融元年，传统银行大象起舞的雄心与路径日渐清晰：在建设银行"善融商务"效应带动之下，2013 年工行、中行等大型银行纷纷进军电子商务领域；民生银行则另辟蹊径成立了独立于银行体系的电商平台，而 2012 年便提出"再造一个网上中信银行"的中信，则走出了另外一种独特模式。[2]

与一些银行为了获取大数据而自建电商平台不同，中信银行选择与掌握大数据的电商或第三方支付公司合作的模式。银行自身不一定要拥有大数据，中信银行更看重的是与重要合作伙伴一同整合数据。其推出的"POS 商户

---

[1]　滑明飞，《微信支付宝抢推虚拟信用卡 主导权均让位中信银行》，《21 世纪经济报道》，2014 年 3 月 13 日。

[2]　丁墨，《三大平台战略渐次清晰 全方位解读"再造一个网上中信银行"》，《21 世纪经济报道》，2014 年 1 月 23 日。

网贷"选择银联商务作为其合作伙伴就是基于这样的考虑。银联商务具有强大的线下收单业务,数据显示,截至 2013 年 11 月,银联商务市场网络覆盖全国所有 337 个地级以上城市,服务特约商户超过 264 万家,维护 POS 终端超过 352 万台,是国内最大的银行卡收单专业化服务机构,约占银行卡收单市场 40％的市场份额。对这些商户终端上的交易信息、风险监控、商户入网资质等数据和信息的综合评估,能真实地反映商户的信用情况,中信银行的小额短期信用贷款能从中获得强大的数据支持。

如此一来,中信银行的互联网金融策略也就很清晰了:通过与银联商务这类平台类公司合作,利用中信银行在风险管控上的"智力资源"和"人力资源"优势,整合合作方的"渠道资源"和"客户资源"优势,从而在大数据时代背景下,创造性地参与互联网金融竞争,实现银行的功能再造。

第二章　第三方支付市场之战

一、炮火纷飞的移动支付战场

互联网金融的核心是"支付"，而近年来新兴的"移动支付"①代表了未来的生活和消费趋势。谁占领了移动支付市场，谁才真正拥有移动互联网金融的"船票"。

（一）移动支付的"启蒙"战争——打车大战

1. 双向补贴的打车大战

2014 年春节前夕，微博和微信朋友圈里流传着一个"师傅太精了"的段子：下车前，司机师傅要求我用微信和支付宝分别付一次车费共 90 元，他返还我 45 元现金，这样他可以多收入 20 元，我则少支出 20 元，实际车费为 25 元。

这个段子的由头是"嘀嘀打车"、"快的打车"软件开展的"红包返现"活动。即通过打车软件及各自所关联的支付手段，在每一单，乘客、司机师傅均可获得相应数额的返现。因为两家（指快的、嘀嘀）的账号都是独立存在的，对信息也就没有相互的排他性。支付宝是快的打车的盟军，二者背靠同一巨头阿里巴巴；微信则是嘀嘀打车的盟军，二者背靠另一巨头腾讯。打车软件则处于

---

① 移动支付也称为手机支付，就是允许用户使用其移动终端（通常是手机）对所消费的商品或服务进行账务支付的一种服务方式。移动支付主要分为近场支付和远程支付两种，所谓近场支付，就是用手机刷卡的方式坐车、买东西等，很便利。远程支付是指：通过发送支付指令（如网银、电话银行、手机支付等）或借助支付工具（如通过邮寄、汇款）进行的支付方式，如掌中付推出的掌中电商，掌中充值，掌中视频等属于远程支付。

"烧钱"阶段,以补贴司机和乘客等方式来培育市场。①

从打车 APP 用户来看,其主要集中在北京、上海、广州、深圳等一线城市。嘀嘀打车用户群主要集中在北方城市;快的打车用户主要集中在杭州、上海等南方城市。

2013 年 9 月份,快的打车正式"北伐",投入两千万的推广资源强攻北京市场。12 月,支付宝钱包全面支持支付打车款,首批在北京 5 000 辆出租车进行推广。同时宣布与快的打车合作:乘客可以直接用快的内置的支付宝或扫描二维码支付打车费。在 12 月间,北京市民使用支付宝打车就有机会获得单笔最高 200 元的免单额度或 5 元现金返还。2014 年元旦,快的打车宣布,北京首次使用快的打车的新用户将获得 30 元话费返还。活动持续一个月,预计总投入超过 1 亿元。

面对快的打车的来势汹汹,嘀嘀打车也使出"大招"。2014 年 1 月 10 日,嘀嘀推出补贴推广活动:用嘀嘀打车微信支付的乘客,每一笔车费减免 10 元,且额外补贴 10 元给司机;同时,提供 10 000 单免单,抽中的用户车费全免。

此举被对手迅速跟进。2014 年 1 月 20 日,快的打车推出了几乎同样针对乘客、司机的双向补贴政策。

2014 年 1 月 22 日,嘀嘀打车和快的打车的竞争掀起小高潮,快的打车宣布对司机师傅的红包从 10 元增至 15 元,在红包力度上给嘀嘀打车以压力。这项增加的红包费用,将让快的、支付宝阵营的总支出上涨 5 个亿。此外,每天设置 10 001 个随机免单,特意比嘀嘀多出一个。

这厢嘀嘀打车未透露停止补贴时间表,快点打车更放言:先将 5 亿元补贴花完为止。有意思的是,嘀嘀和快的对用户的补贴均非完全来自融资,腾讯和阿里巴巴也在背后出力。

因为快的和支付宝钱包 5 亿元补贴中一半来自支付宝。嘀嘀和微信支付中一半资金来自腾讯。所以这场打车软件行业竞争也被认为是一场代理人之间围绕移动支付的战争。

在嘀嘀、快的疯狂"圈地"挤压下,打车市场纷纷洗牌,国内最早打车软件

① 刘夏,《阿里腾讯厮杀打车 APP:开山者摇摇招车出局》,《新京报》,2014 年 1 月 23 日。

摇摇招车也因"弹药"不足，停止相关业务，整体转向其他方向，主要做公交车的 WIFI 盒子服务。如同当年京东苏宁大战受伤的是国美一样，此次打车软件大战受伤的不是嘀嘀和快的，也不是腾讯和阿里巴巴，而是传统的打车习惯。

不管怎样，这场掀起广泛热议的"打车大战"最终加速了乘客使用手机支付打车费的进程，培养了用户移动支付的使用习惯。在腾讯、阿里巴巴的支持下，它正成为一场移动支付的"启蒙"战争，为线下移动支付提供了更多的场景。

2. 腾讯、阿里的"醉翁之意不在酒"

为何腾讯和阿里巴巴如此大力度支持打车软件？其奥秘在于，无论是支付宝钱包还是微信支付都希望用户通过打车应用使用场景绑定银行卡，让自身变成一个 App Store，为后续开展彩票等其他业务做铺垫，且均不希望仅扮演支付角色，还希望成为真正的"钱包"。[①]

移动支付正成为一个巨大的商业机会。2013 年移动支付市场已迎来井喷，较 2012 年有 500％的增长。随着 2014 年微信支付等交易场景的打开，移动支付将迎来更爆发的增长，移动钱包将成个人金融的重要入口。但移动支付主要是转账、信用卡还款等功能，缺乏基于交易的支付场景。

支付宝钱包的主要策略是通过价格杠杆汇集更多移动端用户，应用场景偏少，且用户主要是使用支付宝钱包支付淘宝、天猫等商品货款，在线下基本处于"沉睡"状态。移动支付是支付宝钱包的一个功能，但并非天然存在移动的支付场景，要培育用户习惯就需创造场景，包括 AA 付款、条码支付等都是推动移动支付的措施。相对来说，打车支付是一个高频次、小额支付的应用场景，既方便又不用担心限额。在一二线城市很多人一天打一两次车，且受到的教育水平较高，很容易形成移动支付习惯。另外，在移动支付中获利的司机也是流动载体，会对乘客进行推荐。现实生活中有很多高频次场景可使用移动支付，长此以往用户使用场景就可能发生迁移。

对于微信支付来说，这种培育用户价值则更大。微信支付是个新鲜事物，

① 雷建平，《打车 APP 疯狂补贴背后："收买"移动支付用户》，http：//tech. qq. com/original/tmtdecode/t540. html？ pgv_ref＝aio2012＆palang＝2052。

但嘀嘀打车与微信支付合作突破地域限制,实现移动打车全国化,既加速了乘客使用手机支付打车费的进程,在全国范围内掀起司机和乘客相互推荐使用微信支付的热潮,还培养出了用户移动支付的使用习惯。更为重要的是,腾讯的财付通在 PC 时代交易量和商户数量均低于支付宝,微信支付却盘活了财付通的资源。如今财付通在加快应用场景构建,与航空公司试点移动购票,接入优酷、拉手、美团、当当等众多企业,随着微信支付与更多线下商户打通,财付通拥有了弯道超车的机会。

　　3. 烧钱逻辑的背后

　　打车服务成为中国两大互联网巨头疯狂烧钱的火盆。但必须承认的是,这看上去有些疯狂的注资行为绝对算得上是一件好事。一方面,用现金红利吸引租车司机和用户来使用打车服务和移动支付,能够促进这两个市场的快速成熟;另一方面,在盈利之前,像嘀嘀打车和快的打车这样对人们出行有实际帮助的服务也能够继续存活下去。[①]

　　那么,投资打车服务的价值空间到底有多大呢？ 换句话说,除了作为两大互联网巨头各自推广移动支付的前线阵地,相互逼着对方将投资金额变得水涨船高外,打车应用从业务层面上而言,对于阿里巴巴和腾讯是否有实际的帮助呢？

　　分析来看,虽然两家互联网公司现在的核心业务——移动社交和互联网金融与现在的打车服务没有太大的交集,嘀嘀打车和快的打车还处于烧钱的阶段。但是,在互联网巨头们即将在多个领域进行高度重合的"白刃战"状况下,这两家互联网公司对打车服务的投资,还是有很大的价值空间可以想象的。

　　笔者认为,这其中最重要的莫过于它的数据价值。随着现代交通社会的日益发展,公共交通数据在地图产品的竞争中也变得愈发重要,而如何实时地采集数据是地图服务提供商们首先需要解决的问题。而遍布全城,时刻行驶在路上的出租车,显然是天然采集路况信息的最好工具。它甚至可以扩展到

---

　　① 陈粲然,《阿里巴巴和腾讯的"烧钱"逻辑?》,http：//www. pingwest. com/why-alibaba-and-tencent-pay-a-lot-of-money/。

更广泛的公共交通领域。试想一下，如果打车应用开始提供"公交车到达时刻查询"服务应该怎么做——让用户可以通过二维码等方式"刷卡"付费，同时用户刷卡的瞬间便能够采集到公交车在每一个站的停靠信息，将这些信息汇集起来就形成了一个流动的全城公交地图。当然，如果再进一步，将其和路况结合起来，可以有效预判公交车的到达时间，为用户提供"打车"或是"等公交"的选择参考。同时，亦将阿里巴巴和腾讯当下的竞争核心——移动支付的受众扩展到一个远比打车市场更为广泛的领域，阿里巴巴和腾讯"疯狂烧钱逻辑"背后的前景价值也就不言而喻了。

4. 喧嚣过后的反思

随着 2014 年 3 月 3 日下午阿里方面宣布退出战局，这场举国关注的打车大战也就此告一段落。三个月来，快的、嘀嘀这对冤家竞相提价的补贴行为将打车市场闹得沸沸扬扬，也惊动了监管层，尽管幸福了部分打车乘客，但恶性竞争终究不是行业发展的长久之计，快的打车最先挑起的补贴战火，也选择最先扑灭。但无论如何，在快的打车、嘀嘀打车几轮狂轰滥炸之下，出租车司机的工作生态以及老百姓的打车行为已经发生了深刻变革。

快的打车"给乘客的奖励永远比同行多 1 元"的口号还言犹在耳，打车软件的喧嚣却已早早散去，从这场热闹非凡的打车大战中我们可以看到，无论互联网巨头们怎么斗得你死我活，消费者只关注自己的实惠，哪怕是"多一元"的实惠。现在的人都太现实了，补贴下降了，用打车软件的人就少了很多。从活动效果来看，打车软件这个市场需要的是实打实的政策、实打实的服务，不管营销怎么变，老百姓认的理不会变，谁"好"我就惠顾谁。另一方面，理性分析"补贴"这项政策，其本身是并不存在问题，补贴就是一种广告行为，补贴的模式比在媒体上发布广告要来得更直接、更有效。几年前的一个数据显示：电商行业获取一个新的客户，成本是 200—300 元，移动端获取新客户的成本是 150 元。相比来说，打车软件补贴十几元就可以获得一个新客户，这是很划算的。现在，补贴所带来的边际效应正在减弱，而舆论氛围也已经从早前的欢腾鼓吹变为理性反思。短期内既有主动降温，也有被动冷却。接下来双方可能都会改变游戏规则，常态化的补贴可能仍然会存在，力度范围上会有所缩减。更为重要的是，双方将锻造更为本质的商业模式和商业生态。

(二) 微信红包的"珍珠港偷袭"

1. 微信红包偷袭"马氏珍珠港"

腾讯马年"微信红包"的推出似乎让 2014 年的马年春节又多了一件添乐子的事儿,微信用户这抢抢,那抢抢,少到几分钱,多到几十块钱的微信红包就被尽收囊中,而用户收到红包后想要提现,就必须绑定银行卡,这样一来,微信红包满天飞,大量的微信支付用户也就自然而然地形成了。腾讯推出的这一马年"抢招",也着实给阿里巴巴这样的行业对手来了个措手不及,马云更是把它调侃为腾讯的一次"珍珠港偷袭"。

腾讯数据显示,从 2014 马年除夕开始,至大年初一下午 4 时,参与抢微信红包的用户就超过了 500 万,总计抢红包 7 500 万次以上。领取到的红包总计超过 2 000 万个,平均每分钟领取的红包达到 9 412 个。高峰时段出现在除夕夜零点时分,前 5 分钟内有 58.5 万人次参与抢红包,其中 12.1 万个红包被领取。群红包发放最常见金额是 100 元,抢到 10 元到 50 元的好友超过五分之一。渗透率达 1‰,且都是高端人群。

2. 众人"抢"出来的腾讯万亿市值

在众人马年微信红包"抢"潮流的带动下,截至 2014 年 1 月 29 日 10 点,腾讯公司的股价从 28 日开盘的 490.8 港元上涨至 525 港元,累计涨幅 6.9%,市值一天增加 640 亿,达到 9 770 亿,离 1 万亿港元一步之遥。美国在第二次世界大战前后,实现了服务经济的转型与全球崛起。自此,美国一直成为全球经济的火车头。涌现了一批如沃尔玛、迪士尼、麦当劳、运通、苹果、谷歌、亚马逊、星巴克等这样的大型企业。腾讯的万亿市值意味着依赖于更大人口基数的中国服务型企业显然可以在更短时间内实现同等的规模。2004 年 6 月腾讯在香港上市时,发行价仅 3.7 港元,市值仅为几十亿港元。而随着腾讯营收、净利一直保持高速增长势头,以及近年来微信业务在移动互联网市场的崛起,推动腾讯股价及市值不断走高。直至上市十年之际,更是实现了这万亿市值的突破。腾讯万亿市值不仅意味着其自身意义上的成功,更意味着中国经济模式实现了由制造经济、土地经济到服务经济的历史性跨越,是里程碑式的时刻。

　　而带动腾讯进入这一里程碑时刻的微信红包,其成功的原因也必将作为经典的案例为众人所参详。在笔者看来,微信红包这一模式很好地发挥了腾讯的产品优势,发挥其最擅长的对人们游戏心理的把握,扬长避短而不是取长补短,这样就可以弥补社交和商务无法结合的不足。而且,微信红包很务实,不是什么都做,通过微信红包游戏先让微信用户绑定银行卡,教育了用户,培育了用户支付习惯,这样,微信的理财通、财付通自然也就顺理成章成为用户的金融工具。从传播效果上来讲,微信红包的自传播,已然可以判定为互联网产品营销的一个经典案例。它具有极强的游戏性和娱乐性,最大化地调动了用户的参与,也因其对人性的洞察,将用户的情绪(炫耀、懊恼、攀比等)卷入到了参与的过程中,使收发红包成为一场欲罢不能的社交游戏。整体来看,微信红包成功的原因主要有以下几个方面:

　　首先它很方便。用户只需进入"新年红包"公众号,选择发几个红包、发放的金额,写好祝福语,通过微信支付,红包就包完了。接下来发红包可以发到群里,也可以单独发给某个好友。当对方打开红包后,只需要关联微信的银行卡,领到的红包就会在一个工作日之后自动转账。同时,用户感受到的方便不仅体现在操作的步骤简化上,还体现在微信红包所带来的强大用户心理体验上。微信红包产品从 2013 年 12 月中旬开始内测,在这期间,产品团队根据测试反馈不断做改进和优化,其花费的人力和精力已远远超过开设一个普通服务号。例如微信群中发红包最具趣味性的关键点,就是通过"抢"来带动微信群的瞬间活跃并激发用户的传播欲望,给用户以强大的心理体验。

　　第二,在于微信红包的游戏性。人的天性都是喜欢玩的,微信红包就很好地抓住了这一点。在今天的年轻人中,没有什么外在刺激比游戏化更能激发他们的传播欲望了,尤其是在游戏化的过程中还加上了钱。

　　微信红包已经超出了红包的概念,它更像是一个社交游戏。传统意义上的红包,怎么也得几百块钱,都是极为亲密的亲友之间的行为。这一特性甚至也延续在此前单纯支付工具的红包产品中。2013 年春节通过财付通发放的红包来说,单笔红包平均金额也有 250 元。微信红包则完全不同。如果发放时用户就知道肯定会拿到多少红包,除了感谢很难有更多兴奋。微信红包的做法一个是让大家"抢",另外则采用了随机算法。抢到红包的人红包中的金额有多有少、拉开档次,会让每一次红包的发放都能有炫耀、有懊恼、有话题,才会激发用户主动地分享和传播。现实里,地上有两块钱钢镚儿都没人抢着捡,微信红包中也许只会拿到一元钱的红包,大家还是会抢得不亦乐乎,为什么?因为好玩。打开红包之前不知道里面有多少钱,像玩刮刮乐一样,既期待又有些小兴奋。

第三,引入私密社交利剑。实际上,"红包"这个方式并不是微信一家独有,支付宝和新浪微博都有推出类似的活动。但是,微信的优势则在于其庞大的熟人关系网络。

支付宝也上线了"新年讨喜"的功能,其设计了 4 个选项,分别是"向老板讨"、"向亲爱的讨"、"向亲朋好友讨"和"向同事讨";新浪微博也推出"让红包飞"的活动,用户通过转发、评论、点赞等方式获取抽奖机会。与支付宝相比,微信的优势在于社交关系链,即人的连接和流动。支付宝是通过通讯录或对方支付宝账号的方式实现的,而微信则利用现有的好友关系网络。简单来说,用户通常不会主动添加别人为自己的支付宝好友,只有在需要转账的时候才会添加对方信息。但是微信本身就作为日常交流的工具,其好友关系都是在平时积累。在这种情况下,人的主动传播显然更利于人群之间的互动和扩散。微信红包由于"抢"的动作,使得其更具有游戏性,也比支付宝的讨要性显得更为人性化。抢到红包后,再参与发红包的人并不在少数。因为有限量的"抢"红包既满足了用户之间的好胜心,也让发红包的"土豪"心里得到了满足。从支付宝公开的数据来看,用户最多的还是"向亲爱的讨",占 33.7%,而向同事则只有 12.3%。虽然微信并没有公布具体的数据,但是从用户的使用来看,通过微信群分享的红包甚至达到"秒杀"的结果。而新浪微博与微信最大的不同从本质上来说,前者是一个广场,任何人都可以发言,微信,尤其是微信群则更像是一个沙龙,只有收到邀请,才可以加入。

这种不同的产品基因决定了,微博的"红包"更像是一种营销行为,是主动刺激用户进行互动,然而因为微博关系并不私密,所以用户并不太会主动参与。但是,在微信中,由于分享是建立在用户之间的信任上,其游戏娱乐性更强,所以用户也更愿意主动分享。①

3. 微信红包的社会化营销

社会化营销的妙处在哪里? 不是通过竞赛、抽奖、打折和其他的奖励方式来驱动"粉丝"的数量型增长,而是专注于让别人讲述品牌故事来提升"粉丝"的质量型发展。品牌将依靠其最好的倡导者和粉丝来传播有关品牌的故事,这包括:在朋友中奔走相告,对产品进行背书,以及张贴品牌所产生的启发性内容。近年席卷世界的社会化媒体的精髓说穿了其实很简单,就是讲故事和分享故事,而微信红包则恰恰证明了这种社会化营销的妙处。

对于腾讯推出的微信红包活动,如果我们仅仅将其当成是一个成功的营销故事,那就小觑了"红包来袭"的真正意义。微信红包证明了社交成为互联网产品和服务形态乃至商业模式的头等要素,社会化媒体编织的沟通与联系之网使人深陷其中。社会性网络本是一种让相距遥远的人们得以互动的十分古老而普遍的机制,它在网络时代变得流行开来。自从 21 世纪初以来,伴随着友好的界面,人们跟踪朋友、熟人和家人的生活,进入社会性网络的人呈几何级增长。商业机构试图开掘这种增长的商业价值,因为这样的网络打破了商业由中心向大众推送的传统逻辑,依靠社交圈向人们进行口碑式的、群体过滤型的消费推荐。

传统商业逻辑的颠覆意味着互联网带来的社交属性正在影响商业价值的核心生成。社交的就是商业的,正在成为横扫各个产业的风暴。比如,媒体产业如果社交性太弱,就会被推至消费的边缘。同样道理,制造要成为社会化的,服务也要成为社会化的,而微信红包的终极目标所向,是要让金融成为社会化的。

商业的社会化的要旨在于,如何把微内容的巨量流动转换成实实在在的服务。你并不需要收到所有你认识的人在消费什么内容的通知,真正的价值来自,当你需要某种东西的时候,你能收获合适的建议;或者是,当你在寻找某种东西的时候,能够节省时间;又或者是,当你面临一个选择时,能够获取相应

---

① 电商 MBA 圈,《透视微信红包游戏商业模式 顶层均是资本游戏》,http://blog.sina.com.cn/slblog_d53efbd0101cscj.html。

的帮助。

各种各样的信号都在显示，消费者的购物习惯正在经历一场戏剧性的转变：价值、多功能性和便利性，现在比以往任何时候都更加重要。腾讯的微信支付，剑指阿里的支付宝钱包，看上去像是移动支付的比拼，实际上是一场大战的前奏：看谁能成为即将爆发的 O2O 市场争霸战中的胜者。互联网将彻底改变服务业，而这种改变的背后，是消费者不会再老老实实，按照旧日的方式去购物和消费了。彼得·德鲁克的名言"企业的目的是创造和保持客户"，现在比以往任何时候都更加切题。

4."抢红包"引爆的微信支付前景

与支付宝从 PC 端积累优势向移动端迁移不同，微信支付从诞生之日，就是移动端的产品。在增加支付功能，绑定了用户银行卡之后，微信有了变现的能力。

微信用户最先使用的支付场景就是游戏。从最早的天天系列游戏开始，用户就可以通过购买道具提升游戏体验。与微信好友的互动和排行榜的设置，变相激励了部分用户产生使用支付的意愿。与之类似的是同时间推出的表情商店，其中一些需要用户付费的表情也在承担教育用户的作用。与此同时，微信的"扫一扫"功能也增加了条码、图书和 CD 封面的扫描功能。以图书为例，其扫描后可以显示豆瓣书评和豆瓣电子书、亚马逊和当当等购买途径。这可以算是微信对于电子商务的最初尝试。在这之后，微信支付进而推出了手机充值、彩票购买、电影票购买和打车付款等通道，使得用户可以使用微信支付的场景变得更加多元化。与微信支付结合的嘀嘀打车，和与支付宝结合的快的打车，则是用较为原始的"烧钱"式竞争，即腾讯和阿里巴巴通过向司机和乘客提供补贴的模式来激励用户使用自己的支付平台。2014 年 1 月 22 日理财通的上线，也再一次为微信支付用户带来了新的增长。由于理财通的 7 天年化收益率明显高于支付宝的余额宝，因此两者的收益比较为人津津乐道。更有用户开始计算哪个收益更为划算。

与这些功能的推动相比，微信红包的推出虽然可能持续的时间并不会很长，甚至可能比微信的打飞机游戏消失得还要快。但这两个功能的推出，都会产生相同的结构，即带来更多的用户。

作为连接线上和线下的重要入口，移动支付将成为巨头们争夺的焦点已经是不争的事实。据艾瑞数据显示，2013年中国第三方移动支付市场交易规模达12 197.4亿元，同比增速707.0％。因此，在面对2014年移动支付市场的竞争时，微信支付在教育用户绑定银行卡之后，势必在提高用户活跃度上推出更多的功能。微信支付或将满足多卡用户的转账需求、信用卡还款等业务，以及完善线上线下融合的O2O布局。甚至还可以结合多种行业的服务公众号，推出如医院挂号预约、快递支付等多种场景。由"抢红包"所引爆的微信支付场景将热烈而又充满想象。

（三）低调征战的拉卡拉

当下，移动支付市场激战正酣。根据《2013年中国第三方支付市场季度监测》显示，2013年中国移动支付市场进入爆发式增长阶段，总体交易规模突破1.3万亿元，同比增长率高达800.3％。这份报告称，支付宝、拉卡拉分别位居市场前二位。其中，支付宝交易规模超过9 000亿元，而拉卡拉则借手机刷卡器，使用户迅速向移动端迁移，目前活跃终端数已经超过430万台。报告中提到的支付宝大众已经耳熟能详，但拉卡拉这个似乎是半路上杀出的"移动支付程咬金"又是何方神圣呢？其实这个拉卡拉并非是"移动支付的程咬金"，而是货真价实的移动支付开拓者。

拉卡拉成立于2005年，是首批获得央行颁发《支付业务许可证》的第三方支付公司，也是中国最大的便民金融服务公司。该公司早年就已在分布甚广的便利店布了局，剑走偏锋，不但不声不响地挤进了2013年移动支付市场第二名的宝座，还避免了和阿里、腾讯这样的争战大佬的正面厮杀，实力不可小觑。

拉卡拉的移动支付争战历程可以追溯到2010年，这一年，拉卡拉进入线下支付收单市场，因为中型和大型商户银行都服务得非常好，而小微商户银行则少有覆盖，所以当时拉卡拉选择了便利店作为其进驻的切入点，可以说是以第三方支付的线下支付业务起家的。发展到现在，拉卡拉已经完成了在全国20多万家便利店中安装拉卡拉终端，为周边的居民提供服务。装有拉卡拉终端的便利店服务半径大概在500米，照此计算，每家便利店的辐射面积为78.5

万平方米,全国覆盖面积为 15.7 万平方公里。在互联网思维下,全国的便利店就是一个巨大的电子商务平台。①

2012 年,拉开拉开始进军移动支付领域,发布移动端产品"考拉"。除了考拉,拉卡拉也推出了与之相配合使用的 APP,并完成了多次功能升级。截至2013 年 7 月考拉市场销售已经达到 200 万台,客户端下载量突破 1 000 万次,联想和小米等手机都进行了预装。

2014 年 3 月 13 日,拉卡拉集团在上海发布新品手机收款宝,正式推出移动新品 pos。用户通过蓝牙将智能手机与收款宝相连,便可完成收付款等交易。这款产品体积约名片夹大小,售价仅 299 元。拉卡拉集团董事长孙陶然表示,拉卡拉长期致力于为持卡人提供服务,如何让市面上存量巨大的银行卡用得更好,是他们关注的市场。而手机收款宝正是基于互联网思维之下的创新产品,是种全新的 POS 形态。拉卡拉手机收款宝这款产品不仅通过了银行卡检测中心和银联 opopi 受理终端准入等国家级认证,且具有拆机自毁和数据销毁功能,机身任何一个部位被拆动,所有功能都会自动停止工作。一旦有修改数据的操作,所有数据也都会自动销毁,全面保证了持卡人的信息安全。②在移动支付安全备受争议的今天,拉卡拉手机收款宝的这一安全模式无疑是与其他同类产品竞争的一大亮点。同时,它的出现也意味着又一个传统领域的产品将被互联网思维重新定义。

二、同样硝烟弥漫的线下收单市场

经过阿里、腾讯对第三方支付的连番热炒,其开发的支付宝支付和微信支付这种线上支付形式显然已经成为现在第三方支付的代名词,被大众所普遍知晓,而像通联、快钱、汇付天下、易宝等这样的线下第三方支付形式人们却对其知之甚少,其实正是这些名字只存在于 POS 机回单背后的线下支付形式为

---

① 黄河,《拉卡拉转型之路开启 孙陶然四大举措图谋金融蛋糕》,http：//www. sootoo. com/content/476088. shtml。

② 《拉卡拉再发力终端支付 发布 299 元手机收款宝》,http：//finance. sina. com. cn/money/bank/bank_hydt/20140313/1748/8500600. shtml。

数百万的中小微商户提供了强大的支付服务和成千上万的就业机会，是第三方支付的重要组成部分。

线下支付从 20 世纪 90 年代发展至今，每年都保持着 10%—20%的增长速度。线下支付的黄金增长时间还在持续，三四线和小城市中，很多商家连 POS 机都没有，市场巨大的需求还等待被满足。现在，随着国内互联网与金融行业的迅猛发展，这一区块的细分市场更是成为互联网金融行业的"兵家必争之地"，阿里支付宝和腾讯微信的最后一战也是剑指线下收单市场。但和线上支付市场相比，线下收单市场的格局明显不同。支付宝曾经铩羽而归，微信尽管在线上市场所向披靡，但线下收单市场亦是其陌生领域。[①] 而在这一领域，国内银联商务、通联支付等一线收单机构和各银行盘踞市场多年。其中，银联商务成立时间超过 10 年，已在境内所有省级行政区设立机构，市场网络覆盖全国所有 337 个地级以上城市，服务特约商户超过 264 万家，维护 POS 机终端超过 352 万台，服务 ATM 及自助终端超过 17 万台，便民缴费终端超过 120 万台。通联支付成立时间超过 6 年，已在境内除青海、西藏、宁夏以外的省级行政区设立机构，市场覆盖超过 250 家地市。2014 年 1 月 14 日，中国银联公告全国可以使用银联卡的商户、POS(刷卡机)和 ATM(取款机)数量，年内分别同比增长 58%、49%和 24%，其中境内联网 POS 机终端首次突破 1 000 万台。在国际上，随着国内银行卡市场的迅速放开，VISA 和万事达这种寡头垄断巨头也在虎视眈眈。银行卡商户收单市场可谓是诸侯纷争，群雄割据。

(一) 线下支付大佬——中国银联

1. 线下支付优势明显的中国银联

中国银联是中国银行卡联合组织，处于银行卡产业的核心和枢纽地位，是实现银行卡系统互联互通的关键所在。依托银联跨行交易清算系统(CUPS)，中国银联制定和推广银联跨行交易清算系统入网标准，统一银行卡跨行技术标准和业务规范，形成银行卡产业的资源共享和自律机制，从而对银行卡产业

---

① CHIUCHIKEUNG,《支付宝与微信，应携手共赴移动收单之战》,http://www.huxiu.com/article/27319/1.html。

的发展起到引导、协调、推动和促进作用。各商业银行通过中国银联的银行卡跨行交易清算系统,实现系统间的互联互通和资源共享,保证银行卡跨行、跨地区和跨境的使用。

银联公司和几乎国内任何一家境内银行卡都有关联,这张卡遵守了银联的技术标准和业务规则,使用了由银联 BIN 号开头的卡号体系,可以在任意一个银联的 ATM、POS 机、网上商户上使用。这很容易理解,正因为统一了标准和规则,这张卡才能跨行跨地区畅通无阻地使用。银联自身并不从事发卡和商户收单业务,发卡主要通过银行进行,商户收单不仅通过银行,也通过第三方支付开展。银联的平台是一个开放式的平台,上百家的第三方支付公司已经加入银联平台。银联平台模式下的游戏规则和商业规则很清晰。银行、银联和第三方机构从事不同的产业链条,获取各自链条上的收益,谁也无法离开谁。

银联既拥有银联商务作为 POS 机收单终端,也有转接清算平台,在线下市场优势明显。银联成立初期,技术并不是那么发达,收单机构如果要跟每家银行都连接的话,技术和物力成本相当高,而鉴于银联在银行间的优势,市场就基本接受了银联一家转接机构,并遵循 7∶2∶1 的分成模式。

2011 年前,银联现在收单几乎占全部市场,是绝对的老大。从 2011 年开始,央行开放线下支付市场,并向其他第三方支付公司发放支付牌照,这让诸如汇付天下这样的支付公司参与收单竞争中。但银联还是主要的,大商户都是银联的。

除了国内的线下市场外,银联近年来在国际市场上增速也较为可观,银联目前的营业收入约为 100 亿元,20％的收入来自国外。

随着支付牌照下发、电子商务兴起,支付清算产业中,线上支付的比重正逐步提高。根据易观智库的最新数据,2013 年中国非金融支付机构各类支付业务的总体交易规模达到 17.9 万亿元,同比增长 43.2％。其中线下 POS 机收单和互联网收单分别占比为 59.8％和 33.5％。企业综合支付交易份额中银联商务占比 42.51％,排名第二的支付宝只有 20.37％,排第三位的财付通仅占 6.69％,规模更加无法和银联匹敌,银联线下收单市场大佬地位依然稳固。

2. 银联的交易分流狙击

尽管银联在线下支付市场的先天优势难以被撼动，但以支付宝为主的第三方支付企业，通过与银行直连，绕开银行，也绕开了银联收单、转接、清算的传统模式。对银联的交易量造成了较大的分流。用银联总裁时文朝的话来说，"我最近非常苦恼一件事，中国人民银行批准了 250 家第三方支付机构，支付机构当中前 20 家占了 90% 的市场份额，这 20 家机构千方百计地绕过银联进行转接清算，银联的交易量分流得非常明显。"

为了阻截交易分流，避免快捷支付、网关支付、账户支付业务落地及银行卡交易 MCC 码套用，早在 2013 年 4 月，中国银联业务管理委员会发布《银行卡受理市场秩序规范约束与奖励机制实施细则》，提出"收单机构未通过中国银联开展银联卡跨行交易和资金清算业务的，应向中国银联支付违规跨行转接银联卡的违约罚金"；要求"年底前，全面完成非金机构线下银联卡交易业务迁移。到 2014 年 7 月 1 日前，实现非金机构互联网银联卡交易全面接入银联"。2013 年下半年，银联加大处罚力度，通过清算方式直接处罚"涉案"直联收单机构；通过处罚收单银行间接"打击"以间联方式或账户支付方式接入的支付机构。银联的交易分流狙击促使其最大的竞争对手支付宝在 2013 年 8 月 27 日最终发布消息，声称"由于某些众所周知的原因，支付宝将停止所有线下 POS 机业务"。

除了开出罚单，中国银联也在自己的业务领域做出反击，中国银联借着自己在线下 POS 机收单领域 40% 的市场份额推行 1 000 元的小额闪付，用户不需要输入密码，只需要碰触式接触，就可以完成支付。但是由于这个闪付功能只是在芯片类的银行卡中完成，而绝大部分人们的银行卡不是芯片卡。所以，可以推断，未来两三年中国银联无法通过闪付来获得移动的小额支付市场。

银联定位决定了其在移动支付领域必然誓死捍卫跨行转接清算地位。直联、间联之争在移动收单领域不可避免，银行卡和银行账户之争不可避免，银联卡归属银联抑或银行之争不可避免。有理由相信，在银联战略调整之前，银联将随时狙击银联卡交易分流图谋；在收单市场，市场份额超过 35% 的银联嫡系收单机构将为其他移动支付机构进入商户移动收单市场设置重重障碍。

(二) 来自 VISA 和万事达的"国际入侵"

VISA 和万事达作为全球支付行业的龙头，对中国市场越来越重视，并且不断增加投入，银联作为他们的竞争对手也对银行发行银联卡提供营销补贴，力度也在逐年加大，银联希望银行发行越来越多银联标识的卡，越来越多的银联标识卡通过自身系统进行处理，不断扩大自身的交易量，这是一个清晰的商业逻辑。中国最大的两家第三方支付机构支付宝和财付通并未加入银联网络，反而干起了银联的事情——连接上百家银行的银联卡，然后自己发展商户、自己处理交易，这完全颠覆了银联原先的商业模式，这两家第三方支付机构也形成了对于 VISA 和万事达的竞争关系。

支付宝支付和微信支付的创新意义在于它改变了持卡人和商户的交互方式，从传统的冰冷的 POS 机具搬上了互联网、手机和更炫的二维码，使得更多的人在更广的范围内便捷地应用银行卡。但这一系列创新仅限于收单端。它对于银行卡的发行、卡片规范、银行间的卡片交易处理规范都是银联标准的完全继承者，同时它也是银联卡持卡人不断增加的受益者。WTO 关于银行卡支付诉讼的裁决意味着国内银行卡市场很快就会开放，VISA 和万事达这对寡头垄断巨头很快就会进来，他们会允许 VISA 卡和万事达被银联、支付宝和微信分流吗？ 这意味着他们大量的发卡营销付之东流，投入却享受不到好处。在全世界范围内，我们没有看到有这样的 VISA 和万事达挑战者，在美国呼风唤雨的 Paypal 和 Square 也接入了 VISA 和万事达网络，并遵守 VISA 和万事达的业务规章和交易处理要求，在境内会有这样的挑战者吗？ 让我们拭目以待。

三、携程"泄密门"拷问信息安全

(一) 成为"众矢之的"的携程网

中国在线旅游网站的龙头老大携程旅行网(下称"携程")陷入了有史以来

最大的信任危机。2014 年 3 月 22 日，国内知名漏洞报告平台乌云网①公布了"携程安全支付日历导致用户银行卡信息泄露"的相关信息。漏洞发现者指出，携程将用于处理用户支付的服务接口开启了调试功能，使所有向银行验证持卡所有者接口传输的数据包均直接保存在本地服务器。而该信息加密级别并不够高，可以被黑客轻易获取。泄露的信息包括用户的：持卡人姓名、身份证、所持银行卡类别（比如，招商银行信用卡、中国银行信用卡）、卡号、CVV 码（信用卡背后的一组数字）以及用于支付的 6 位密码。②

由于携程的"泄密门"事件正处于四大行与支付宝快捷支付之争的争议当口，且是央行也对第三方支付表示质疑之时，加上安全漏洞关乎携程数以亿计的用户财产安全，所以事件一出，舆论就对这一事件表示了极大的关注，用户由此引发的恐慌和担忧亦如野火一般蔓延开来。

漏洞爆出几个小时之后，携程网发表了非常官方的回复："携程技术人员已经确认该漏洞并在两小时内及时修复，对于乌云平台发现的漏洞信息表示感谢。该漏洞受影响的用户为近期的部分交易客户，目前并没有用户受到该漏洞的影响而造成相应财产损失的情况发现。携程旅行网始终对信息安全非常重视，对于此次漏洞事件如果有新的进展将持续通报。"

携程这一说法引发了用户的重重回击。认证为"广西北部湾在线投资有限公司总裁"的严茂军声称，携程"官方信息完全在瞎扯"，并附上信用卡记录为证。作为携程的钻石卡会员，他早于 2014 年 2 月 25 日就曾致电携程，他的几张绑定携程的信用卡被盗刷了十几笔外币，但当时携程居然回复"系统安全正常"。他以强烈的语气提出，携程应该加强安全内测，"尽快重视和处理用户问题，水能载舟，亦能覆舟"。这一微博得到了网友将近 900 次转发，评论为150 条，大多对其表示支持。③ "泄密门"经过传播已经被大多数人解读为：只

---

① 乌云网是国内一个立足于计算机厂商和安全研究者之间的安全问题反馈及发布平台，用户可以在线提交发现的网站安全漏洞，企业用户也可通过该平台获知自己网站的漏报，一直是 IT 软件开发者技术交流的论坛，所探讨的技术也仅是各自领域内所接触的各类技术 BUG，并通过网上互动交流促进软件开发技术的发展。乌云网成立的初衷也是致力于成为一个服务于互联网 IT 人士技术开发的互动平台，在业界有着一定的影响力。

② 余德，《深度解读携程"泄密门"》，http：//yude. baijia. baidu. com/article/8621。

③ 朱离，《携程泄密门："闭着眼睛撒谎"的负分公关》，《证券时报》，2014 年 3 月 28 日。

要在携程用信用卡消费过的用户,都有可能面临这样的风险。

2014年3月23日,携程给出更为详细的解释:"携程的技术开发人员为了排查系统疑问在线上环境开启了支付调试功能,留下了临时日志,因疏忽未能及时删除,目前,这些信息已经删除。经过排查,仅漏洞发现者做了测试下载,共涉及93名存在风险的携程用户。没有接到携程电话通知的用户,个人信息是安全的。"

携程对于此次事件的危机公关显然是"诚意不足,专业欠缺",越描越黑的回应更是再一次引发了大众对第三方支付机构信息安全的关注和争议。

(二) 携程的擦边球

携程为什么要保存用户银行卡信息?支付日志为什么会存在安全漏洞?

携程在回应中解释:技术开发人员之前为了排查系统疑问,留下了临时日志,因疏忽未及时删除。但是对于第一个疑问,携程并没有给出解释。

携程无法进行更多的解释,因为存储银行卡信息这件事携程已经默默地干了好多年了。此处必须公正地说,携程这么做并非出于歹意,相反是效仿国外信用卡支付方式简化支付流程,但是这一做法在国内必然有打擦边球之嫌,因为根据银联的规定,受理终端不得存储银行卡磁道信息、卡片验证码、个人标识代码(PIN)及卡片有效期。

早在2010年,携程便与多家银行达成无卡支付服务,简称"CNP(Card Not Present)交易协议",根据协议,如果用户的该张信用卡是首次在携程网使用,则在支付生效前需要客户提供全部的信用卡授权所需信息。如果客户已在携程网使用过该张信用卡,且为了方便下次预订,同意携程网保留其信用卡卡号和有效期等信息,则在其下次预订时只需提供所存信用卡的卡号后4位,携程网就会根据其当初保留在系统中的信用卡授权信息,执行支付步骤;出于安全考虑,携程网会要求客户额外提供CVV码加以验证。

这种支付方式类似于亚马逊的"一键支付",用户只需要首次使用的时候在亚马逊账户中绑定信用卡信息,往后并可以直接购买支付,而不需要输入密码。"一键支付"有其安全验证体系,其中重要的一种方式是,匹配收货地址,也就是说如果有人盗用你的信用卡信息进行购买,最终的货品还是寄给了你,否则他更改地址的同时必须重新提交信用卡信息。

回到携程，因为机票和度假等产品均为实名制产品，如出现信用卡在携程网被盗用的情况，是可以直接追溯到实际消费人的。

只需要信用卡卡号、有效期等信息，而不需要密码的支付方式在国外很常见。但是国内的信用卡使用环境和使用习惯与国外差异巨大，所以携程这种无卡支付方式被用户和媒体质疑已经不是新鲜事了，比如 2010 年《长江商报》报道的《携程网真邪门！没有密码也能用信用卡订机票》，2013 年东南网报道的《携程网上买机票无须密码即可信用卡支付　网友质疑安全性》，2014 年中国网报道的《携程网被疑储存用户信用卡信息存在泄露风险》。携程对质疑的解释总是"符合国际惯例"，"客户信用卡信息的传输和保存始终处于加密状态"。

按照携程的解释，虽然打着擦边球，过去几年也一直相安无事，直到此次事件。即使携程按照国际惯例使用无卡支付服务可以理解，但是由于自身漏洞将用户信息置于暴露状态就不可原谅了。[1]

（三）任重道远的互联网金融信息安全保护

此次携程信息泄露事件一方面暴露了携程的不规范乃至违法的信息管理行为：在付款过程中需要记录并转发给银行接口用户信息，但记录日志却破坏了安全性，也不应该违规存储用户 CVV 码。另一方面也为互联网企业进一步提高信息管理能力和管理水平提出了现实要求：网络环境下，个人信息正在远离个人终端，大量数据由第三方存储和处理，信息保护的复杂程度日益加大，用户处于被动状态的同时，服务提供商的管理责任理应随之加大。[2]

其实，许多便捷支付都存在类似的风险。目前，国内已经有 200 多家企业拿到了第三方支付的牌照，其中目前已经颇具规模的应用有支付宝、财付通、百度钱包、网易宝等。还有大批互联网打算涉及这一领域。其中移动支付因其便捷性已经吸引了海量的用户，据支付宝官方说法，截至 2013 年 11 月，支付宝绑定手机客户已经超过 1 亿人。除掉种种干扰数据，使用微信支付的人数也已经在几千万的量级。如果"泄密门"发生在这些产品身上，受害的用户

---

① 张睿，《携程泄密门是怎么发生的》，http：//www.ithome.com/html/it/77857.htm。
② 丛立先，《携程"泄密门"不仅仅是违规》，《法治周末》，2014 年 3 月 26 日。

将是海量级别。

现在便捷移动支付前端风险主要是手机中病毒被监听输入数据或者移动信号被劫持，这个风险相对而言是容易掌控的。最大最不易掌控的风险出在企业端口，是互联网级别的数据安全级别能否跟得上金融级别的数据安全的问题。

传统金融行业有非常完善的数据安全标准，互联网金融则以大数据时代为发展背景，其对数据安全和系统稳定性的要求达到前所未有的高度。而现实是承担安全重任的第一责任人仅是从事相关业务的企业主体，目前还未有更严格的标准和制度来做出更多的保障。[①]

实际上，为适应网络环境下公民个人信息保护的现实需要，我国陆续出台了一系列法律规章：2012 年 12 月，全国人大颁布《关于加强网络信息保护的决定》；2013 年 2 月，我国首个个人信息保护国家标准《信息安全技术公共及商用服务信息系统个人信息保护指南》发布。此外，中国银联风险管理委员会 2008 年发布的《银联卡收单机构账户信息安全管理标准》明令禁止收单机构本地保存银行卡信息："各收单机构系统只能存储用于交易清分、差错处理所必需的最基本的账户信息，不得存储银行卡磁道信息、卡片验证码、个人标识代码(PIN)及卡片有效期。"由此可见，互联网金融安全相关的立法和执法问题，将是未来的重要课题。

（四）勿以安全为名扼杀创新

对于互联网金融信息安全的保护和规范，并不是笼统地将某种支付方式乃至整个互联网金融界定为是不安全的。携程网漏洞泄露用户支付信息，是互联网公司的技术与安全事件，我们当然不能因此扼杀支付创新的发展。世界上没有绝对安全的支付方式，泄密问题的关键不在于某种支付方式有原罪般的不安全缺陷，而在于操作者是否规范，相关的保障制度是否健全，不能因为个别互联网企业个案，来论证某种支付方式乃至互联网金融的不安全。携程事件中，我们应该看到，出问题的是携程，而不是信用卡支付或 CVV2(或 CVC2)验证本身。

仔细看这次携程网泄密门事件，其实是发生在信用卡支付过程中，这种信

---

① 余德，《深度解读携程"泄密门"》，http://yude.baijia.baidu.com/article/8621。

用卡支付方式是符合国际惯例的，也就是说全世界发达国家都在使用携程正在用的信用卡支付方式。而携程之所以出现问题，是因为它在技术上出了漏洞，更关键的是，在对待用户信息上，携程网操作不规范，它不但存储了 CVV2 码等按照国际惯例不该存储的信息，而且没有加密。

对于此类问题，监管部门要做的是应该将更多的精力放在信用卡支付使用中的保障安全上。比如强制相关网站必须通过 PCI－DSS 安全认证这样国际性的在线交易数据安全标准，并定期核查。PCI－DSS 安全认证的主要过程，是由 VISA 和 MasterCard 授权的独立审查公司完成的一次彻底的在线支付系统安全审查，其中有近 200 项审查内容。其基本安全措施包括：不允许商家存储任何信用卡的三位或者四位确认码；不允许商家无必要地显示信用卡的所有位数；在实现网上交易时，传递信用卡的信息时必须使用加密；密码设置至少要有 7 位，必须有数字和字母；修改密码时不能提供和前四次相同的密码，试密码不能超过 6 次。此外，还有诸如要求商家内部网络安装防火墙，监测重要数据的使用记录等重要措施来保护信用卡数据安全。再比如，强制"宝宝军团"为用户购买保险，提供赔付服务。现在理财通以及余额宝都由保险公司全额承保。一旦发生资金被盗，都会由保险公司最终买单。[①]

安全隐患究竟是存在于支付方式中，还是存在于支付方式的执行过程中，具有本质的不同，治理手段也应不同。对待互联网金融这类新生事物，手段上的安全保障与监管制度上的变动更为妥当。

四、第三方支付的监管之争：创新中的各方博弈

（一）预授权套现事件

1. POS 机预授权漏洞

预授权类业务指特约商户向发卡机构取得持卡人 30 天内在不超过预授

---

① 信海光，《从携程泄露门看安全监管逻辑：支付方式无原罪》，http：//www.tmtpost.com/100929.html。

权金额一定比例范围的付款承诺,并在持卡人获取商品或接受服务后向发卡机构进行承兑的业务。通俗讲就是先冻结银行卡内部分资金用作押金后按实际消费金额结算的业务。一般而言,冻结金额不能超过预授权交易金额的115%。

如果有一张信用额度2万元的信用卡,只要用户存入100万元后,在开通预授权的POS机上(可以超限15%),额度就扩大到了115万元,通过刷卡就能套出115万元的资金。利用POS机的预授权,进行信用卡套现这行为在马年春节前后大规模爆发,并且在银行、银联、第三方支付企业间引发了一场有关预授权的风险事件。

在岁末年初的一个月内,浙江、福建等部分持卡人通过向信用卡内存入大额溢缴款,利用预授权完成交易须在预授权金额115%范围内予以付款承兑的业务特性,与部分支持预授权类交易的特约商户勾结,合谋套取发卡银行额外信用额度。①

银联在2014年1月中旬监控到交易异常后,立即向发卡、收单机构进行了风险提示,并提出了相应的业务处理建议;同时,协同发卡、收单机构共同应对,建立了涉及此类交易的银行卡账户及不法商户信息共享、交流机制;并牵头就事件与公安机关进行了联动。多家发卡、收单机构在收到银联的风险提示后,及时采取了风控措施,有效控制了风险扩大。

此次POS机的预授权增大了发卡银行信用风险敞口。由于这些交易通常金额较大,以预授权200万元的交易为例,如实际结算时上浮15%,则最终结算金额为230万元;假设持卡人信用卡额度为1万元,则额外套取发卡银行信用额度29万元,放大了发卡银行的信用风险敞口。银联要求第三方支付企业冻结被套现的商户资金,同时,要求银行间尽快进行套现资金的追回。套现资金被冻结20亿元,风险敞口不会超过1亿元。

其实利用信用卡套现的情况一直都有,利用预授权套现的情况之前也有发生,但这次的问题在于,利用预授权套现的情况比较集中,引起了银联和银行等各方面的重视。

---

① 陈颖,《POS机预授权漏洞引爆套现20亿资金被冻结》,《南方都市报》,2014年1月23日。

此次信用卡大规模违规套现，最早是由工行发现并向银联汇报的。2013年底，工行依托自身的 IT 系统和风险监控系统，发现了信用卡账户通过存款方式按照授权金额 115% 完成预授权确认的零星、不连贯交易的情况。其中最早于 2013 年 12 月 27 日发现广东一持卡人信用卡额度 10 000 元，账户透支 59 999 元，经数据分析确认为银联预授权确认交易规则所致。之后，工行立即对 2013 年 9 月以来全行所有预授权交易筛选排查，发现自 2013 年 12 月 11 日至 2014 年 1 月 9 日期间发生的可疑交易 4 173 户。

2. 银联、银行和第三方支付企业的风险责任之争

其实从有信用卡开始，就一直有信用卡套现这个灰色产业链存在。而其源头在于发卡银行，只要发卡行发放信用卡，就会存在套现这样一个必然的灰色产业链，国外也存在这样的套现产业链。在套现的过程中，假如专业的套现户能够在下个月还款期前顺利还款，理论上，这个灰色产业链还是可以恢复正常的。不管对于发卡行还是收单机构而言，所有风险在可控的范围之内，对持卡人的套现行为能甄别，能看到这个过程中是否存在恶意行为，把整体风险控制在一个最低的比例范围之类。而此次信用卡套现情况之所以引起银联、银行等方面的重视，是因为大规模的大笔套现太集中，这样的行为是否存在恶意套现的风险，一旦持卡人无法顺利还款，将形成坏账。由于存在风险敞口，引发此类风险事件的责任问题也就成为各方争论的焦点。

对于此次事件的责任问题，银联方面认为，相关责任的界定还需具体调查结果出来后才能认定。银行的普遍观点认为，主要责任在第三方支付企业，正是由于第三方支付公司，对商户的审查不严，任意发放预授权 POS 机导致了套现事件发生。此外，此次事件是由于不法分子利用银联 POS 机的预授权规则漏洞进行的，银联也负有一定责任。但对于银行的说法，第三方支付企业并不认可，他们则认为此类事件的发生主要在于银行为了扩大信用卡规模，在发行信用卡上没有认真审查申请人的信息。[1] 对于这一回应，银行方面则反击表示，在涉及的预授权可疑交易中，近 90% 发生在第三方支付机构的收单商户，

---

[1] 胡秀，《第三方支付：年前信用卡大规模套现事件基本解决》，《时代周报》，2014 年 2 月 13 日。

反映出第三方支付机构在盲目抢占收单市场过程中对商户合规管理的漠视，业务拓展过快，未履行收单机构的管理职责，更没有做到市场拓展与合规管理双线并进。而作为银联、银行和第三方支付机构的管理机构——央行方面对于此次事件所做的裁决则是在 2014 年 3 月 21 日将其 79 号文下发至各第三方支付机构，文中规定：从 4 月 1 日起，包括汇付天下、易宝支付、随行付、富友、卡友、海科融通、盛付通、捷付瑞通在内的 8 家第三方支付机构全国范围内停止接入新商户。

此次的预授权套现事件最后以第三方支付机构的集体挨罚告终，各方针对此次事件的拉锯性争论和责任的推脱，充分暴露了国内在第三方支付监管方面的漏洞。第三方支付机构受到惩罚了，银行对信用卡的管理和预授权POS 机的管理同样也应引起相应的重视，为开拓市场盲目追求规模而忽视风险的情况是一定要杜绝的，银联的规则也要跟上，而这其中银监会的监管责任的细致到位也是必不可少的。

（二）二维码支付、虚拟信用卡和手机支付监管

2014 年两会期间，"促进互联网金融健康发展，完善金融监管协调机制"的相关互联网金融内容被写入了中国政府报告，并于 2014 年 3 月 5 日提请十二届全国人大二次会议审议。这是"两会"首次将互联网金融写入政府工作报告，再加上央行行长周小川力挺互联网金融的表态，这意味着互联网金融的创新在政府层面上正式获得了认可。此前备受传统银行抨击和指责的互联网金融企业终于可以松一口气。

但随后围绕着支付宝、腾讯等虚拟信用卡的种种消息，让整个金融圈、IT界对互联网金融的争论再次热闹起来。

1. 央行发函叫停中信二维码支付和虚拟信用卡业务

2014 年 3 月 11 日，腾讯和支付宝几乎在同一时间宣布与同一家银行——中信银行展开网络信用卡业务，中信银行股价因此大幅飙升，一时间风光大盛。然而由于在合规性和安全性上存在的争议，这种风光仅仅维持了两天就被央行的紧急叫停政策封杀了——2014 年 3 月 14 日央行紧急发文暂停了中信银行与微信、支付宝合作的虚拟信用卡和二维码支付业务。

2. 央行对第三方支付转账、消费金额设限

央行发文叫停二维码支付和虚拟信用卡后，随后剑指第三方支付企业，下发《支付机构网络支付业务管理办法》、《手机支付业务发展指导意见》草案，该草案对第三方支付转账、消费金额进行限制。其中个人支付账户转账单笔不超过 1 000 元，年累计不能超过 1 万元；个人单笔消费不得超过 5 000 元，月累计不能超过 1 万元。超过限额的，应通过客户的银行账户办理。支付机构应对转账转入资金进行单独管理，转入资金只能用于消费和转账转出，不得向银行账户回提。个人支付账户的资金来源仅限于本人同名人民币央行借记账户。央行的这一举措迅速引发第三方支付企业、理财宝宝、P2P 的大幅反弹，央行的这一行为饱受争议，更被指为"央妈护犊银联"之举。

3. 央行"亮剑"意在何为

对于央行频频祭出的监管宝剑，很多人认为是剑指第三方支付机构，剑护银联，因为无论是二维码支付还是虚拟信用卡业务，动的都是银联的"奶酪"。那么对于央行的这几次"亮剑"，到底意在何为呢？

从整个第三方支付市场来看，中国银联在中国的支付结算市场一直是唯一的垄断地位。中国银联的业务类型比较多：既扮演结算功能，类似于国外 VISA 等卡组织。银联商务进行线下银行卡收单，还拥有银联在线的支付品牌，这两者的业务与第三方支付相同。在第三方支付出现之前，中国银联是银行跨行转账、银行与商户结算的唯一渠道。从诞生开始已有十多年时间，第三方支付业务都是在中国银联的缝隙中生存，并获得新的发展机会。就在这种博弈的状态中，中国银联可以给第三方支付一些脏活、累活，自己不愿意吃的饭。随着第三方支付的几年发展，这个"唯一"开始被打破。现在第三方支付的网上支付、快捷支付不少都与银行直接谈判，银联被"绕开"。移动支付的很多利好消息，例如微信推出微型 POS 机支付终端，就是绕开中国银联的业务。虚拟的信用卡，腾讯、支付宝直接与银行分成，中国银联将从其中无法分得利益。目前，第三方支付公司都已经接入主流银行的网络支付、快捷支付的接口，其平台上 80%—90% 的业务都是直接与银行合作。与银行直连后，第三方支付并不给银联分成。只是那些中小银行才通过银联接入。可以说，中国银联躺着挣钱的日子已经一去不复返了。

同时从整体风险角度来分析,央行一系列的第三方支付监管政策,既符合广大持卡人的利益,也符合整个支付产业健康发展的需要。支付宝条码支付的本质就是借助二维码等条码技术将线下刷卡支付转换为线上交易,将低风险交易转为高风险交易。条码支付设备与 POS 机专用设备相比,缺乏起码的交易信息技术保障,也未经过任何专业的安全认证。支付过程中无法保障交易账户和订单的安全性,无法体现真实交易场景的基本要求。从日常监测来看,这类支付的风险问题日益严重,容易引发系统性风险,一旦风险发生,还无法追查。线下收单业务应严格遵守《银行卡收单业务管理办法》,但是通过线下条码的支付方式,将线下业务变造为线上交易,规避了国家对线下交易的监管要求,比如说,违反了异地收单的管理要求,也违反了交易信息真实性和完整性要求。一旦发生系统性的风险事件,持卡人的权益难以得到保障。

在这样的大背景下,央行一系列监管宝剑的祭出与其说是剑护银联,不如说是剑开互联网金融发展之路,将各方角逐者推向一个更为透明的平台,力促竞争的公平化,这从其已经批准了 250 家第三方支付机构、废止了对银联的政策保护等行为中也可窥见一二。同时,央行对第三方支付的一系列监管细则也在不断地细分优化中。

早在 2014 年 3 月 17 日,央行条法司就秘密召集阿里、腾讯、百度、宜信等涉及金融的互联网巨头,讨论互联网金融监管等相关问题;随即在 19 日宣称《支付机构网络支付业务管理办法》短时间内不会发布实施,而虚拟信用卡和二维码在有一定安全保障的前提下会放开;并在 20 日再度召开针对互联网金融领域的"支付机构创新业务监管专家座谈会"。央行的监管优化行为由此可见。

整体来说,央行的一系列"亮剑"举措,并不是在偏袒哪一方、压制金融创新,更不是要扼杀互联网金融发展。其监管的目的是规范第三方支付机构业务,促使互联网金融向更加稳健的方向发展,只要相关技术标准成熟并建立后,"暂停"的业务还会重新开放。社会各界也要对央行规范第三方支付机构业务有客观理性的认识。

五、巨头们的 O2O 生态闭环之争

中国互联网巨头一直有 BAT 和 TABLE 之说：BAT 分别指百度、阿里巴巴、腾讯；TABLE 分别指腾讯、阿里巴巴、百度、雷军系（即金山小米系）、周鸿祎系（即 360 系）。巨头们各有特色，也各占山头。然而，从 2013 年的大并购时代开始，让几家巨头的业务矩阵和山头开始发生猛烈变化，已波及影响全行业。这轮并购的目标则是形成完整的 O2O 生态闭环。

（一）什么是 O2O？

O2O 即 Online To Offline，是指将线下的商务机会与互联网结合，让互联网成为线下交易的前台，这个概念最早来源于美国。O2O 的概念非常广泛，只要产业链中既可涉及线上，又可涉及线下，就可通称为 O2O。

其实 O2O 模式早在团购网站兴起时就已经出现，只不过消费者更熟知团购的概念，团购商品都是临时性的促销，而在 O2O 网站上，只要网站与商家持续合作，商家的商品就会一直"促销"下去，O2O 的商家都是具有线下实体店的，而团购模式中的商家则不一定。为了更好地理解 O2O，首先要理解两个最重要的名词：跨界和趋势。

1. 这是一个前浪纷纷被拍在沙滩上的时代——跨界打劫

世界上曾经有一家世界 500 强企业，名叫"柯达"，在 1991 年的时候，他的技术领先世界同行 10 年，但是 2012 年 1 月破产了，被做数码的干掉了；当"索尼"还沉醉在数码领先的喜悦中时，突然发现原来全世界卖照相机卖得最好的不是自己，而是做手机的"诺基亚"，因为每部手机都是一部照相机，近几年"索尼"业绩大幅亏损，濒临倒闭；然后原来做电脑的"苹果"出来了，把手机世界老大的"诺基亚"给干掉了，而且使其没有还手之力，2013 年 9 月，"诺基亚"被微软收购了。

这样的案例越来越多：奇虎 360 的出台，直接把杀毒变成免费的，淘汰了金山毒霸；淘宝电子商务 2012 年 1 万亿元的销量，逼得"苏宁"、"国美"这些传统零售巨头不得不转型，逼得"李宁服装"关掉了全国 1 800 多家专卖店，连天上发了卫星的"沃尔玛"都难以招架,如果马云"菜鸟"行动成功的话,24小时内全国到货的梦想实现,那么这些零售巨头的命运又将如何?

马云"余额宝"的出台,18天狂收57亿资金存款,开始强夺银行的饭碗;三马(马云、马化腾、马明哲)的网上保险公司的启动,预计未来五年将会有200万保险人员失业,其他保险公司将何去何从? 腾讯微信的出台,6亿用户还在增加,直接打劫了中国移动、电信和联通的饭碗。

所以,如果有一天你隔壁开火锅店的张三,卖手机卖得比你好的时候,你不用觉得惊讶,因为,这是一个跨界的时代,每一个行业都在整合,都在交叉,都在相互渗透,如果原来你一直获利的产品或行业,在另外一个人手里,突然变成一种免费的增值服务,你又如何竞争? 如何生存?

所以,未来的竞争,不再是产品的竞争、渠道的竞争,而是资源整合的竞争,是终端消费者的竞争,谁能够持有资源,持有消费者用户,不管他消费什么产品、消费什么服务,你都能够赢利的时候,你才能够保证你的利益,才能立于不败之地。

2. 未来消费生活构想——趋势

有人说过:趋势就像一匹马,如果在马后面追,你永远都追不上,你只有骑在马上面,才能和马一样的快,这就叫马上成功!

未来我们的生活会是什么样子呢? 我们设想一下,晚上带着家人去吃饭,拿出手机点击附件模式——餐厅,看完餐厅介绍,对比之后,挑一家评价好的、好吃又实惠的餐厅,在手机上领取一张会员卡,订好座位,等时间到了,点击导航,直接去吃饭,不用排队。

吃饭的时候,哪个好吃的就拍个照,放到微博或朋友圈,晒一晒,与朋友共享,因为以后朋友来这里吃饭的时候,凭着你的分享,朋友可以优惠,商家还要给你返利,既能吃到好东西,分享又能赚钱,真的很惬意。

吃完饭,去商场购物,看到哪个产品喜欢的,拿起来扫一下二维码,用手机比比价,放入网络购物车,逛完商场,在手机上点击送货时间和送货地址,直接付款,不用拎东西,也不用排队,然后去看电影,因为电影票在吃饭的时候已经用手机买好了……这就是我们未来的生活,您觉得能实现吗? 其实很快。

也就是说,未来的商业模式,将会是全新的O2O模式:线下(实体店)体验,线上(厂家系统网站)购买,由厂家亲自发货给顾客。聪明的企业会将线上销售系统及物流仓储系统外包交给第三方公司解决,自己全力做好产品,然后顾客介绍顾客,厂家直接给顾客广告宣传费,大家设想一下,这个商业模式将狂揽多少顾客,整合多少渠道资源？这就是未来消费生活趋势!

3. O2O 的"三赢"效果

O2O 的核心在于在线支付,一旦没有在线支付功能,O2O 中的 Online 不过是替他人做嫁衣罢了。就拿团购而言,如果没有能力提供在线支付,仅凭网购后的自家统计结果去和商家要钱,结果双方无法就实际购买的人数达成精确的统一而陷入纠纷。所谓 O2O 就是线下服务可以用线上揽客,消费者可以用线上筛选服务,成交可以在线结算,很快达到规模。最重要的是：推广效果可查,每笔交易可跟踪。

在线支付不仅是支付本身的完成,是某次消费得以最终形成的唯一标志,更是消费数据唯一可靠的考核标准。尤其是对提供 Online 服务的互联网专业公司而言,只有用户在线上完成支付,自身才可能从中获得效益,从而把准确的消费需求信息传递给 Offline 的商业伙伴。在实现消费者能够在线支付后,才形成了完整的商业形态。而在以提供服务性消费为主,且不以广告收入为盈利模式的 O2O 中,在线支付更是举足轻重。

整体来看 O2O 模式运行得好,将会达成"三赢"的效果,对本地商家来说,O2O 模式要求消费者网站支付,支付信息会成为商家了解消费者购物信息的渠道,方便商家对消费者购买数据的搜集,进而达成精准营销的目的,更好地维护并拓展客户。通过线上资源增加的顾客并不会给商家带来太多成本,反而带来更多利润。此外,O2O 模式在一定程度上降低了商家对店铺地理位置的依赖,减少了租金方面的支出。对消费者而言,O2O 提供丰富、全面、及时的商家折扣信息,能够快捷筛选并订购适宜的商品或服务,且价格实惠。对服务提供商来说,O2O 模式可带来大规模高黏度的消费者,进而能争取到更多的商家资源。掌握庞大的消费者数据资源,且本地化程度较高的垂直网站借助O2O 模式,还能为商家提供其他增值服务。

4. O2O 闭环离不开大数据

O2O 对用户的一种吸引力,并不是所谓线上展示和线下体验,而是给予消费者完整服务的一个过程,贯穿于整个交易流程,甚至更长。合格的闭环必须有完整的服务,才能在交易完成之后,实现用户的主动分享,从而实现持续成交的根本保证。这里的服务,可以是线上的,也可以是线下的。

从消费服务这条主线来看,O2O闭环的消费模型需要以下几个步骤:(1)扩大网站影响力导入有价值流量;(2)引导用户到线下商户;(3)用户在线下商户完成消费;(4)线下商户记录用户消费数据,并将数据提交到网站;(5)网站通过沉淀的用户消费数据实现对用户特征判定;(6)网站针对不同特征的用户群体提供针对性的服务;(7)网站将不同特征的用户再次引入线下商户进行消费……在这个过程中,网站起到的是一个统筹管理者的角色,贯穿始终的只有服务,希望用户能循环反复在这个环内行动,必须让用户满足于各个环节所提供的服务。

O2O闭环实际上就是一个数据循环流转的过程,在整个环节中,有一个最为关键的地方是如何将用户线下的消费数据回录到线上。如果只是将线上用户引导到线下消费并从商户中获取相应的消费分成,这对网站而言仅仅是将流量变现,这和按效果付费的网络广告没有本质区别。这是一种对单次消费的关注,这也是现在绝大多数扬言O2O闭环的公司所处的状态。

传统商业用户消费唯一的商业价值是消费本身,用户所支付的金钱是商业追逐的全部。但在大数据时代,所有的消费都不是一次性,用户的每一次消费在支付费用的同时,实际上表达了自己的消费偏好、消费能力、活动地点、支付习惯,也在以碎片化的方式提交了自己的性别、年龄、工作、当下需求等。消费者通过一次次的消费在不断立体化自我的消费形象。所有这些数据如果长期跟踪、挖掘的话就能清晰地拼凑出一个完整、立体化的消费形象。一个具象、数字化、可度量的消费形象比单次消费更具商业价值。它不仅有助于商业提供更为针对性的服务;更重要的能更为准确地洞察消费者的潜在需求,知道消费者在哪个时间、哪个地点可能进行哪种类型的消费;甚至能准确预判用户需求,在用户自己都不完全确定的情况下,提供超出预期的产品和服务。所有这些更为精准的服务带来的是更高服务溢价,更高的利润率。[①]

----

① 沈禄政,《O2O闭环关键在数据流转》,http://column.ircsearch.cn/u/slzluzi/668948.shtml。

大数据时代每个用户都是数字化存在，是一个具象、独特的存在。数据知道这个用户是谁，也会给这个用户提供更为便捷和精确服务。所以可以预见的户外媒体应该是当用户进入某个区域范围的时候，只要在连网状态，系统就能知道这是谁，他可能要做什么，从而给予相关的推荐。要做到这一点需要综合技术的支撑包括红外、NFC、手势控制、头像识别、指纹识别、虹膜识别等。例如某个用户在一个推荐旅游的数字户外屏幕前停留了 1 分钟，摄像头可以判断用户与户外屏的距离，判断用户是否在观看这则广告。户外屏通过摄像头拍摄用户的头像卡通化投射在屏幕上，同时通过用户移动终端上安装的合作应用将旅游介绍推介给用户。这个过程中用户只是表达了兴趣，兴趣的强化和信息强化都应该通过系统完成。所有的技术都是为了让用户能享有更舒适、更便捷的生活，简化操作环节，符合用户行为习惯的技术才具有广泛的应用性。

BAT 等互联网大佬们关于 O2O 的争夺早已白热化。阿里不但入股新浪微博、加速布局美团、全资收购高德地图、联手快的打车，之后更是高调开展了"手机淘宝生活节"；百度通过控股糯米团，打通地图交易闭环，构建百度搜索＋百度地图＋百度团购组合式的生活服务版图；腾讯方面除了开通微信支付、入股大众点评、嘀嘀打车、高朋网，还直接选择了与京东"联姻"。O2O 与大数据之间的密不可分性由此可见。

（二）腾讯的 O2O 生态闭环之争

腾讯控股有限公司，简称腾讯，是一家民营 IT 企业，成立于 1998 年 11 月，总部位于中国广东深圳，它从单纯的即时通讯软件业务，伸延至今天的互联网金融、电子商务等多个领域，是中国目前最大的互联网综合服务提供商之一，也是中国服务用户最多的互联网企业之一。

1. 创新铸就腾讯

2014 年 1 月 30 日上午，腾讯公司股价再创新高，市值首次突破 1 万亿港元大关。一家生于草莽的企业，到底是怎样的魔法在 15 年间做到市值千亿美元，比肩四大银行的规模，位列全球互联网四强的呢？

在笔者看来，任何科技行业的领导企业，最大的竞争力必然是创新能力，现在就让我们把时针拨回到十几年前,看看腾讯从单纯的通讯软件业务到今天涉足互联网金融、电子商务等多个领域的创新发展之路吧。①

(1) 技术创新打败国际通讯软件 ICQ

1999 年,QQ 推出,只有两个员工,也就是其创始人马化腾和张志东,他们蜗居在深圳的一个民房里,埋首半年时间将 QQ 研发而成。而在此时,以色列人发明的 ICQ 早已在 1998 年就垄断了中国的即时通信市场,并于同年嫁入"豪门",成为美国最大的互联网集团 AOL 公司的旗下资产,可谓有钱有人气,地位不可撼动。面对强劲的竞争对手和市场上相继诞生的同类型通信软件,当时仍然制作粗糙的 QQ 是如何一路过关斩将,杀出重围,赢得市场的呢,其实归根结底在于 QQ 的互联网理念打败了软件理念,其中的技术创新起到了决定性的作用。

首先,ICQ 的全部信息存储于用户端,一旦用户换电脑登录,以往添加的好友就此消失,而 QQ 的用户资料存储于云服务器,在任何终端都可以登录聊天。

其次,ICQ 只能在好友在线时才能聊天。QQ 首创离线消息发送功能,隐身登录功能,可以随意选择聊天对象,可以有自己的个性化头像。

第三,ICQ 通过来自给企业定制的即时通信软件获利,而 QQ 坚持通过面向消费者的免费服务寻求商业化机会。

可以说,QQ 之所以能成功,在于它是中国互联网史上第一家具有互联网思维的企业,他和 ICQ 的根本区别,在于互联网理念和软件理念的差别。

互联网理念打败软件理念,这不是如今最流行的观念吗? 但在 15 年前,小马哥就已经领悟到了。

市场永远是精明的,它只把回报奉献给用户体验最好的创新产品:到2000 年的时候,QQ 已经一统江湖,成为即时通信市场上的王者。

(2) 技术创新打败网络聊天室

在 QQ 崛起的年代,上网=聊天室+新浪新闻+电子邮件。名头最响的有新浪、网易、碧海银沙等聊天室,最高峰的时候,网易聊天室的一个房间就有

---

① 君临,《腾讯是如何一刀刀,在 15 年间干死那些竞争对手的?!》,http://media.sj998.com/。

几万人同时在线。火爆网络的《第一次亲密接触》的故事，就是发生在聊天室，多少人在网上做着偶遇"轻舞飞扬"的梦。

然而在聊天室的这种火爆形势下，QQ 创新推出的 QQ 群，可以查看聊天记录，可以自行定义好友名，将 QQ 从早期陌生人之间的关系，转变为真实的用户关系，促使用户关系为陌生人间关系的聊天室走向了没落。

而且 QQ 推出的这些创新功能服务还都是免费的。这个时候，美国的 AOL 网络集团市值达到 1 630 亿美元，站在巅峰时刻，旗下的 AIM 即时通信软件集成了 ICQ 的功能，也推出了聊天室的功能，并且拥有 2 000 万的用户。但是，AIM 软件和 AOL 聊天室的功能是分开的，这使得 AOL 聊天室只能成为陌生人的聊天工具，并且使用这两个软件的服务还是要收费的：登录 AOL 聊天室，每月要支付 19.95 美元的月费。如今看来，这真是愚蠢得不可思议，但在那个时代，软件为王的时候，又是如此的天经地义。同时，其被免费的 QQ 打败也是如此的地义天经。QQ 在赢得市场的同时仍然不断进行着技术和服务方面的创新，2000 年以来相继推出了 QQ 群、好友手机绑定、摄像头绑定、手机通讯录保存在云服务器、群相册、QQ 空间等新增功能。这些功能，让 QQ 迅速转型成为真实的社交网络平台，而 QQ 号也成为人们的网络身份证。而且可以说，腾讯的 QQ 群功能是比 Facebook 还早的获得商业成功的社交网络。源源不断的创新活力使得腾讯 QQ 一直在用户群中保持着旺盛的人气和生命力。

（3）技术创新打败世界最大即时通信平台 MSN

MSN1999 年开通即时通信服务，依靠微软的雄厚资本和 WINDOWS 的操作系统平台绑定，2001 年打败 AOL，成为世界上最大的即时通信平台。到了 2003 年，MSN 已经拥有 3 亿用户，在几乎所有的重要市场上成为第一，只差一个：中国。

2003 年，踌躇满志的 MSN 开始大规模杀入中国市场，开始了与 QQ 的交锋。凭借免费绑定策略，高富帅的品牌形象，强大的 Hotmail 邮箱和 MSN 新闻网站服务，很快就在商务通信市场上占有了一块地盘。

而此时的腾讯，形势却岌岌可危：QQ 秀刚刚推出，还没实现盈利，人才匮乏，为了生存，不断卖身融资：40% 的股份卖给了海外投资者，换回 200 万美元发工资,而国内的投资者,根本没有人愿意买。

2003 年,腾讯推出企业版 QQTM,正面迎击 MSN。此后通过文件断点续传、文件直接拖放窗口、共享文件夹、屏幕截图、好友分组、聊天记录备份和快速查询、短信互通、视频会议、网络硬盘、软键盘密码保护、个人名片等一系列的技术创新,而且这其中很多创新都是 QQ 首先推出,MSN 再跟进。忽然有一天,大家发现,白领们的工作沟通工具已经悄悄地又换回了 QQ,而 MSN 已经悄无声息地成为无人关注的龙套。

(4) 微创新打败世界最大游戏平台联众

2003 年的时候,联众是世界上最大的休闲游戏平台,它的创始人鲍岳桥是 UCDOS 的开发者,中国软件行业最早的技术大牛人。在联众最辉煌的时刻,它拥有 2 亿注册用户,月活跃用户 1 500 万,最高峰同时在线人数 60 万,在中国、美国、日本、韩国架设有服务器,这样的规模貌似是不可动摇的。

2003 年,QQ 也跟进推出其第一个游戏版本,拥有打牌升级、四国军棋、象棋三个游戏。鲍岳桥上去玩了一下,觉得不过尔尔,于是决定将研发重心投入到新的项目"联众新世界"中去,原有系统不再更新。

2004 年,联众嫁入"豪门",成为韩国最大的网络游戏集团 NHN 旗下子公司,大量的韩国网游资源可以移植过来,无论是产品、资金,还是人才,都是腾讯无法比拟的。而且这个时候,进入休闲游戏市场的不止腾讯一家,还有网易、盛大、金山这些自主研发游戏的大佬们。但在这一年,QQ 游戏却逐渐后来居上,实现了对强者的超越,其超越的逻辑在于:

第一,联众精力转向大型游戏市场,休闲棋牌游戏不再更新,一些 BUG 长期存在,导致老用户的流失。

第二,腾讯快速更新迭代,以更精美的界面,更人性化的操作细节取胜。

在这里举个例子,首先是界面。

在 2005 年的斗地主版本中,QQ 可以自定义用户角色形象,侧边栏显示玩家历史战况,背景清爽。联众角色形象定义要收费,否则就是个空白,背景丑陋,广告一堆,侧边栏是无关紧要的系统消息,毫无美感可言。

再看操作人性化。

联众自动找座位功能要收费,否则就要自己去慢慢找,有时玩家好不容易找到了位置却坐不下来,弹出提示说其他会员不愿意和自己玩。理由多多啊,有嫌级别低的,有嫌网速慢的……真是无语。QQ则可以自动加入,自定义查找意气相投的网友,而这些都是免费的。

腾讯正是因为这些微创新,在细节上击败了联众游戏。

(5) 产品研发创新打败盛大网游

2001年,盛大引入韩国网游传奇,火爆全国,正式建立了网络游戏的商业模式。2002年,网易自主研发的大话西游2获得成功,2003年梦幻西游再次大受欢迎,从此成为自主研发网游领域的老大。2003这一年,腾讯也开始进军游戏市场,但是直到2007年为止,腾讯的大型游戏一直没有什么作为。原因何在呢? 不但腾讯没有作为,作为网游模式创立者的盛大,在此后几年引入了大量韩国大作,几乎全部折戟沉沙。这不得不让人反思。

关键的原因就在于:盛大的成功,首先是商业模式的创新带来的,但是产品上并没有任何改进,大量采取拿来主义,随着国内本土研发的进步和竞争的加剧,任何缺乏产品创新能力的企业都必将被市场淘汰。盛大如此,九城如此,早期在大型网游市场上的腾讯也是如此,即使是拥有火爆人气的社交网络平台。

2007年,腾讯以极低的价钱从韩国一家不入流的小公司那里买来了CF穿越火线这款游戏。其开发者Smile Gate公司只是一家33个人的小公司,其制作的CF游戏在韩国一直不温不火,相较于当时的腾讯,已经通过QQ秀和棋牌游戏赚到了第一桶金,不但买回了CF,还买了英雄联盟,地下城与勇士等一大堆的网游。

但是这一次,腾讯已经意识到,不是有流量就有一切的,失败的产品在哪里都是个死。

腾讯对买回来的大批泡菜游戏重新回炉打造,细致打磨。CF在经过一年的深度开发后,才推出市场。而且在推出后的两年时间里陆续推出了22个版本,平均每个月推出一个新版本,多种多样的模式、角色、枪械,不断优化的操作体验,在道具收费模式下相对最合理与平衡的体系,最终赢得了广大玩家的肯定。此后,腾讯自主开发或者引入的韩国网游大量获得成功,正是通过这种研发微创新的复制,2010年,腾讯打败盛大,登顶网游市场第一的宝座。

从此,中国网游市场格局发生了巨大的变化:那些只会引入国外大作,没有创新能力的企业纷纷衰落,QQ炫舞取代了劲舞团,QQ飞车打败了跑跑卡丁车。另一方面,那些具有创新能力的自主研发网游企业,网易、畅游、巨人,越活越滋润,2009年腾讯推出QQ西游,被网易打得满地找牙。这充分说明了一个事实:腾讯网游的成功,是产品创新的成功,而那些相对平庸的作品,即使同样具有QQ这个平台的导流,照样要受到市场规律的无情嘲笑。

这个规律其实在腾讯身上反复地上演着:QQ浏览器、QQ影音、SOSO搜索、拍拍网购、QQ杀毒、财付通、SOSO地图,因为只有模仿,缺乏创新,始终只能甘当市场的配角。

腾讯并不是不可战胜的,但是它一旦找到了创新的魔法盒,那它就将脱胎换骨,黄袍加身。

(6)微信的开拓性创新

2010年,移动互联网呼啸而来,腾讯在所有互联网巨头中第一个转身。大象的转身是如此的轻盈而迅速。从2011年1月推出到年底,微信在1年的时间里更新了11个版本,平均每个月迭代一个版本。其中在推出2.0版本加入语音对讲功能后,腾讯完成了对竞争对手的模仿和追赶,开始创新之路。2.5版本率先引入查看附近的人,这个功能的推出,实现了对主要对手米聊的技术创新和用户大爆炸式增长。3.0版本率先加入漂流瓶和摇一摇功能,3.5版本增加英文界面,全面进军海外市场。这个时候的国际市场上,日本的LINE同时崛起,并且更早一步地开始了对东南亚的占领。而美国的社交巨头Facebook仍在梦中,WhatsApp仍在延续着当年ICQ的软件思维,向用户收取服务费。时不我待,机不可失。2012年4.0版本率先推出相册和朋友圈功能,4.2版本增加视频聊天插件,4.3版本增加语音搜索功能,4.5版本增加多人实时聊天,语音提醒和根据对方发来的位置进行导航的功能。微信的社交平台功能日趋完善,并且一步步向移动智能助手的角色发展。必须说明的是,在视频聊天和智能语音搜索上,微信比LINE更早了一步,产品体验开始领先。LINE的成功更多是明星营销策略和商业化生态系统的搭建上,产品创新体验上并无优势。2013年5.0版本添加了表情商店和游戏中心,扫一扫功能全新升级,可以扫街景、扫条码、扫二维码、扫单词翻译、扫封面,微信支付体系打通，一个移动商业帝国的框架已经基本搭建完毕。

从全球来看，LINE 的商业化无疑更早获得成功，国际化的脚步也更快，但是腾讯最擅长的从来就是后来居上：只要方向正确，专注创新，奇迹总会发生。2013 年 4 月，微信海外用户突破 4 000 万，并以月均超过 1 500 万的滚雪球速度迅速扩张，如果一切顺利，腾讯将真正成为全球互联网的创新领导者。

（7）腾讯的创新之道

纵观腾讯的 15 年，其实就是一个不断吸收借鉴，推陈出新的发展历程。而贯穿其中的则主要是以下几点创新之道：

第一，腾讯是世界上最早具有互联网思维的企业之一，正是这种思维让它区别于 ICQ 和 AOL，成为世界上唯一获得大规模商业成功的即时通信企业。

第二，腾讯是世界上最早获得成功的真实社交网络平台，通过 QQ 和 QQ 群在 2002 年的创新式无缝连接，让它从陌生人社交转向了真实社交关系，摧毁了传统的聊天室商业模式，并在 QQ 秀上赚到第一桶金，这种转变在时间上比 Facebook 领先两年。

第三，最早执行快速迭代微创新的互联网企业之一，正是这种微创新能力让它击败了 MSN、联众、盛大等众多的互联网巨头，获得强大的盈利能力。平台导流只是让它放大了这种商业成功，否则无法解释腾讯旗下众多失败的副产品，譬如 SOSO 搜索等。

第四，腾讯是所有大象企业中最执着于创新的企业之一，这体现在微信的成功和在移动互联网时代的快速转型上。即使在全球来看，腾讯的转身也要早于美国的 Facebook，仅仅慢于谷歌。

截至 2013 年一季度，腾讯拥有 25 000 名员工，其中超过一半是研发人员，累计申请专利 7 000 项，全球互联网企业中仅次于谷歌和雅虎。可以说，正是腾讯的创新底蕴铸就了今天的腾讯。

2. 洞察力＋坚持＋不断创新＝今天的微信

微信作为腾讯的明星产品，在其整个 O2O 闭环中起到举足轻重的作用，接下来我们就回顾一下微信的整个发展过程，从中不但可以加深对微信的了解，还可以体会移动互联网时代商业创新的思路。

　　2010年10月，一款名为Kik的App因上线15天就收获了100万用户而引起业内关注。Kik是一款基于手机通讯录实现免费短信聊天功能的应用软件。这一聊天软件的迅速崛起立刻得到了腾讯广州研发部的总经理张小龙的关注，他认为移动互联网将来会有一个新的IM，而这种新的IM很可能会对QQ造成很大威胁。为此他向腾讯CEO马化腾写了封邮件，建议腾讯做这一块的东西。马化腾很快回复了邮件表示对这个建议的认同。

　　就这样，在经过一系列前期调研准备工作后，2010年11月19日，微信项目正式启动，并于2011年1月21日推出微信1.0的iOS版，而在此时，先于微信1个月推出的米聊已进入用户数快速增长的阶段，媒体的关注度也高于微信；而移动互联网IM工具市场由于开心"飞豆"、盛大"有你"、奇虎"口信"等功能类似产品的加入而呈现出复杂的竞争格局，微信用户增长并不乐观，直到2011年5月10日，微信2.0语音版本发布，用户增长量才开始有一定的攀升，但也不是很大。为了使用户在更多场景下都能较好地使用语音功能，微信团队对产品做了如"当距离感应器无感应，语音对讲会默认为扬声器播放"，"只要把手机贴近耳朵，马上就改为听筒模式，方便用户在开会或不方便扬声的时候接听"等创新型改进，致使微信语音版成为一个有一定影响力的产品，也使微信在竞争中占据了一个相对有利的位置。2011年8月3日，微信2.5版本发布，支持查看附近的人。这一功能使用户可以查看到附近微信用户的头像、昵称、签名及距离，以便用户之间产生进一步的交流。这一功能使微信从熟人之间的沟通走向了陌生人之间的交友。这一功能出来之后，微信新增好友数和用户数也迎来了其第一次爆发性增长。2011年10月1日，微信发布3.0版本，支持"摇一摇"和漂流瓶。"摇一摇"可以让用户寻找到同一时刻一起在摇晃手机的人；漂流瓶则秉承了QQ邮箱漂流瓶的理念。"摇一摇"一推出就迅速成为许多微信用户非常喜爱的一个功能，现在"摇一摇"的日启动量已经超过1亿次。2011年12月20日，微信推出3.5版本，其中一个最重要的功能，是加入了二维码，方便用户通过扫描或在其他平台上发布二维码名片，拓展微信好友。同时，微信也推出了名为WeChat的英文版。2012年4月19日，微信4.0的iOS版发布，其中"朋友圈"功能引起业界颇多注意，有评论认为这是微信"社交平台化"的一种尝试。微信4.0版本支持把照片分享到朋友圈，让微信通讯录里的朋友看到并评论；同时，微信还开放了接口，支持从第三方应用向微信通讯录里的朋友分享音乐、新闻、美食等。2013 年 8 月 5 日，微信5.0 for iOS 上线了，添加了表情商店和游戏中心，扫一扫功能全新升级，可以扫街景、扫条码、扫二维码、扫单词翻译、扫封面。8 月 9 日，微信 5.0 Android 上线。在微信 5.0 中，添加了微信的支付应用功能。

从整个微信的发展过程中我们可以看到，微信发展到"朋友圈"功能，已经开始踏入了腾讯的互联网金融之路。众所周知，微信从规划之初，就是一款基于个人社交网络、以私密圈子为导向的社交产品。关系，是它研究最透的一个词。于是，由于较高的保密性和社交圈子的稳定性、精确性，用户都置身在无数个强归属感的小圈子里。有时候，你甚至都不知道自己和某人是属于这一类人的时候，微信已经把你们归入同一类了，这是一件很恐怖的事情——产品比你自己更了解你！

对圈子的准确把握，使得腾讯涉足互联网众筹这一块拥有了一项核心的竞争力。在微信之前，中国有几个稍有名气的众筹平台包括点名时间、众筹网和追梦网等。但必须要面对的事实是：中国的创业者、极客们①对国内平台并不了解，从运营的层面看就是平台的推广有问题；而网站上各种五花八门的众筹信息看得人眼花缭乱都看不到自己感兴趣的项目，这是产品规划和业务拓展的问题；发起人信息、项目的真实性难以跟踪，这又是监管机制的问题。因此，撇开中国环境不提，光是国内的众筹网站本身就有诸多不完善的地方，从社会到企业到个人都掉链子，发展如何不慢？

而微信打造的私密圈子，一个优点是：你在朋友圈里刷到的都是熟人的动态，你的动态也只能被你的熟人查看。这就令网络水军数量降到最低，换言之，人与人之间的信任度、兴趣匹配度、圈子契合度达到最高。这几点，无一不是众筹最关注的要素：行业相关性、兴趣的一致性、信息的真实性、项目的可跟踪性。

到了微信支付这一步，则已经发展为实打实的互联网金融模式，其功能版

---

① 极客，是美国俚语"Geek"的音译，含有智力超群和努力的语意，又被用来形容对计算机和网络技术有狂热兴趣并投入大量时间钻研的人。

块"新年红包"、"AA 收款"等,都为筹资汇款提供了最便捷的媒介支撑。想象这样一个场景:你从小就暗恋的小学同学在微信朋友圈发消息说辞职开公司,缺了几万块要众募,把需求分成了一百份,每一份还倍儿便宜,也就是几百块。基于对这个同学的情谊、衡量金额的高低、在如此方便微信支付条件下,多半你会给她包个微信红包吧。这样"朋友圈"加"微信支付",大众化的互联网金融就出来了,厉害吧。

3. 微信支付浮出水面

(1) 微信钱包

微信支付是基于微信及腾讯旗下第三方支付平台财付通(Tenpay)联合产出的互联网支付产品。有了微信支付,用户的智能手机就成为一个全能钱包,用户不仅可以通过微信与好友进行沟通和分享,还可以通过微信支付购买合作商户的商品及服务。

微信的付费订阅可以想象成 APP 的购买。用户在使用微信账号过程中对游戏的增值服务、杂志的延伸阅读等方面的付费行为都可以通过微信支付的方式完成。用户只需在微信中关联一张银行卡,并完成身份认证,即可将装有微信 APP 的智能手机变成一个全能钱包,之后即可购买合作商户的商品及服务用户在支付时只需在自己的智能手机上输入密码,无须任何刷卡步骤即可完成支付,整个过程简便流畅。

新增功能扫一扫中分别集合了二维码、条码、封面、街景和翻译功能,均可做信息建联,二维码和条码在支付中屡见不鲜,而街景做到了用户使用微信即可在现实商圈内寻找特约商户的功能,是新版微信的一大亮点,未来可做业务延伸,比如 O2O、商户导购、优惠券推送、移动支付等。

用户通过"扫一扫"获取商户的优惠信息后可进行移动购物、团购等。在线下用户可以扫描静态的二维码,即可生成微信支付交易页面,完成交易流程;在线上,用户扫描 PC 端二维码跳转至微信支付交易页面,来完成交易流程。确认所购产品信息后,选择"立即购买",跳转支付页面,选择"立即支付",直到支付成功,显示账单信息。另外,微信也集成了公众账号支付,用户在微信中关注商户的微信公众号,在商户的微信公众号内完成商品和服务的支付购买。目前,微信支付的场景应用也在不断拓展中。

（2）金融机构对微信金融的试水

在互联网金融浪潮下，国内商业银行的 IT 技术也跟上了互联网金融和移动金融这两驾马车。2013 年 3 月末，招行正式推出信用卡微信客服，这是银行借助移动互联渠道展开服务的创新之举。信用卡微信客服在推出之后引起了强烈反响，到目前为止已经有超过 100 万客户绑定了招行信用卡的微信客服平台。7 月 2 日，在推出信用卡微信客服后的短短 80 多天，招商银行再度宣布升级了微信平台，推出了全新概念的首家"微信银行"。"微信银行"的服务范围从单一信用卡服务拓展为集借记卡、信用卡业务为一体的全客群综合服务平台。让爱吃螃蟹的招商银行又一马当先开拓了商业银行创新金融实践的先河。

同时，其他银行也看好微信金融，纷纷跟进。包括工行、中行、交行、平安、中信、浦发在内的十多家银行都宣布推出微信银行服务，业务内容涵盖了余额查询、交易明细、投资理财等。虽然以目前多数微信银行提供的服务来看，余额查询和业务咨询方面的业务仍然是主体，多数不涉及支付，如要购买理财产品则仍需要跳转至手机银行。但由于微信 5.0 版本的支付通道已经打通，微信支付也必定成为嵌入微信银行的一个重要考虑。届时，客户将能够便利地在微信银行上进行相关支付、转账、信用卡还款等操作。

（3）O2O 闭环开始合拢

2013 年 4 月 11 日，腾讯微信团队通过微信正式向用户发布声明，称网上流传的"微信要对用户收费"系恶意造谣，同时强调微信绝不会对用户收费。既然微信放弃了从直接通过用户人头进行营收的可能性，那么未来微信的商业化元素必定是在移动电商及 O2O 等移动支付硝烟弥漫的未来战场。

微信 5.0 中的微信支付功能，内置渠道由兄弟公司财付通和其快捷支付渠道提供，依照腾讯设想的移动平台闭环发展的思路，未来不会将其平台资源开放给其他同类支付渠道进行支付服务。招行相关负责人表示，5.0 推出后对"微信银行"进行了功能约束，预测未来在支付端渠道均需经过财付通。这么看来，微信早已先行一步，置入棋子，把守关卡。

通过微信支付，微信已经慢慢建成微信平台内部交易完整闭环的雏形，包括商户入驻、营销、支付、客户服务的整体服务平台；在对微生活服务、移动游戏、增值服务等方面,微信支付将提供垂直化的直线支持,成为微信商业化过程中核心组成部分。最重要的是,微信 5.0 直接打通了移动 O2O 应用支付的巨大客户流量。接下来,只要推进其在生活服务、增值服务方面的应用,就可以迅速构建一个商业化的微信平台,针对平台费用、交易费用将成为其主要收入来源,盈利模式也将逐步清晰。

(4) 支付方式开发潜力巨大

公共账号平台商业化一直在有条不紊地进行中,微信支付久旱甘霖般地解决了公共平台直接变现的可能。

未来微信支付可以直接有效地进行个性化付款,及在其内部平台安全有效的情况下简化支付流程,完善用户体验,而无须用户在多个平台之间跳转。针对微信上的公众商家,如果不使用内嵌的财付通支付,也可以跳转至其他平台进行,微信目前并没有像苹果一样制定封堵所有虚拟交易支付的外部通道。但实际上,用户在微信平台上就已经能够完成这一切,只要微信支付的体验足够好,商家和用户使用微信支付应是主导。O2O 线上下线无缝交易,通过微信方便用户在线下进行无卡支付,因新版功能的完善,预支付、扫码等多种方式的付款也将得以实现。

现在的微信已经组合了移动社交、移动通信和移动电商,这些都为未来平台化奠定了坚实的基础。随着慢慢引导微信庞大的用户群体,用户习惯的渐渐培养,将成为现在移动支付的领头羊最有力的竞争者。

移动支付的高速增长不仅得益于移动电子商务市场的高速发展,更是由于移动支付在便捷性上的优势,以还款、缴费、电信充值为代表的个人业务正在从 PC 端向移动端迅速迁移。此外,移动支付产业链各方均积极开拓市场,大举"圈地"进行业务试点,推动了行业快速发展。目前的移动支付中 80% 仍集中在远程移动互联网支付上,微信 5.0 推出支付应用,可以说正逢其时,将能够在 O2O 上引领一股新的潮流,同步推动近场和远程的移动支付发展步伐。

4. 阿里巴巴电商领域的劲敌

为什么说微信是阿里巴巴电商领域的劲敌,会强力威胁阿里巴巴在电子商务领域里的霸主地位呢? 外行人也许看不清楚,但内行人如马云和阿里巴巴的高层肯定是心知肚明的。清楚危机来了，企鹅已离开南极杀向其他大陆了，阿里巴巴再不反攻将一败涂地。于是有了"来往"的迅速推出，有了马云不断地站台呐喊，有了闭关锁国毅然决然切断微信的链接，有了高调夸张而密集的调整。但是这一切，在微信有条有度的攻势面前都显得那么力不从心。下面我们首先来看看阿里在电商领域发展上的瓶颈：

第一，阿里资源瓶颈。截至 2014 年初，淘宝大约有 700 万商家，商品种类几乎包罗万象。不过，关于在淘宝网开店不赚钱的吐槽越来越多。甚至有一种说法："淘宝上真正赚钱的商家只有 3％。"虽然淘宝流量很大，但商家太多，可以拉流量的位置太少，这样就导致营销费用的升高。尽管淘宝号称是个免费平台，当商家数量太大，免费流量就成为镜花水月。①

按理说，淘宝天猫平台一年的销售额满打满算也就万把个亿，这在整个社会零售额里占比并不大，但成长空间非常大，还是一个巨大的增量市场。但为什么商家还在电子商务成长的初级阶段就感觉到了竞争压力很大呢？

根本原因就在于平台流量的分配机制——搜索。每个关键词就只那么千把个有效展示位机会，排在后面的基本没任何戏。所有商家必须得争取排在前面，自然就形成了相互之间的拼杀。商家拼起来了，平台就有赚钱的戏了，卖展示位。谁出了钱，就让它排在前面。于是就有了淘宝天猫最疯狂的吸金机器——直通车和钻展。烧钱商家有直通车和钻展的辅助，在搜索机制的帮助下，更能抢占优质展示位，霸占更多流量。于是商家与商家之间开始疯狂拼杀，阿里巴巴躲在后面偷笑。

第二，竞争消耗。消费者很难忠诚于某一商家。传统市场受地域的限制，很多商品可选择的范围并不大。比如你买一些日常生活用品，基本就只会在附近的几家商场里就近购买。但淘宝天猫呢？基本 99％的商品，一搜成千上万，可选择的空间太大了，背叛商家的成本太低了。这个时候，消费者还需要牢牢记住某一商家吗？还需要很在意某一商家吗？独特的商品，没有选择余地的商品毕竟只是很少数，大部分商品都是千人一面，竞争自然就会非常激烈。

除了这个原因促成消费者很容易背叛之外，平台还有更狠的招。例如在

---

① 姜蓉，《淘宝嬗变移动化生存》，《中国经营报》，2014 年 3 月 1 日。

淘宝天猫看过或买过红酒,那么只要上网,经常跳出在顾客面前的商品就有别的交了推广费的商家的红酒,商家挖空心思做出的诱人的图片和广告语,很容易让顾客有试一试的冲动,只要一试,顾客前面的老商家就失去了一笔生意,或者永远失去了一个客户。所以,在淘宝天猫,维护老客户很难,成本非常高。强大的平台自身的游戏规则导致客户永远只忠诚于平台而不是商家。

在网购平台,因为客户跟商家之间不能面对面地交流,商家所能影响客户的招数很有限。在线下,商家还可以用甜蜜的笑容,热情的招待,实质的商品去施加影响。而在电商平台,有的只有图片和文字,再有一个简单的交流——旺旺。交易完成,客户不主动找你,商家能动用的招数就不多了,商家与客户间的感情自然就不会很深,如果商家强行去加深,那个付出的代价就不是一般的大。平台有没有办法让客户和商家加深感情的方法呢?有,只是平台不愿这么做,客户都变成商家的了,那平台干嘛去?用什么去赚钱?

第三,阿里成长的烦恼。阿里也提出了生态建设的口号,但是限于平台的基础问题,很难建设成为一个可以适合所有商家公平竞争、自由成长的生态系统。由此,淘宝天猫的平台容量始终有限。平台自身也受累于越来越庞大的商家和商品管理而疲于奔命,人力是有极限的,这种将所有事情揽于一身的做法是不可取的。交易规则要管,大小交易纠纷都要管,假冒劣质商品要管,这么多事,原本是一个国家的公共服务机构来管理的事情,阿里巴巴一家企业贪心想要管完,这可能吗?出问题是必然,不出问题才叫有鬼。

上面就是淘宝天猫所存在的致命问题,在现有的模式下基本无解。淘宝天猫包括京东等自营 B2C 电商平台,都只能算是电子商务的第一个版本,这样的一个电子商务模式,充其量只能充当社会零售形态的补充,还不具备革传统零售命的能力。只有在中国这个零售还没有充分发展起来的人口大国,才有可能出现阿里巴巴这样的商业形态。

电子商务在中国有强大的需求,阿里巴巴能有今天,在一定的程度上是全社会的需求自然而然推动的。但走到今天,淘宝天猫的模式已不能满足电子商务的发展了,社会需要更新的电商模式,商家需要更公平生态的成长环境。这是内在的需求,只是大家一直没有找到可以让想象发挥的空间。在这个时候,微信出现了。有一点需要注意,微信推出之初,肯定没有想过电子商务,肯定没有计划过微信支付,肯定没有想过要借此去抢阿里巴巴的饭碗。也许只是想在手机上延续 QQ 的辉煌,巩固自身互联网社交领域的地位而已。只是因为中国电子商务模式升级内在的需求太强大了,广大用户的创造推动力太强大了。用户的反响惊醒推动了腾讯公司的电商梦,并且腾讯公司也敏锐地意识到了这个巨大的机会,开始冷静地推进了。这一切都只是顺势而为。

移动互联网的强势崛起,PC 端的日渐式微。由于手机的特性限制,任何人的手机里都不可能装下太多的应用程序,硬件能突破,但人的使用习惯是不易突破的。手机端的应用越少越好,越集中越好。手机应用是排他的,用了这个就会尽量减少别的应用。而目前所有手机应用中,微信是最强势的,应用人群是最多的。广大用户也乐意见到一款微信可以通话交友,可以浏览信息,可以支付购物,多方便呀! 在这一点上,阿里巴巴失去了先机。尽管它也有淘宝手机端,但大众长期养成的使用习惯就是购物才用,而平时不用,这样一个用户脑海里的固定认知就废掉了手机淘宝九成移动端的功力。当然,这也不能怪用户,是阿里自身在手机淘宝上的功能设计导致了这一结果。

阿里巴巴的电子商务一直宣称要革传统零售的命。在电商平台模式的设计上,也很难让成熟的线下品牌、传统零售商进来。阿里巴巴的用户把控特性一直也让传统零售商品牌商心生忌惮,拒绝融入淘宝天猫,因为那样无异于与虎谋皮,帮人做嫁衣。这一点,也给了微信很大的机会。如果不出意外,微信的做法会是怎样呢? 第一步,打通微信支付,这一步微信已经实现了,打通支付以后,就消除了传统零售最大的触网障碍。第二步,开通微商城。然后制定一点简单的规则就可以了,商家爱怎么玩就怎么玩。

假如是小店就不搞微商城了,只要个微信朋友圈就行。

除了购物需求,微信还可以进行大量别的商业化行为。充值、订酒店、订电影票、保险金融服务,太多了。这就是微信的电商想象空间,这就是微信威胁阿里巴巴的根源所在。很多人认为微信威胁不了淘宝天猫,理由是微信要建一个类似阿里巴巴一样的商品商家管理系统太难,短时间内无法建成。以为阿里集团凭借海量商品和商家的管理体系已经构建好了足够深足够宽的护城河,微信根本拿阿里没有办法。但是微信根本就不用管这些,完全可以利用移动端强大的用户数重新制定规则。微信啥都不用管,就是一个比淘宝天猫更健康的电子商务生态平台。

微信电商,跟淘宝天猫有一个最大的不同,它是基于熟人关系、地理位置的关系构建起来的信任关系的购物体系。商家跟消费者之间的关系也比目前淘宝天猫的买家卖家关系要亲密得多。所以微信根本就不需要制定繁杂的规则,自身也不会为那些规则所累。

当然,微信这种购物形态也不可能完全满足大家的购物需求,淘宝天猫也有自己的可取之处。比如一些极小众的商品,很难线上线下全面布局的商品,还是淘宝天猫更适合。但是微信商家只要利用好微信碎片化朋友圈的传播,大力发展分销商构建分销渠道就可以了。

阿里巴巴真的是遇到强劲对手了,一马平川的电商之路从此将变得坎坷,日子不会再像以前那么滋润了,高速发展的神话从此也将成为历史。其中的变数就是腾讯公司犯错,在这么大好的局面下,如果自己犯大错,那就没办法了。其实,腾讯只要保护用户体验就可以了。

5. 微信支付接口的全面开放

2014年3月4日,微信再推深度开放内容:此前尚处于内测阶段的微信支付接口,即日起对通过微信认证的服务号全面开放。这意味着,微信支付作为微信商业化闭环中一项重要的能力,迈出了开放的重要一步,将为未来基于微信的移动商家提供全新的支付能力。

微信支付全面开放后,为基于微信的移动商家提供了更加便捷的微信支付接入方案。完全公开、自助,只要是通过微信认证的服务号(限企业/网店商户/媒体类服务号)均可自助申请,申请流程十分简单。

作为微信全面开放的重要一步,微信支付接口的开放为第三方微信服务号提供了一整套移动支付解决方案,为企业的公众平台运营提供了更健全的"连接"能力:企业首先获得了低门槛连接亿级用户的机会。对用户来说,各行各业商家的接入,带来的是丰富的生活服务场景,未来无论任何时间、任何地点,一部装着微信的手机就可以买衣服、买吃的、订酒店、订机票等,搞定生活的方方面面。对整个行业来说,作为移动电商模式成型的重要一步,开放的公众平台+全面开放的支付能力,将为该功能完善打下坚实基础,也将深刻影响移动互联网未来生活的发展。

事实上，微信全面开放的步伐从未停止。从公众账号开放注册和运营，免费开放地理位置、客服等九大高级技术接口，微信还首次提出模式识别开放的概念，提供公众账号语义解析与智能客服技术平台。

在微信支付的全面开放之前，微信也邀请了众多银行业、航空业、第三方电商平台、连锁餐饮业、航旅业等20多个行业进行"试点"，其中包括易迅、当当、友宝、大众点评、海底捞、七天酒店、携程网、去哪儿等。

以唯品会为例，用户在唯品会下单后，直接用手机扫描二维码就可以完成付款，非常方便。对于上班族来说，出差在外使用公共场所的WIFI或者在网吧上网需要支付时，用微信支付也更能保障隐私和安全。微信支付为用户带来了全新的支付体验，支付环节由此变得简便而快捷，这非常符合现代人闪购的消费模式：既可以帮助用户快速下单支付，又能够很大程度上增加用户的活跃度、刺激交易量的增长。同时，还可以给用户更好的购物体验。联想中国区的总裁陈旭东也率先在联想服务微信上开通了微信商城，让用户能够在第一时间以优惠的价格购买到联想新品，通过微信支付实现联想零售体系的O2O转型，并计划覆盖全国上万家专卖店。

内测期间，微信支付能力的接入帮助包括联想在内的微信支付试水企业转投移动端提供了闭环可能性，普遍反响良好，为微信支付接口的全面开放奠定了基础。而整合微信在移动端的用户基础能力、社交能力和开放能力，微信将形成一种更有效触达用户和提供服务的平台。

全面开放的微信支付，在风险防控方面为用户提供了全方位的保障，除依托已有腾讯完善的安全防范体系外，还加强了审核、制裁和用户财产保护策略的严谨度，假冒和钓鱼网页没有乘虚而入的机会，凡是认证安全商户的网页，都会有"微信安全支付"提示。另外，微信支付还联合PICC推出100％全赔保障，用户如因使用微信支付造成资金被盗等损失，将可获得PICC的全赔保障。而申请赔付时，只需提供相应的损失真实性证明和身份证明即可。

随着手机逐步成为个人生活的重要载体，移动支付也将成为支付方式发展的一种趋势。支付专家认为，微信在保护用户体验和安全的基础上，提供基础服务，根据合作伙伴的行业特色开发与之匹配的服务场景，"微信是一个生活方式"的未来前景可期。

在微信可开放的各类接口中，企业对微信支付接口期待已久。因为接入微信支付后，用户在购买物品时无须再使用复杂的网银转账，而是仅需进入微信支付界面，输入支付密码就能完成交易，这将提高商家的交易转化率和用户的购买效率。

从打车软件到微信红包，再到理财通等，腾讯每一步的商业化步伐都前进得非常谨慎。这是因为涉及用户财产安全，一两次的崩溃出错会导致用户信任度下降，进而带来商业化的失败。微信支付作为移动电商O2O非常重要的一环，全面开放之所以姗姗来迟，主要是基于体系完善度的考虑。在经过反复测试、不断优化之后，才正式全面开放。

6. 大众点评＋腾讯地图——腾讯关于O2O的深远布局

2014年2月19日，腾讯入股大众点评终于尘埃落定。腾讯总裁刘炽平、大众点评CEO张涛共同宣布，腾讯对大众点评进行战略投资，占股20％。[①]入股大众点评后，腾讯将和大众点评一起打造"社交＋LBS"的闭环，未来，以社交为基础的O2O将是移动互联网的常见组织形式。

移动互联网时代到来之前，大众点评被看成"慢牛"公司，它一直辛苦地积累商户数据。团购开启时，它又费力地建设线下团队。张涛把大众点评线下的积累称为"脏活累活"，PC时代大公司运作线上流量就能轻松赚钱，所以不愿意涉足大众点评的苦生意。等到智能手机开始蓬勃发展，巨头们发现了O2O的大市场，希望能入股大众点评，而腾讯恰恰抓住了这一机会。

腾讯已经通过微信获得了移动社交上的绝对优势地位，但没有充足的线下商户资源、丰富的线下运营经验以及线下团队。大众点评则是中国运营线下商户最好的一家互联网公司，却没有社交和支付模块。二者恰好形成了很好的互补。这样以社交见长的腾讯搭建的移动互联网版图也就浮出了水面。2013年腾讯入股搜狗，试图搭建的是移动互联网入口，这一次腾讯和大众点评试图搭建的则是"社交＋O2O"的闭环。但这并不是说"腾讯＋大众点评"就直接等于"社交＋O2O"。O2O的产业链极为复杂，大众点评也在用与腾讯相似

---

① 袁茵，《大众点评"环中环"：马化腾为何握手张涛》，http://www.iceo.com.cn/mag2013/2014/0307/281850.shtml。

的思路向下游投资,只投资,不控股。

而随着腾讯入股大众点评,大众点评的地图更换工作也已经提上日程。据了解,原来嘀嘀打车使用的是百度地图,而大众点评使用的是图吧地图。艾媒咨询发布的《2013 年中国手机地图市场研究报告》显示,高德地图以高达29.4%的累计用户份额,稳居手机地图类榜首,百度地图为 22.7%,而 SOSO地图(腾讯地图前身)仅为 5.4%。然而,腾讯地图却凭借街景功能赢得了用户的口碑。根据腾讯地图的最新数据显示,目前腾讯地图街景城市已经增加至123 个,年底将基本覆盖全国的地级市。街景可谓腾讯地图最大的竞争优势之一。2014 年全年,腾讯地图的资金投入将达到亿元级,腾讯街景将新增街景城市 200 个,总数达 300 余个,基本覆盖全国所有地级市。[①]

同时,腾讯地图与微信和大众点评未来深度结合的前景十分广阔。不仅如此,腾讯微信也为腾讯地图预留了入口,在扫一扫界面进行扫描,便可展示所在地的街景地图。

可以这么说,腾讯的每一次扩张和收购,都是为了最大化利用其社交红利。比如前期游戏投资是重点,利用 QQ 用户形成源源不断的现金流,再反哺目前微信生态链布局移动互联网。腾讯涵盖即时通讯、门户、游戏、桌面软件等各个领域。与其说这是腾讯的主动出击,不如说这是其用户优势的自然延伸。游戏平台、新闻弹窗早年是作为即时通讯 QQ 的补充,最后却不小心做大了腾讯的游戏和门户。

腾讯的行动逻辑是:如何最大化挖掘 6 亿多用户的价值。社交本身并不赚钱,赚钱的是游戏、是广告、是电商。所以,前几年腾讯的业务扩张和收购都是基于这个逻辑,收购美国韩国的游戏公司,做搜搜和拍拍,入股艺龙。随着微信的成功,腾讯的收购重点变成了基于微信移动端的手游和本地生活服务,以及衍生的微信支付。于是,互联网世界一切可以赚钱的地方都出现了腾讯的身影。其实是一切用户行为构成了社交,因为人本质上是群居动物。有了 6亿多用户及不可撼动的关系链,腾讯在 PC、手机凭借 QQ、微信双双垄断,并持

---

① 韩元佳,《布局 O2O 战略入口 腾讯地图对接嘀嘀和大众点评》,《北京晨报》,2014 年 2 月27 日。

续价值最大化,市值越来越惊人。而在近期,腾讯对于大众点评和腾讯地图的举动则是为了从入口到终端、再到支付,形成 O2O 的完整闭环,是其对 O2O 的一次深远布局。

7. 现代的质子政治——投资京东

2014 年 3 月 10 日早间,腾讯公司在港交所发布公告称,公司将斥资 2.15 亿美元收购 351 678 637 股京东普通股,占京东上市前在外流通普通股的 15%,还有权在京东上市时继续认购 5% 的股份。另外,腾讯将 QQ 网购,拍拍的电商和物流部门并入京东。双方还将签署战略合作协议,其中腾讯将向京东提供微信和手机 QQ 客户端的一级入口位置及其他主要平台的支持。在传言了一个月之后,腾讯和京东的牵手果然被宣布成真。[1]

(1) 京东的 O2O 战略

2014 年 3 月 18 日,京东集团正式宣布启动 O2O 战略,消费者线上购物有望实现由线下社区便利店直接送达。京东此举意在利用物流优势,渠道下沉,从而抢占电商市场。同时,也为京东赴美 IPO 增加筹码。京东集团已与上海、北京、广州等 15 座城市的上万家便利店达成 O2O 签约合作,包括快客、好邻居、良友、美宜佳等知名连锁便利店品牌。这是继与山西唐久大卖场开展 O2O 合作成功后,京东首次在全国大范围推广。该计划有望在 2014 年底覆盖国内的所有省会城市和地级市。

在京东下单,只要便利店在你家附近,货品将直接由便利店提供并配送,最快 15 分钟就能收到。这就是京东 O2O 联手万家便利店,推出个性化物流服务后的承诺。通过京东平台上便利店的官网,消费者可借助 LBS 定位,找寻最近的店面进行购物。京东将联手便利店推出个性化优质的物流服务,比如"定时达"、"15 分钟极速达"、"上门体验"、"就近门店的售后服务"等。京东利用自身物流的强大优势,打通长期困扰物流业的"最近一公里"难题,抢占社区送货商机。

京东的 O2O 为消费者提供服务,覆盖到城市周边核心社区。因此,便利

---

[1]　信海光,《从 BAT 世界大战角度看京东腾讯联姻》,http://www.huxiu.com/article/29353/1.html。

店是最合适的合作伙伴。2014 年,京东重点将放在技术、O2O、金融、渠道下沉、国际化等五大方面。

不同于阿里巴巴、百度、腾讯等 O2O 模式,京东更侧重营销端、支付端的 O2O,是从根本上革新了传统零售门店的经营形态。这种新型的零售业态,与纯线上零售相比具有本地服务优势,与纯线下零售相比则具有一定的价格和流量的优势。对于便利店而言,通过京东的线上平台,产品种类得到了丰富,现有产品结构发生了改变。同时,交易模式也将得到改善,通过预售模式,达到零库存,按需生产。这种销售模式如果被消费者接受,增速将十分迅速。①

京东的便利店联盟策略,正是在日益激烈的 O2O 布局中抢先圈地。利用便利店优势,对抗阿里旗下的天猫、淘宝,在 IPO 前夕拿到更多筹码。

值得注意的是,京东也和零售业的主流 ERP 软件服务商 SAP、IBM、海鼎等签订了战略合作协议,以实现零售业 ERP 系统和京东平台的无缝对接,可支持京东电子会员卡和手机支付功能。同时,消费者也可选择此前推出的“京东白条”进行消费。

(2) 腾讯和京东的合作互利

2014 年 3 月 10 日,腾讯以 2.15 亿美元入股京东,实现结盟。腾讯将旗下大部分电商资源“整合”给京东,同时提供微信和手机 QQ 客户端的一级入口位置及其他主要平台的支持,使得京东在移动端口信心十足。根据市场对京东的估值不低于 200 亿美元,腾讯此次以其自有的电商业务、流量和 2.15 亿美元获得了京东价值约 30 亿美元的资产,以及未来董事会第二大股东(有可能是最大股东,因为第一大股东老虎基金的 22.1% 可能会被稀释)的身份。

分析来看,腾讯的电商如果没有这次跟京东合作的话,根本不可能作价卖出,它还要投巨资和巨量资源一直做下去,而且也未必就一定能成功。换句话说,如果这次腾讯和京东的交易不包括易迅、拍拍,对京东的意义也不会减低多少,而腾讯之后也必须处理掉这些电商业务。因此,易迅、拍拍只是交易的“搭头”,腾讯把流量以及战略地位换了京东价值 20 多亿美元的股份。

在腾讯与京东之前,已经有过一次类似的并购,即腾讯 2013 年入股搜狗。

---

① 彭琳,《京东与万家便利店达成 O2O 合作 为赴美 IPO 加大筹码》,《南方日报》,2014 年 3 月 20 日。

在这次交易中,腾讯把搜索和输入法业务注入搜狗,再加上注资换取搜狗36.5％的股份。这种"注资＋剥离＋持股"的结盟方式既剥离了自己不擅长的业务,还扶植了仆从军对付竞争对手,当时针对的是360。对腾讯来说,入股搜狗的方式代表了一种心态和战略的转变,从亲自拓展新业务殖民地变成扶植"卫星国",而且好处大概有三点,其一,此前腾讯一直以垄断被外界诟病,这种相对较开放的心态可以规避指责,多交朋友少树敌;其二,垂直领域交给独立团队运作,腾讯可以更专心地发展其核心的平台和资源业务,在挖护城河的同时避免犯错导致本土溃堤;其三,更易获得资本市场认可,有利于股价提升。大概感觉与搜狗合作的逻辑还算不错,搜狗之后,腾讯又以同样方式入股大众点评,直到此次入股京东,交易规模一次比一次大。

同时,交易完成后,京东的移动入口,将被腾讯控制,试想,没有这20％股权制造的信任,即便腾讯想给,京东也不太敢要。交易宣布后,腾讯股价没有上升,反而下跌,这并非市场不看好交易,而是因为交易提前被大肆宣扬,利好早已被释放干净。此前一个月,腾讯市值上升2 000多亿港币。至于其中是否有违规及内幕,则又是另外一个话题。

中国互联网发展到今天,战略地位越来越值钱,尤其是股权相连的战略地位。作为交易的另一方,京东为何如此慷慨,可以联想战国时期的质子政治,20％股权就是派往盟国或帝国首都的人质,换取腾讯与京东的血肉相连,这其实是一份价值30亿美元的盟约。结盟后,京东可以放心地享用腾讯的巨量资源,而腾讯则可以放心地把电商交给京东去做,扶植京东去打阿里,其实这次结盟本身,就是对阿里千亿美元市值野心的一次狙击。

8. 腾讯的国际化布局

腾讯总裁刘炽平在2013年的GMIC硅谷大会上表示,腾讯已在海外市场投入20亿美元,投资国外创新公司是腾讯国际化战略重要的一部分。

相比百度和阿里,腾讯在海外的投资更多集中在游戏领域。据统计,在技术底层、开发商、发行商、社区、周边工具等领域腾讯已经大大小小投资了20多家公司,相信其中有不少是2013年撒下的种子。

在移动社交领域,腾讯在海外已经低调地投资了多家创业公司。其中比较著名的当属大名鼎鼎的"阅后即焚"应用Snapchat。2013年,腾讯牵头了

Snapchat 的最新一轮融资，使得成立仅两年的 Snapchat 估值达到了 40 亿美元。另外，电商也是腾讯国际化投资的一部分。2013 年 6 月，Fab.com 宣布完成 D 轮 1.5 亿美元融资，其中腾讯公司参与投资。

9. 结尾：马化腾的忧患意识

腾讯 CEO 马化腾又上榜了，这回不是财富榜。据美国《财富》双月刊网站报道，达特茅斯塔克商学院的一位战略与领导学教授芬克斯坦根据股价、现金状况和市场份额等多项金融指标进行筛选，评出了五位年度最佳执行总裁，腾讯 CEO 马化腾名列第三。[①]

"我真正欣赏他的地方是，他从个人电脑业务起家。两年前，他决定腾讯公司应把重点放在移动业务上，还为移动应用领域创造了微信。目前在全球还没有可以跟它相媲美的业务。"芬克斯坦如此解释马化腾上榜的原因。

不仅仅是外界如此看重微信之于腾讯的意义，马化腾自己也不止一次地流露过"是微信在悬崖边上拯救了腾讯"。

2013 年是腾讯成立 15 周年，腾讯办了一场又酷又高大上的 WE 峰会。马化腾在峰会上的演讲题目叫《通向互联网未来的七个路标》，其后，他的演讲被媒体归纳为：腾讯不会再区分各种终端，要在各产品线上做到终端打通；腾讯要将一切搬上网，微信就是将线上和线下联系起来的工具；腾讯自己不会过多涉足线下的细分行业，更希望用互联网平台来架构传统行业；在架构上腾讯会试图成为随时变化并且在变化中前进的公司。

马化腾对移动互联网的判断，让很多创业公司一夜间立刻开始重视移动互联网，把未来的大部分精力挪到手机端。眼下如日中天的微信没有让马化腾感到高枕无忧。他正试图让腾讯在更多领域为未来布局：移动支付、涉足保险、互联网金融……

（三）阿里 2013 年的大领风骚

1. 相对完整的 SoLoMoCo 图景

2013 年绝对是阿里大领风骚的一年，在互联网金融这块大蛋糕上可谓着

---

① 詹丽华，《回望 2013 百度、阿里、腾讯这一年都折腾了啥》，《钱江晚报》，2013 年 12 月 21 日。

实抢到了不少的硬货。一系列活跃的抢夺并购下,新浪、来往、虾米赋予其社交基因;高德、美团、快的、丁丁、墨迹、淘淘搜补强其本地生活服务;天弘、众安进军互联网金融。凡此种种,阿里画了一张超级蓝图,无非是告诉市场:我们不只是一家电商公司,甚至我们不只是一家互联网公司。

对于阿里全资收购高德,控股新浪微博和 UC,行业有一种说法,将阿里的收购定义为一场资本的拼图。阿里是一个电商公司,但 IPO 关键期的阿里似乎不想让外界认为它只是一个电商公司。对这张庞大的投资网络,阿里的官方说法是更看重长期效果。这个说法十分巧妙,一方面,资本市场更喜欢听一个关于未来的大故事;另一方面,这也能转移对阿里深度整合投资的担忧。

所以,阿里巴巴目前的投资行动既是资本拼图,也是布局未来。对于迫在眉睫的 IPO 大计而言,这种拼图策略显然是极其成功的。但从业务整合和布局而言,这样繁杂的投资能否给阿里帝国带来真正的价值,目前还需要打一个问号。

一看 So(Social,社会化)。入股新浪微博让阿里获得了参与国内人气颇高、发展亦较为成熟的社会化媒体的机会,从而让阿里找到了火热的社会化媒体时代的切入点。

二看 Lo(Local,本地化)。入股高德让阿里获得了参与地图服务、位置服务的机会。这两类服务已经成为移动互联网最重要的两类基础服务,并成为搭建 O2O 的重要桥梁之一。

三看 Mo(Mobile,移动化)。阿里开发的云 OS 及云手机就是为移动化做铺垫。虽然从硬件上阿里实力并不强,但进军移动化早已是阿里内部的共识,因为这是大势所趋。

四看 Co(Commercial,商务化)。这是阿里巴巴集团的优势领域,不仅有阿里巴巴、天猫、淘宝及聚划算等,还有支付宝,这些使阿里成为大陆电商领域的"首霸"。

以上合起来就是阿里的 SoLoMoCo 梦想,这也是阿里试图打造的社会商业生态系统平台。真正做到四个方面都强的不多,阿里基本做到了。①

---

① 陈永东,《入股高德:阿里圆 SoLoMoCo 梦之后》,http://it.sohu.com/20130511/n375531594.shtml。

2. 菜鸟网络——一掷千金做物流打造中国商业基础设施

阿里不是从 2013 年才开始重视物流的,也不是从 2013 年才开始投资物流的,但 2013 年绝对是阿里对物流最大手笔的投资年。阿里物流终于揭开面纱,2013 年 5 月 16 日,阿里物流在深圳注册成立公司,名曰:菜鸟网络科技有限公司。法定代表人是马云。

这家公司经营许可项目包括:物联网软件研究、设计、开发与制作,物联网络技术开发与设计,并提供相关技术咨询与技术服务,投资管理、企业管理、投资咨询,经济信息咨询服务。

"菜鸟"一词由来也有意思,据说阿里内部原本计划取名"地鼠",因为要对应"天猫"——这家公司最大股东为浙江天猫技术有限公司,出资 21.5 亿元,占股 43%。或许,"地鼠"与"天猫"是食物链上下游的"零和博弈",倒不如诚恳些,用"菜鸟"这样足够雷的名字,演绎出低调的奢华以及谦逊。

"菜鸟"股东结构是:圆通、顺丰、中通、韵达、申通各出资 5 000 万元,各占股 1%,浙江银泰集团通过"北京国俊投资",投资 16 亿元,占股 32%;而富春集团则通过"富春物流"投资 5 亿元,占股 10%,上海复星集团则通过"上海星泓投资有限公司"投资 5 亿元,占股 10%。"菜鸟"其实是个高富帅,大公司的大手笔游戏。

阿里物流体系分两块:天网与地网。天网是由天猫牵头负责与各大物流快递公司对接的数据平台,地网则是"菜鸟",又称"中国智能物流骨干网(CSN)"。

马云之前曾经就 CSN 做过一番解释:快递只是把物流最后一公里解决,如何解决物流配送过程中的仓储配送? 中国整个物流基础设施依然很差,阿里巴巴建立的一套不是电子商务的基础设施,而是整个中国商业的基础设施。把信用机制建设起来,然后建立金融体系,再把这个新渠道直销体系建立起来。①

在菜鸟之外,阿里也在大手笔地进行投资,其中包括最近 28 亿人民币注

---

① 移动吐槽,《阿里物流,名叫"菜鸟"》,http://ebdeep.com/portal.php? mod＝view&aid＝1107。

资海尔日日顺和 7 500 万美金投资美国电商物流公司 ShopRunner。

阿里对物流的疯狂投资与电商的发展阶段有密切的关系。随着电商平台的继续发展,消费者越来越重视电商的服务质量,电子商务将逐渐由产品竞争过渡到服务制胜的阶段,而在这一方面,淘宝并不占有优势。无论淘宝或天猫在线上流量运营的能力再强大,物流都将成为制约其发展的重要因素。淘宝过去可以不重视物流,只提供商品就可以了,现在却已经不敢不重视了,所以我们预计未来几年阿里对物流的投入只会加大,而不会停止。

3. 控股中信 21 世纪——获得线上医药直销牌照的敲门砖

2014 年 1 月 23 日晚,停牌一周的综合信息及内容服务供应商中信 21 世纪公告称,已与阿里巴巴集团及云峰基金订立认购协议,阿里联合体拟以每股 0.3 港元的价格,认购中信 21 世纪配售的 44.23 亿股股份,占中信 21 世纪扩大后股本的 54.3%股权,合计成交额超过 13.27 亿港元。受此消息刺激,中信 21 世纪 1 月 24 日复牌后,股价猛涨 372.29%,至 3.92 港元。①

中信 21 世纪此前并不起眼的公司业务,在其宣布与阿里巴巴的"联姻"后,开始进入人们的视野。中信 21 世纪是一家以提供电信及信息增值服务、产品识别、鉴定、追踪系统、系统集成及软件开发为主业的公司,在港主板上市多年。从最近四份半年度财报来看,中信 21 世纪的盈利状况堪忧,该公司股价亦常年被压制于 1 港元以下。此次与阿里巴巴等交易中所签订的 0.3 港元每股的认购价,已较 2014 年 1 月 15 日(即复牌前一个交易日)收盘价折让约 63.86%。此项交易完成后,阿里巴巴集团将持有中信 21 世纪 38.1%股权,云锋基金②持股 16.2%。中信 21 世纪第一大股东中信集团的持股比例将由 21.73%降至 9.92%,第二大股东陈晓颖③的持股量则将由 21.11%减至 9.64%。

中信 21 世纪的主营业务之一是电子监管网/PIATS。所谓 PIATS 业务

---

① 庄春晖,《阿里布局医药电商 拟入主中信 21 世纪》,《东方早报》,2014 年 1 月 27 日。

② 云锋基金成立于 2010 年 1 月,以阿里巴巴创始人马云、聚众传媒创始人虞锋的名字命名。除此两人,联合发起人还包括巨人网络董事长史玉柱、新希望集团董事长刘永好、银泰投资董事长沈国军等十余人。

③ 中信 21 世纪执行副主席,2000 年 5 月加入该公司。除了在中信 21 世纪的任职,她还担任江胜集团执行主席,这家公司是 1989 年成立的私人投资公司,在中国投资发电厂、电信及物业开发。

主要是指在中国销售的产品提供鉴定及产品追踪和物流信息化服务，进而提供防伪冒的强化服务、转运信息服务、市场研究、推广服务、客户服务、物流管理及其他增值服务，以及向中国相关部门提供产品追溯召回和执法联动信息服务。据悉，电子监管网/PIATS 已在全国被广泛应用到药品、食品饮料、农资、家电等各类产品上。此次阿里联合体入股后，除了继续中信 21 世纪的现有业务，还计划结合阿里集团的云计算、数据处理及电商平台等，进一步发展中信 21 世纪公司中国药品数据平台，以及在医疗和卫生保健产品上制订数据标准。未来阿里可能向中信 21 世纪注入补充业务，或有其他形式合作。

从此次阿里入股中信 21 世纪后的业务布局来看，这次入股主要是为获得互联网销售药物牌照，更深程度上切入线上的医疗健康领域。早在 2011 年 6 月，阿里旗下的 B2C 商城就已携手上海复美大药房、北京金象大药房、杭州九洲大药房等，推出淘宝商城医药馆，借后者的《互联网药品交易服务资格证》进入线上医药健康领域。不过直到现在，国内还没有一家互联网企业拿到医药直销牌照。可以说，入股中信 21 世纪，为阿里获得直销牌照获取了最直接的机会。

此外，中信 21 世纪的 PIATS 业务，掌握中国内地药物交易的重要数据，不排除阿里借此与相关医疗机构、行政管理部门合作，推进以电子病历、居民健康档案为基础的区域医疗信息系统、医疗 IT 化项目的落地。中信 21 世纪的 PIATS 业务，已在 2013 年底迁移到阿里的阿里云平台上，而此次收购可令两者整合。而中信 21 世纪旗下的提供电信/信息增值服务的"鸿联九五"业务，以及其与中国海关、中国电信合资建立的、从事电子报关等服务的子公司"东方口岸"，也可能在未来与阿里巴巴集团业务发生协同效应。

4. 阿里赴美上市

2014 年 3 月 16 日，阿里巴巴正式宣布启动赴美上市计划。官方文件说：阿里巴巴今天决定启动在美国的上市事宜，以使公司更加透明、国际化，进一步实现阿里巴巴的长期愿景和理想。这是阿里近年来发出的上市最强音，并言明在美国启动上市计划。[①]

---

① IT 八卦女，《阿里赴美上市带来的三点变化》，http://www.21cbr.com/html/topics/201403/16-17689.html。

（1）资本市场的盛宴

阿里巴巴 IPO 的融资额高达 150 亿美元，估值将超过 1 000 亿美元。这笔大单被视为自 2012 年 5 月 Facebook IPO 融资 160 亿美元之后，又一"航母"级别融资项目。资本市场人士判断，阿里巴巴集团的估值极有可能超过前者，而跻身标准普尔 500 的前 40。

投行对阿里的追捧到了疯狂的地步。几乎所有投行都在竞争阿里巴巴 IPO 项目，争抢尤为激烈，一旦拿下，将直接影响到该投行的年度业绩和奖金分红。值得玩味的是，阿里巴巴同时表示：未来条件允许，我们将积极参与回归国内资本市场，与国内投资者共同分享公司的成长。感谢香港各界人士对阿里巴巴的关心和支持。我们尊重香港现时的相关政策和出发点，并将会一如既往地关注和支持香港的创新与发展。

悬而未决，这似乎向资本市场暗示，阿里巴巴未来也有可能回到 A 股市场，或者香港市场。因为阿里巴巴的主要业务都集中在国内，实际上选择国内资本市场未尝不是一个好的选择。无论如何，阿里上市刺激了久违的资本市场，这场盛宴带来的狂欢很长时间不会再有。

（2）为阿里全球投资做准备

上市无非主要三种考量，上市融资、品牌影响力、稳定的筹资通道。对于阿里来说，品牌溢价并不是最重要的。十多年来，阿里巴巴已经在全球奠定了影响力，业务也扩张到了海外，品牌价值不必多说。那么，对于阿里，显然融资和筹资通道是为其未来做战略动作最大的考量。

2014 年以来，阿里巴巴为了围绕"云端"布局，在资本市场的动作不断，1.7 亿美元投资中信 21 世纪，11 亿美元并购高德，62 亿港元入股文化中国，数千万美元投资佰程旅行网，继续增持新浪微博……可以说，阿里巴巴通过投资并购的手段不断延伸自己的产业链，不断完善自己的布局。

因此，可以肯定的是，阿里巴巴上市后势必进行一系列的资本投资。特别是在移动互联网时代，跑马圈地是 BAT 的共识，而资本驱动是其扩张的利器。阿里不缺现金，融资上市后，大笔的现金最先可能是在全球范围内寻求合适的标的投资。

5. 收购金融数据服务垄断企业恒生集团：获取大数据资源

2014 年 3 月 16 日，在阿里巴巴公告启动在美国上市融资计划的同一天，与阿里巴巴集团同在杭州城的恒生电子，收到控股股东杭州恒生电子集团有限公司的书面通知，称恒生集团公司将筹划重大战略事宜，恒生电子从 3 月 17 日开始停牌，支付宝将收购恒生电子的母公司恒生集团。[①] 4 月 2 日夜间，恒生电子发布股权变动公告称，公司控股股东恒生集团的 17 名自然人股东与浙江融信网络技术有限公司于 2014 年 4 月 1 日签署了《股权购买协议》，浙江融信以现金方式受让恒生集团 100％的股份。本次交易完成后，马云将通过其对浙江融信 99.136 5％持股，合计交易总金额约为 32.99 亿元人民币成为恒生电子的实际控制人。

恒生集团旗下的恒生电子总部设在杭州，在全国 28 个主要城市设有分公司或办事处，主营业务金融 IT 产品与服务，涵盖银行、证券、基金、信托、保险、期货等金融市场的各个领域，是国内唯一一家能够提供全面解决方案的"全牌照"IT 服务公司，在基金、证券、保险、信托资管领域核心市场占有率分别达到 93％、75％、85％、42％，在证券账户系统、证券柜台系统、银行理财业务平台、信托核心业务平台、期货核心系统的市场占有率分别达到 57％、43％、85％、41％、42％，恒生系统还中标了上海清算所综合业务系统，承建的系统可谓金融软件的"航空母舰"。恒生 IT 金融系统几乎协助各大金融机构掌握和管理其重要商业数据，堪称金融数据服务细分行业产业链内的垄断企业。

绝大多数金融机构不但使用恒生的交易系统，还使用资金清算系统、CRM 客户管理系统、客户交易系统、量化交易系统、组合配置系统、交易清算系统、风险控制系统等，恒生系统几乎占据了金融产业链的各个环节。如果恒生电子将这些数据放到一起，可以看到很多金融机构客户的交易记录，据此分析客户的交易行为，就是现在时下流行的"大数据"。

阿里是一家比较讲究战略和策略的公司，用所谓同心圆战略来组织业务线，不断扩大其业务版图。马云深刻地理解未来时代是数据的竞争，在支付宝线下条码（二维码）支付、虚拟信用卡等业务模式被央行叫停后，马云相中金融机构 IT 系统的"后门"恒生集团及恒生电子不可谓眼光不毒辣。

---

① 方军，《支付宝，怎么扛？》，http://www.xici.net/d200910757.htm。

6. 阿里的O2O战略①

O2O这个大词,国内能够干这事的公司,目前首推阿里、腾讯。整个行业非常兴奋,这次是一场真正革命的到来。

(1) 从战略四步走看O2O②

战略是对所有规划及未来所做事情的思考,有非常多的借鉴。战略分为四个步骤:

第一步是终局。终局错了所有都会错,因为方向会错。之所以阿里巴巴发展成这样一个大公司,因为十三四年前马云便提出未来电子商务会改变世界的方方面面。虽然那个时候这句话是比尔·盖茨说的,但正是因为十四年前对终局的思考,才有今天阿里巴巴的转身。

第二步是布局。为了终局我们到底要做哪几件事情? 布局的一个案例:阿里把高德地图收购了,是因为地图是整个O2O产业中最基础、最核心的一个板块。高德地图以往有吃喝玩乐的很多信息,但是对于O2O最核心的品牌商领域,比如说大家看到的GXG、ZARA等很多线下品牌,以往地图上没有呈现。随着阿里O2O战略的进展,2014年所有上百万级的品牌商店铺都会到线上来,尔后包括营销在内的所有策略都会基于地图,高德地图整个价值会翻好几倍,所以说阿里全线收购了高德地图。未来O2O战略中,每一个跟O2O核心价值相关的产业,都会成为一个非常重要的投资热点。收购高德地图讲的是布局。

第三步是定位。到底消费者如何认知我们的平台和我们的战略。阿里很核心的地方是:所有消费者和商家把阿里视为以商务和电子商务为核心的平台,这是阿里的定位。未来阿里会帮助所有企业解决商务的问题。阿里策略已经从电子商务变成商务电子化。

第四步是策略。实现所有事情要走的路线,分别是什么样子、方法和步骤,这是阿里在内部制作所有产品时的思考方式。

---

① 本部分来自阿里集团O2O品牌负责人于2014年2月19日在中信证券"互联网O2O"专题研讨会上的演讲。

② 虎嗅,《阿里巴巴怎么看O2O对商业生态的破局与重构?》,http://www.huxiu.com/article/28428/1.html。

在整个思考中，O2O是未来3至5年内行业非常关键的策略。但O2O并不是整个产业的终局，O2O乃至整个电子商务产业的未来来自商业的终局。如果想透彻后，未来终局是C2B。从最早的C2C到B2C、O2O，再到C2B，O2O是其中非常重要的环节。

整个淘宝目前有1.2万亿的市场，但是在B2B产业背后，有一个3万亿的供应链市场。整个电子商务对行业的发展不仅仅是对渠道，背后最核心的是对于整个商业链条的颠覆，是第三次工业革命价值的诞生。

举一个例子来说明，所有产业怎么发展的，为什么C2B会是核心？2013年"双十一"的时候，有一家公司叫茵曼，他们做了一件事情："双十一"选择了500款衣服没有生产，只是做了样衣和价格，然后把衣服扔给所有消费者让他们做选择。于是消费者根据自己的习惯和喜好从500款中选择了150款，而且每一款消费者都根据数量付了订金。之后这家公司再把订单下到自己的制造工厂，工厂再把制造订单下到原料厂商、布料商、拉链商等。整个产业从消费者订单到品牌商、从品牌商到原料商、从原料商到所有产销环节，用数据打通了所有产业链，这样的效率彻底改变了以往的生产状态。

(2) 从电子商务到商务的电子化

中国5％市场在电子商务端，而95％市场是没有被电子商务化的。在2013年"双十一"之前阿里集团形成了一个非常重要的概念，这个概念在未来将逐渐形成产业端的认识，称之为从电子商务到商务的电子化。既然有95％的商业依然在线下、依然没有电子化、没有电子商务化，一定是因为某些场景和某些环节无法形成一个商业的闭环。反过来去思考，为什么一定要形成闭环？目前在互联网上有很多文章在传，比如说如何用互联网思维去改造某某，如何用互联网思维、用数据化的方式，去改变以往传统产业。所以2014年是整个中国的O2O的元年，因为2013年"双十一"启动了这样一个项目后，阿里巴巴把自己的战略重点从电子商务变成商务电子化。

大家所看到每一家线下店铺，在今天看起来依然是一个没有上网的PC。在O2O实现后，未来每一个线下店面以及导购员会成为一个互联网端的PC，这其中的差距会非常大。所有互联网思维以及O2O运行过程中，1％看似很小的差别起着至关重要的作用，因为未来的消费者已经发生非常重要的转变。

（3）什么在变与不变

首先不变的是所有东西都在变化,但其实有些东西根本就没变。如果不知道什么不变,所有的变化都是乱变化,所有的变化都是没有章法的变化。不变的东西是什么? 以及在未来越来越重要的东西是什么? C2B 模式也是一模一样,所有环节都指向一个中心——产品为核心。

在互联网端,随着 O2O 进展得越来越顺利,随着未来 C2B 时代到来,从消费者订单一直到整个产业链转变,这个背后提升的效率,以及对于库存压力的解放,都是基于未来的产品是适应未来的消费者的,这是所有不变的地方。目前渠道的价值变得越来越小,而整个以产品为核心变得越来越重要,这就是为什么雷军在做小米手机的时候,几乎所有的消费和所有的营销端都在电子商务端做,而把 80%精力放在产品端,让商业回归其本质的地方,使产品和服务成为所有竞争最核心的要素,这是永远不会变的。所以大家看到未来电子商务中,尤其在淘品牌中发展很快,是因为他们适应了未来消费者的发展。

第二,有一个东西一定会变,而且变化的速度超出我们的想象,就是移动商务的到来。腾讯支付和支付宝支付打得这么凶,哪家赢哪家输? 百事可乐和可口可乐打架哪家赢哪家输? 其实都不会输,因为有另外一个竞争对手进来,整个行业会被加速发展,两家打架的时候可以称作竞争伙伴。两家在竞争,但两家是伙伴,原因是两家会快速普及移动支付,而移动支付会去取代或者是很大程度地去取代线下银行的 POS 系统,这才是真正要命的地方。不会完全取代,但是基本会取代所有线下银行支付系统。

移动端 2014 年基本上所有的流量和销量就会超过 PC 端,而且发展速度会越来越快。在移动端,阿里布局会非常非常快,2014 年整个阿里巴巴战略布局有三个: 第一移动商务、第二 O2O 发展,因为 O2O 是整个移动电商中最核心环节,第三是国际化发展。

第三是变异。当某个地方发生变化,背后变化的根本是什么? 这就是可能的变异,所有变化的核心所在。很多人讲 O2O 非常局限于线下到线下或者线上到线下,其实 O2O 概念根本不是两个简单线下、线上的概念,更合适的概念是 O&O。O2O 的场景中,Online 和 Offline 只是两条平行线。而打通的核心,第一个地方是 SNS,社交化媒体传播。为什么大家看到"来往"发展那么快、"微信"发展那么快;第二个是 LBS;第三个地方是手机端,未来会推出阿里云手机。因为在全中国信息安全会成为越来越重要的话题,信息安全核心场景在手机端。手机端有自己信息安全系统或者原创系统的,除了苹果 iOS 系统、安卓系统之外,中国只有一家。其实大家会发现,我们在这个背后有很多布局。"SO"方面阿里收购了微博和陌陌等频道、"LO"收购了高德、"MO"阿里进行了手机端的整个布局及背后的云数据。上面提到的这三个场景,是所有 O2O 企业非常关注的、非常重要的地方。

与此相对,为人、货、场三者的结合,以及所有为三者提供的解决方案,因为这三者会被重构和重新组织。

(4) 人、货、场,三者的重构

"人"的地方指的是阿里将向以消费者为核心的体系转变。一方面会员体系将全渠道打通;另外未来的营销将向精准营销和社会化营销转变。未来的营销在 O2O 的场景里面,跟现在的电子商务是完全不一样。诸如淘宝、京东等频道的行销模式有三种,第一种直通车、第二种站长、第三种是内部活动或者双十一大促活动分配。这样的营销模式在整个产业布局和业态中相当于什么呢?相当于长江水源的支流,河流的方式灌溉到哪里哪里就繁荣,没有被灌溉的地方基本上不可能成长很大,所以这样的模式会促进原始社会部落的经济。而未来无线端由于是去中心化,它像下雨一样恩泽天下,所有地方无论是否有水源都可能会得到新的流量,所以说所有流量会重新分配。在 O2O 的场景里面,所有的营销是以地理位置为核心的。

举个例子：ZARA 店铺营销的客户群,是在这个店周边十公里地方的人群。所以未来营销是基于社区化、区域化的营销服务。因此说未来会有很多新公司和新产业是做区域化营销为基础的,会成为行业里面越来越重要的公司。再就是个性化服务和精准服务。因为有了大数据,线下所有门店会有新会员服务系统,C2B 模式会越来越清晰,预售在为消费者选择提供更多可能性。所以未来商业里面会出现极端两极分化,第一种是满足大部分消费者需求,这样品牌会越来越多,但是利润会很薄,就像现在看到的一些常规的衣服,比如 T 恤衫一类的东西。另外非常个性化的产品越来越多,因为它满足了个性化的需求。

第二个是货,货最核心第一个链条称之为货品电子化,二维码是一个十分关键的环节;第二个链条是基于商业闭环;第三个链条是在产品打通之后商家的收藏,断色断码会有新的解决方案。

最后是场,场指的是流。第一种资金流;第二种是数据流,讲的更加精准叫做工作流。整个线下管理和店面的管理工作流会因为 O2O 的存在被彻底革命和颠覆;第三种是物流,整个物流体系由于"菜鸟体系"嵌入以及整个 O2O和物流分仓发展,都会发生很多革命性变化。

(5) O2O 成长中的关键在于利益重新分配

人、货、场的变化,是整个 O2O 中变异系数非常大,而且谁在这个地方做好,谁就拥有 O2O 核心基因。

既然 O2O 这么美好,O2O 的话题在行业里面已经热了几年,但是为什么好像行业里面没有几家公司可以说自己真的做得很好? 除了行业的移动电商还没有发展成熟之外,另外一个非常重要的原因是整个行业里面的利润体系重新分配,这才是整个 O2O 成长中最麻烦和最关键的事情。

重新划分整个品牌的利润体系是 O2O 发展的前提和核心。举个例子:鄂尔多斯公司是做羊绒的。这家公司做了一件事情,该公司电子商务频道非常有趣和好玩。这家公司的电商部门跟其他电商不一样:第一没有货,第二也不管发货。这个公司的电商做什么呢? 有一天在聚划算包了个品牌团、给了它 30 个坑位,它再把每个坑位给到不同地方,把流量分配给线下一级品牌商帮助线下渠道卖货。当他们反过来不卖货只帮线下卖货的时候,所有线下的公司开始对电商有了新的认识,而且都对这个公司老总非常客气,原因是它帮谁卖货谁的业绩就会达成。这样的方式一下子解决了所有的利益冲突。另外它也不发货,原因是谁卖出货谁自己发,把消费者数据给你就完了。这个代表什么呢?

以往传统的电子商务由于解决不了线上线下冲突,所以在未来 O2O 发展中会受限。O2O 商业模型中电子商务部门的职能在发生革命性变化。很多公司最早的电商部门是一个新渠道的销售部门,而在 O2O 的场景中电子商务部门会成为整个公司的一个战略性的部门,将统领全国数据、产品、服务乃至统领所有以后的整个供应链。这背后所代表的是整个电商在整个中国的经济体制中的地位发生革命性的变化。鄂尔多斯的例子中，看似简单的配货完成了几个重要的事情：第一个是电子商务，这个公司 O2O 的部门拥有一个虚拟的仓、虚拟的产品库，实际没有货但是把全国分销商的库存数据集成在 O2O 这个部门，所以才能做全国货品调配。第二个是全国库存及时的增减都在这个部门做。第三是全国的渠道利益分配机制也通过它来做。第四是所有线下货卖出去以后的服务体系也由这个部门来做。所以这个部门的未来，它的协调功能和战略价值会越来越重要。所以说 O2O 要解决的核心问题是利益冲突的问题。

另一个非常重要的事情是宝岛眼镜里面的变化。O2O 场景里面不只是简单线上线下产品打通，而是体现在 O2O 行业发展中三个重要方面：第一个支付环节走得很快；第二个社区化服务，比如看电影、KTV 团购走得非常快；第三个是品牌商，品牌商有一部分商家本身就在做 O2O 做的事情。比如说宝岛眼镜，以往线上买了产品，线下需要去验光、取镜、做专业咨询，把线上购买环节做完之后，再到线下去服务。宝岛眼镜进行了改进：所有线下购买的人，咨询是不需要到店面去的，因为它的电商部门每天请了两个专业的眼科医生在线上坐诊，线下所有营销产品的服务在线上去解决。所以不仅是商品端，服务端也有很多事情可以做。

(6) 阿里 O2O：千军万码

"千军万码"，指的是什么意思呢？阿里 O2O 的计划中，2014 年会实现几个重要目标。

第一个是将有近 5 000 家品牌商进入到整个阿里 O2O 战略范围中，而且基本已经都在达成协议。所有线下有 10 亿元以上销售额、100 家以上门店的公司，都在考虑范围之内，因为这些公司所有线下店面改造都是阿里 O2O 战略的核心所在。千军背后有一个非常重要的东西，百万级线下店铺会到高德地图来。大家以后到线下购物会养成一个习惯，到线上查一查地图，看看能不能领到优惠券，未来消费者会先到线上再到线下。

第二个是万码，指的是二维码计划。二维码是手机打通虚拟世界和实际世界关键时刻和节点的工具。所以说二维码背后会成为一个非常大的产业。未来所有场景里面都会有二维码的实现，它的背后会有非常多功能，品牌、店铺、导购员、会员、支付都有二维码身影。特别强调一下分账二维码，就好像淘宝客一样，未来所有人都可以做成自己的淘宝客。举个例子：如果会议资料印上了二维码，如果有人关注任何会员，印刷这个产品的人会得到分成。未来这个市场会非常大，而且二维码会成为未来所有商业非常重要的环节和基础。未来百万级的店铺，乃至所有传统媒体都会因为有分账二维码的呈现，出现完全不一样的商业模式。这会改变所有传统媒体行业。

第三个是在支付环节。支付系统在未来商业格局很重要：一、费率非常低，银行费率基本在1％—2％，支付宝非常低接近5‰。二、支付宝手机钱包支付，背后有数据交换，数据价值越来越强。三、我们去任何地方手机一定会带在身上，但是钱包和现金不一定会带。未来随着余额宝规模越来越大，大家以后的钱基本在手机端。另外一个说法是现在微信发展非常快，阿里和腾讯两家一起来快速把移动支付整体推动起来，而各个产业会在移动支付解决的基础上发生重要的变化。比如说医院、大学、公路网、地铁、超市，未来都会发生革命性的变化。阿里系在未来O2O产业场景中，会跟越来越多传统产业发生深入的交流和改变。

另外是一个产品，这个产品叫做"导购宝"。在整个产业闭环中最关键三个环节：第一个地方是流量和营销。第二个地方是优惠券，所有人去线下都会取优惠券，这个平台已经产生已经做好；第三个地方通过二维码的方式以及相应产品做支付。看"导购宝"这个产品，内部是导购员的导购系统，这个导购系统非常重要。O2O中重要单元是线下店铺，线下店铺里最核心人物，导购员以往做不了什么事情，只能在客户到来和离开这个时间发生简单作用。未来导购宝会非常强大，把线下导购员变成一个真正智能的人，因为有数据的交换。把线下店铺变成一个智能店铺，这个背后导购员导购系统可以做几件事情：支付环节可以解决、消费者互动可以解决、商品打通可以解决、营销可以解决、还有流量，还有所有的社交都可以在这个地方解决。例如，当消费者自己选择完商品后，会生成订单放到购物车，生成订单之后会生成一个动态的二维码，这个动态二维码都是导购员操作的，完成到这一步消费者只要拿出手机，扫导购员手机上的或者pad上的二维码，就可以把产品整体放入自己的购物车，直接付款。所以用这样一个智能终端可以解决未来非常非常多的问题，它的作用也会非常强。

一旦打通商品体系，就可以解决现在线下几个非常核心问题。第一，线下到哪里开店。线下公司不一定那么准确，但是阿里知道，哪个地方人群、销售率是最高的，阿里有所有的地图和所有会员的数据，会指导所有品牌商把店铺开到什么地方最好。第二，店铺备货。这个店铺是鞋店，到底备多少双、备什么颜色、每一个颜色码数备多少双，这样数据线下没有但是线上有。阿里知道深圳所有人脚多大，所以这样的方式我们会指导线下备货，备货之后线下断数、断码阿里也会知道。

还有一个利益分配机制非常难但是非常关键，任何一个场景都会有至少六方利益分配需要考虑。六方包括商家、平台、店面、导购员、商场和第三方，都是导购系统要解决的。O2O非常的困难，电商向来发展最快，而传统商场和品牌又是最传统、水最深的，两者结合起来本身就是整个中国到目前为止产业经济中最复杂的一次交集，一定会产生中国软件行业的一次革命，也会使中国所有的管理咨询，乃至资金投资企业，有一次新的增长起点。

关于O2O闭环，未来我们购物的时候，大家可以直接跟你的店铺联系，而不是到了店面才可以。比如说今天深圳降温了，大家想买一件衣服。在以往的时间点你没法知道周边哪个地方有ZARA的店，而从手机端可以查到原来两公里地方有一家ZARA的店，大家现在就可以跟他的导购员进行沟通，两公里之外你把你的身高、买什么东西告诉她。这样的服务和沟通会越来越好，很多产业方式会产生变化。

（7）四通八达

阿里巴巴O2O实现的效果称为"四通八达"：

四通指所有O2O场景中，必须打通以上四个重要环节。第一个环节是流量打通。流量打通背后体现地图的价值，区域化营销非常大。第二个环节是会员体系打通。钱包里面有十张二十张各种各样的会员卡，这是很不方便的事情。未来所有会员卡都会装到手机淘宝端，电子会员卡会成为一个真正的潮流。第三个环节是支付体系打通。线上支付宝会铺设到所有可以看到的线下店面里面去。方式有非常多，声波支付、二维码支付、前面讲到的导购员手机上系统支付，乃至未来战略合作支付都会做。第四个环节是商品打通。一旦打通形成一个完整的产业闭环,包括物流体系、分仓体系、二维码。

八达指的是:八个重要业务场景里面所有背后的解决方案。阿里已经跟中国比较大的企业做了非常多战略合作,比如说海尔、日日顺等。八个场景里面代表的地方有接近95种不同行业的,或者是不同组织结构解决方案。阿里跟所有战略合作伙伴做沟通和合作的时候,每一家都会出一个针对性解决方案。例如,三家解决方案,一家海尔、一家格力、一家 TCL,做起来发现三家看起来是家电,但是完全不一样,因为组织、产品、分销、利润体系不一样。所以这个给产业带来巨大机会,是因为背后具有个性化的产业解决方案。

7. 互联网金融巨头的未来发展隐忧

得益于大型的电商平台,不管是从产业链布局,还是从业务规模来说阿里在金融领域都是三家中最为强势的。阿里金融2013年最大的动作莫过于先与天弘基金合作推出震惊市场的余额宝,后又出资11.8亿元成为持股天弘基金51%的绝对控股人。对天弘基金的控股不仅标志着阿里金融已经开始向纵深拓展,将触角伸向了传统金融领域,而且基金的高杠杆比率使得阿里金融的未来想象空间巨大。不过与此同时,百度也与华夏基金合作推出以8%的收益率上线的理财产品,腾讯金融也蠢蠢欲动,互联网金融竞争格局十分激烈。

阿里如日中天,但一方面由于电商本身的竞争正在逐渐由产品层面过渡到服务层面,这并不是阿里的优势;另一方面移动互联网正在挑战着阿里在PC时代建立起来的以流量分发为核心的商业模式。所以,阿里在移动端广撒网花钱买“船票”。阿里在移动互联网的各个环节进行疯狂卡位,其在2013年通过投资或者并购收之麾下的公司包括社交应用陌陌、新浪微博;O2O基础应用高德地图、打车应用快的;工具类应用 UC、酷盘;移动平台服务商友盟等。

在这些疯狂的投资背后透露的是阿里对移动未来的不确定性。表面上看,阿里已经围绕淘宝建立了丰富的生态体系,看似护城河很深,但随着京东、腾讯微信的崛起,淘宝压力大增。淘宝名义上是一个电商平台,实质上则是一个流量运营商,通过广告获取收益。移动端的流量超越 PC 已经是大势所趋,但是移动端的广告价值如何体现目前却并没有明确的模式。所以对于阿里来说始终面临两方面的挑战:一方面是在移动端上如何能继续获取大量的购物流量,另一方面则是移动端的流量如何变现。

阿里通过这些投资或并购在自身移动互联网产业链周边配置了足够的火力，但目前其最大的问题就是缺乏一个如微信一般核心的载体。虽然其手下有拥有 4 亿装机量的淘宝和 1 亿装机量的支付宝，但在微信的冲击下基础却并没有那么牢固，而且从新浪微博和高德的业务发展来看，其与阿里业务的整合也并非那么容易。

（四）腾讯阿里互联网金融争战博弈剖析

中国互联网巨头一直有 BAT 和 TABLE 之说，分别指百度、阿里巴巴、腾讯；以及腾讯、阿里巴巴、百度、雷军系、周鸿祎系公司，总之过去五大巨头各有特色，各占山头。然而，从 2013 年开始的大并购时代，让几家巨头的业务矩阵和山头开始发生猛烈的变化。

腾讯与阿里系公司，从移动支付到 O2O 到电商到社交的全线开战，更打得水响震天。微信的爆发性增长，更带动了腾讯快速扩张生态系统，形成了互联网巨头中的新格局。市场争战越来越变成了腾讯与阿里的双城记。

阿里与腾讯，两家公司风格迥异，都有自己的企业基因与路径依赖。阿里是一家战略主导、运营为先、先发制人、求颠覆的公司；腾讯的战略并不如阿里清晰，重产品，讲究学以致用，后发优势，它的经营哲学是实用主义。从博弈的角度来看，二者各有千秋：

首先从核心资产方面来看，阿里的优势是数据，而腾讯则在于用户。阿里诞生之初，一句"让天下没有难做的生意"这句话，有些理想主义色彩，不过，从阿里这么多年的发展来看，它的战略始终没有出现过太大的偏移。也没有跳出这句话，那就是，做商业基础，商业世界的"水、电、煤"。

阿里从最早的信息流切入，做电商平台，随即切入流量分配（阿里巴巴、淘宝联盟）与支付（支付宝），接着切入到物流（譬如菜鸟）、云计算（阿里云），它始终都是围绕商业基础服务开展业务。阿里的生意，是以淘宝、天猫、1688 等庞大交易作为动力牵引，进入各个商业基础服务，也就是所谓"水、电、煤"。数据，尤其是交易数据，是阿里的核心资产。

腾讯公司，它的战略演进，或者业务演进，都是在发展中学来的。腾讯的战略很难厘清，无论是游戏，还是媒体业务，以及电商、视频、搜索，腾讯都是后知后觉地后发切入。

腾讯在 PC 时代，凭借 QQ 社交关系链，与弹窗绑定，一路厮杀，神佛不顾，在游戏、门户、浏览器、输入法等业务上，几乎无往不利。腾讯在学习竞争对手的同时，也做了无数的微创新。一句话，腾讯成功，不是靠抄袭，而是靠产品与社交利器。腾讯的核心资产，是用户，产生交互并且锁定在腾讯平台难以脱离它的用户。

阿里的核心资产，是数据，交易数据，腾讯的核心资产是用户，产生交互的用户。这也让两家公司在商业模式上有着不同理解：阿里是围绕商家来赚钱，腾讯是围绕用户来赚钱，前者是地租，后者是人流。

其次，在战略上，阿里目前优于腾讯，在战术上则是腾讯暂时领先阿里。阿里与腾讯两家公司的竞争，在战略层面，阿里优于腾讯，不过具体战术而言，因为微信的优势，让腾讯获得暂时领先。

为什么说阿里战略上领先腾讯呢？一个原因，云计算与大数据。马云在他的内部邮件中说，现在是 IT 向 DT(Data Technology)的时代，云计算方面，阿里云已经遥遥领先腾讯腾云，即便是腾讯腾云能够迎头赶上阿里云，但云背后，乃至数据，却是有层级关系的。离交易、离钱越近的数据，越值钱。

老话说"听其言，观其行"，真正反映个人偏好的，是实际行动。腾讯、百度、阿里，乃至其他互联网服务都产生大量的数据，但这些数据含金量却是有排序的。序列排名是腾讯与新浪微博，次于百度的搜索数据，百度的数据又不如阿里的交易数据——腾讯与微博的数据是反映个人行为，一定的偏好，而搜索，起码意味着至少了解你才会搜索，这是个人偏好的进一步明确，至于淘宝下单购买，这是最明确的偏好表现了。从两个平台产生的数据来说，阿里的数据含金量远超于腾讯平台，未来可挖掘、可拓展的价值空间更大。

从 IT 迈向 DT，不仅是技术升级，更重要的是，中国互联网公司的去互联网化——套用百度李彦宏的话，互联网在加速淘汰传统产业，因此百度确定了中间页投资策略。阿里与腾讯也在积极去互联网化：阿里的去互联网化，表现是菜鸟网络、投资日日顺物流，还有余额宝、支付宝钱包；腾讯的去互联网化，则是微信支付，投资大众点评。

去互联网化，马化腾将之称为"链接一切"。阿里与腾讯在"链接一切"中暗战，最明显的案例，是支付宝钱包与财付通微信版支付的较量，另外一个案例，则是鲜为人知的物流暗战，阿里投资海尔日日顺物流，腾讯则入股华南城。

阿里牵头做了菜鸟物流，全国各地都拿下不少地，其实，腾讯也拿下不少的地，仅次于阿里。不过，两者的较量却不是在一个量级上，阿里菜鸟优势太明显，最核心的便是，阿里有淘宝、天猫2013年15 000亿交易额作为火车头牵引，更有十年来累计起来的交易数据。至于腾讯入股京东，其实很大的一个原因就是试图通过京东交易额来拉动。菜鸟物流的野心是打造一个基于电商的、覆盖全国的物流网络，是对现有物流体系的革新与升级，但腾讯电商与淘宝、天猫差距太远，长路漫漫，非朝夕之功。

当然，在具体战术上，腾讯微信还是有极大优势的。所以，微信支付的抢钱包春节期间风头能够盖过支付宝钱包的红包，所以，2014年3月8日，手机淘宝要号称请北上广深等十大城市的消费者吃喝玩乐，因为移动电商刚刚兴起，微信是高频应用，发展很快，阿里需要抗争。电商是阿里战略的一块基石，PC的电商格局已定，移动电商还在发展，没有交易拉动，成为商业基础服务商便失去强劲动力。

三是两家公司具有战术迥异的投资策略战术。阿里是基于数据获取，投资基础服务，腾讯的投资，更多的是业务互补，短板拉长。

阿里投资策略，一方面是基于数据获取，投资基础服务，另一方面则是组建业务联盟。阿里投资最具代表性的两个案例，一个是友盟，一个则是高德，友盟是基于移动数据的需求，而高德，则因为地图与数据，是移动电商的一个必须基石。所谓业务联盟，则是基于流量入口—交易购买—社交分享，三步的联盟组建，新浪微博便是如此，还有传说中的360。

具体到实际的竞争中，阿里的投资也有诸多牵制腾讯的因素。譬如陌陌、虾米音乐，陌陌是社交，虾米是娱乐，都是腾讯的业务核心。陌陌的主要收入来自游戏，虽然难以颠覆腾讯却也能敲山震虎。

腾讯的投资策略，是业务互补，短板拉长。典型代表是大众点评与搜狗。投资点评，是因为自身业务难以在未来竞争中胜出，F团、高朋、微生活在O2O领域中式微，投资搜狗也一样，搜搜做不好搜索，倒不如求诸于人。

腾讯其实是在做减法。投资搜狗，放弃搜索，投资京东，放弃电商。当然，这种减法，也是某种加法，以入口与用户锁定业务，将具体业务承包给自己投资的公司。

马化腾在用实际行动践行马云邮件里那句话："只有知道自己有什么，要什么，该放弃什么，我们才不会迷茫。"

未来腾讯与阿里的互联网金融争战是继续上演双城记还是改唱独角戏，我们拭目以待。

（五）京东 O2O：关键的"最后一公里"

1. 京东和阿里是两大电商对头

2014 年注定是线上、线下大融合之年，两大电商巨头京东、阿里巴巴纷纷全线布局 O2O。3 月 17 日，京东 O2O 大会启动，宣布与 15 余座城市的 1 万家便利店全面推动 O2O 合作，实现全渠道销售过程中的交易、结算、物流、售后服务等环节可视化，并支持京东电子会员卡和手机支付功能。3 月 30 日，阿里巴巴宣布将以 53.7 亿元港币战略投资银泰商业，双方将整合优势资源，构造打通线上线下的未来商业基础设施体系，并对社会开放，推动实体商业与互联网经济融合。①

"京东＋便利店"VS"阿里＋商业零售"，谁赢谁输现在还没有定论，但两大商业平台的 O2O 竞争必将全面促进消费市场线上线下的融合，对整个中国电商和零售业来说都具有重要的价值。会带来的结果如下：

（1）电商格局在强强竞争下趋于稳定，强者地位更加巩固，弱者被市场淘汰。

（2）线下零售进入抱大腿时代，谁先与线上大平台融合，谁的机会就大，零售商进入选择站队的重要阶段。

（3）物流供应链成为重要的撒手锏，这个方面阿里的菜鸟与京东的物流体系比起来貌似弱了些。

（4）一场移动端的争夺正在上演："京东线上＋腾讯微信＋百度地图＋京

---

① 赢商网，《阿里巴巴、京东两大电商巨头纷纷布局 O2O 谁赢谁输？》，http：//sz. winshang. com/news－234355. html。

东 APP"PK"天猫＋微博＋高德地图＋天猫 APP"。

（5）品类之争、三四线城市农村市场的竞争将成为两大平台的重点，谁先拿下，谁将获得重大的市场。

（6）最终累死的是品牌商，需要一套供应链面对多个平台的服务，包括京东、天猫、线下自有门店，甚至还有其他平台，搞不好最后把自己玩死了。

2. 京东腾讯联手

提交 IPO 申请不久的京东，因为承销商路演情况并不理想，上市一度受阻。刘强东为了做大估值，加速上市，不惜引入昔日的对手腾讯。腾讯宣布战略投资京东，用 2.14 亿美元＋QQ 网购＋拍拍网＋物流人员＋易迅少数股权（以及未来优先认购的权利）＋微信和移动 QQ 的一级入口，换得京东 15％的股份，以及未来继续增持的机会。对于腾讯来说，选择京东也就意味着放弃自己多年苦心经营的电商。对于京东来说，选择腾讯可以继续炒大估值加速上市。两者结盟顺便可以挪揄下阿里巴巴，让不明真相的群众围观得高潮迭起。

京东跟腾讯合作，最有价值的可能是获得了腾讯旗下的平台电商易迅。不管是腾讯作为基石投资者带动了投资者的信心，还是提供微信入口给京东带来移动端的无限想象力，这两点还是比较虚的东西，对京东的帮助并没有如外界吹嘘的那么大。而腾讯旗下易迅普遍被当成了一个腾讯迫不及待甩出的"烫手山芋"。京东拿下易迅普遍不被看好，毕竟易迅常年亏损，而且最近传闻不断，易迅内部员工动乱，纷纷考虑跳槽。但是反过来看，这正是京东的另外一个布局，作为渠道下沉的一个重大举措。京东现在的物流体系还是主要在以一线城市为核心进行的放射式布局，而易迅在华东地区和华南地区的优势能迅速帮助京东打开这部分的市场。

3. 京东抢在阿里前上市：资金发力物流

2014 年 5 月 22 日，中国最大的自营式电商企业——京东集团在美国纳斯达克证券交易所挂牌交易，股票代码为"JD"。京东本次公开发行共募集 17.8 亿美元，是至今为止中国企业在美融资规模最大的首次公开募股。

京东终于 IPO 了，相比其他赴美 IPO 公司一再下调的股价和融资额度，京东的上市要顺风顺水得多。不仅单股发行价突破预计区间，市值更是直逼 260 亿美元。

有人说,京东上市能大获成功,是大家对以阿里为首的中国电商公司的肯定。根据中国电商市场的占比,排行第二的京东可以以老大阿里巴巴的估值为参考,得到一个好的估值。而现在京东能超预期获得 IPO 成功就是因为欧美资本市场看到了阿里的千亿估值。

这两者之间完全没有关联是不可能的。无论如何,京东赶在阿里巴巴之前上市,就是因为资本市场对阿里巴巴市场的信心会增加对京东的估值,这一点是毋庸置疑的。但是仅通过沾光阿里巴巴就能赢得资本市场的认可也是不可能的,这里面必须有过硬的增长率和能让资本市场信服的未来增长点。

京东此次募资将主要用于几方面用途,分别是:进一步向三四线城市沉淀,扩展京东在这些城市的品牌影响力和渠道资源;涉足生鲜领域;开展国际业务以及发展移动端。

深入分析来看,京东在这几个方面的发展都具有可行性。涉足生鲜,需要的是冷链建设,最终强化的还是物流。国际业务,看看现在的阿里巴巴,国际市场业务增长缓慢,京东想要在短时间开拓国际市场,不是一件容易的事儿。而移动端,虽然是大势所趋,那也只是入口,腾讯的战略入股,虽然给京东带来了无限的想象力,但是刘强东自己也坦承,微信没有给上市带来多大的帮助。而对电商而言,从来就不是轻资产,它的核心竞争力还在于线下服务的日臻完善。

总体来说,京东在短期内能发展的,可以为未来其他方向的拓展提供帮助的,能够吸引腾讯为其大开移动入口的核心,仍然是发展物流,渠道下沉。这也是攸关京东未来能否跟阿里巴巴竞争到最后的底牌。[①]

4. 最后一公里:服务是关键

电商十年,从"三座大山"到"最后一公里",物流从来都是制约其发展的最大瓶颈。在电子商务刚刚起步的十年前,支付、信用和物流曾是阻碍其发展的"三座大山"。如今,在支付与信用问题逐渐缓解后,物流问题仍然待解,众多电商不惜砸下重金决战"最后一公里"。[②]

---

① 《京东物流"最后一公里":颠覆阿里或者被阿里干掉》,http://ec.itxinwen.com/2014/0525/556801.shtml。

② 朱琳,《京东最后一公里:不能说的秘密》,《企业观察报》,2014 年 3 月 13 日。

京东 CEO 刘强东经常描述一种白领式的网购生活：午饭后的那点休息时间上京东逛逛，随手下个订单，晚上回到家配送员就送货上门了。然而，刘强东的梦想目前还只能在少数一线城市实现，在二、三、四线城市，特别是边远地区，依然存在配送难题，消费者体验受到极大挑战。

优质的用户体验是电商竞争的重要筹码，在电商快递市场，快递公司为了争夺份额纷纷低价拼抢订单，但服务质量难以得到保障。部分电商为了节省物流费用，压榨物流商的订单物流费用，在此背景下，必然使物流商降低服务质量与配送效率，最终损害用户利益。

2012 年国内发布的首份《网购快递满意度监测》报告显示，网购快递的服务整体满意度仅为 39.8%。可见消费者的用户体验在物流方面遭遇巨大瓶颈。

面对国内较为混乱的电商快递市场，京东的物流电商模式却是相对成熟的。与阿里的平台电商靠给厂商做广告和收取服务费赚钱的轻量级模式不同的是，京东模仿亚马逊成熟的模式，从 2007 年开始自建物流体系，走自售路线，即不是走第三方路线，而是拥有自己的仓储和物流，直接从自己仓库给消费者发货，这样就有效避免了阿里巴巴上市面临的假货问题。消费者不用担心从京东买到假货，而且京东用的是自家物流，买的东西能够被快速送达，有效解决了淘宝厂商自选物流面临的参差不齐服务甚至被泄露用户信息的隐忧。

5. 重资产的物流系统考验京东

刘强东在接受媒体专访时曾说，电商是个很大的市场，永远不会被一两家垄断。而现实也是这样，京东通过物流把阿里的垄断打开了一个缺口。京东曾不止一次提及要下沉物流渠道，而目前来看这也是阿里的短板。以己之长攻彼之短，只要京东够快，通过物流逆袭阿里巴巴也不是不可能的事儿。

现在来看，物流行业也是日臻完善，圆通、申通、顺丰等，速度不仅越来越快，而且以顺丰为首的快递公司也开始布局 O2O。电商和物流相互渗透的趋势越来越明显。

在渠道建设上，目前来看，能真正下沉到乡镇级别的只有中国邮政。而京东把渠道下沉到五到六线，那是直接堪比 EMS 的野心。如果真能做到，帮助偏远地区实现网上购物和快速送达,京东的未来真的是不可估量。按刘强东的设想,如果有一天,三、四线城市用户像知道淘宝、天猫一样知道京东是价格便宜、服务好、售后有保障的网站,那么京东会取得更大的市场,迎来更广阔的空间。

不过,物流建设对京东的资金提出了较高的要求。现在的现状是,京东和阿里虽然都有很强的增长量,但是阿里已经开始盈利,而京东还在赔钱。目前京东物流已在全国拥有 86 个仓储中心,1 620 个配送点,作为重资产的物流配送体系,现在在一、二线城市的发展已经烧钱如此,如果持续往三、四线城市甚至更下层市场拓展,京东的未来物流体系将靠烧多少钱才能建成,还很难说。

O2O 是京东打造的一个方向,例如要基于对食品销售打造 O2O 平台,如果在用户家附近有一个超市,用户在京东想买一箱啤酒,这箱啤酒如果从京东大货仓出货需要一天时间,如果这个超市在京东上把产品已经列到上面,用户可以通过京东选择所在地,这个货很有可能是从那个超市出去的,总之这个订单的完成在京东上,这个货出库和到用户家的时间就是在半小时之内,这是京东想打造 O2O 的核心理念。

2014 年对电商格局将是重要的整合之年,O2O 的融合背后是相当复杂的,也是考验平台商能力的时候,挑战与商机并存,只有拥抱变化才能赢在未来。

(六)"狼性"百度的互联网金融争夺

1. 悄然布局移动互联网

2013 年初,百度创始人李彦宏在公司年会上以"相信技术的力量"为题发表演讲的时候,外界正质疑百度移动互联网转型缓慢。到 11 月底,百度宣布百度移动云的王牌产品——手机百度 APP 用户数突破 4 亿。不仅如此,百度旗下已经有 13 款移动产品用户数破亿,包括应用分发(91 助手、百度手机助手、安卓市场)、移动互联网入口(搜索和浏览器)、工具类(手机输入法、安卓优化大师)、服务类(百度视频、百度魔图),几乎包含了所有主流的服务领域。虽然百度还缺少腾讯微信这样的 Superstar,但在移动互联网的产品矩阵其实已经悄然成型。

短短一年,百度在移动互联网的发展可以用突飞猛进来形容。这让人想起,一年前,被曝光的李彦宏写给百度员工的内部邮件,提出百度式的"狼性"文化,要求全体员工居安思危,"鼓励狼性、淘汰小资"。

有人说,百度在智能手机和平板电脑领域的快速扩张和在桌面搜索市场的优势地位,已经推动股价在过去半年大幅上涨。以此来判断,一年时间,李彦宏已经顺利地打造出了一个"狼性"的百度。

2. 精细的并购战略

(1) 豪掷千金

2013 年以来,百度通过对 91 无线、百分之百、糯米网、PPS 等投资并购实现了股价的迅速增长,诞生了 14 个过亿的移动产品,打破了业内一直对其"移动无作为"的诟病,迎来了快速发展的时代。

2013 年 6 月百度内部进行架构调整,形成了更为明晰的业务体系:搜索和前向收费两大业务群组、移动·云、LBS 和国际三大事业部以及去哪儿和爱奇艺两家独立子公司。业务逻辑清晰之后,百度为了新的战略布局豪掷千金,而投资整合的效果也开始显山露水。

(2) 移动·云战略布局逐步清晰

2013 年 8 月 14 日,百度宣布以 18.5 亿美元完成收购 91 无线,91 无线将成为百度的全资附属公司,并作为独立公司运营。这起中国互联网并购史上的最大手笔,让百度的股价在三天之内就飙升了 10%,后续也一直保持上扬态势,最高至 180 美元。回想并购之初,91 无线与百度的整合能发挥多大功效?外界众说纷纭,船票、门票、入口争论纷纷。

91 无线旗下的 91 助手、91 桌面、安卓市场不仅为百度的亿级俱乐部贡献了三款亿级 APP,更重要加上百度自身应用商店"百度手机助手",使得百度在应用分发市场上占据了重要的位置,补齐了短板。加上 2013 年 8 月开始力推的轻应用,百度建立了"移动搜索+应用商店"的双核分发模式,同时扼住了 Web App 和 Native App 两类 App 的流量入口。从整体竞争态势和未来的增长协同来看,百度+91 无线战略协同效应明显。

2013 年 11 月,百度宣布战略投资深圳市百分之百数码科技有限公司,但是并没有透露具体的投资金额与占股比例。为何百度会青睐一家远在深圳的硬件服务公司？据称，百分之百目前有覆盖全国三、四线城市的 7 万个实体店，5 000 个线上门店的流通体系、手机体系，运营商以及互联网业务的体验式营销服务体系。通过战略投资，百度不仅为以后云＋端的发展找到了一个渠道和硬件的出口，并且随着移动互联开始向三、四线城市渗透，百度也为获取这些地区的用户落下了重要的一颗棋子。[①]

（3）LBS＋O2O

百度一直没有停止在 LBS 生活服务领域的探索步伐。目前，百度地图是本地生活服务和 O2O 的重要载体，如何基于地图打造 O2O 大平台，吸引线下商户入驻并打造交易闭环是百度地图这一阶段最重大的战略目标。在 2013 年 8 月百度世界 2013 关于 LBS 的分论坛上，如何围绕地图的海量用户和数据打造交易闭环是屡次被提到的一个内容。

2013 年 8 月 23 日，百度向糯米网战略投资了 1.6 亿美元，获得糯米约 59％的股权。2014 年 1 月 24 日，百度和人人公司宣布百度将收购人人所持的全部糯米网股份，交易完成后百度将成为糯米网的单一全资大股东。其最重要的意义在于是整合糯米网的线下能力，通过其线下团队培育商户，未来逐渐把成熟的商户引入百度地图的 O2O 平台。可以说，对糯米网的控股，预示着百度对生活服务领域的持续看重。这笔投资不仅让百度获得了一个承载线下业务的重要载体，也标志着百度开始从本地生活服务平台过渡到构建交易闭环的阶段，LBS＋O2O 的布局正式启动。

（4）移动视频战略成效初显——"中间页"跑出黑马

2011 年李彦宏提出的"中间页"战略，在 2013 年初见成效。2013 年 5 月 7 日，百度宣布 3.7 亿美金收购 PPS 视频业务全部股份，并将 PPS 视频业务与爱奇艺进行合并。百度收购 PPS 看重的是其移动端的用户。截至 2012 年 3 月，PPS 客户端在所有智能终端装机数量达 1.54 亿。

爱奇艺和 PPS 的合并让百度在移动视频用户覆盖和月度观看时长上都居

---

① 贞元，《盘点 2013 年 BAT 并购风云看平台未来发展方向》，http：//tech. sina. com. cn/roll/2013－12－23/17389032678. shtml。

于行业第一的位置。用户月度覆盖方面,领先第二名优酷土豆67.5%,而在月度观看时长上,超过第二位106%,比二、三位的PPTV和优酷土豆相加还多出1 234.5万小时。此外,百度自家产品百度视频的移动客户端用户也突破了1亿。随着4G时代的逐步到来,视频已经成为新的移动流量入口之一,尤其对新成长起来的90后和00后来说。

除了在视频领域的强强联合,值得一提的是"去哪儿"的成功上市已从某种程度上验证了百度的"中间页战略"。去哪儿于2013年11月1日晚间登录纳斯达克,首日收盘价28.4美元,较15美元的发行价上涨高达89.33%,市值超过30亿美元。

业界分析百度会继续推进"中间页战略",旅游、金融、电商、教育等领域都有可能获得重点关注。

(5) 争夺移动安全战场

2013年9月22日,百度正式发布系统工具软件"百度卫士1.0"正式版,同时宣布"百度杀毒"用户数量已突破千万。

被大多数人忽略的是,在这一领域百度也在积极低调地寻求并购。2013年2月,百度收购了移动安全公司TrustGo的100%股权,收购价格超过3 000万美元。此外,整合了之前收购的点心旗下安卓优化大师,百度在本周发布了手机安全领域重量级产品——百度手机卫士。可见,随着移动互联的竞争越来越激烈,尤其是在移动支付变得普及简单之后,移动安全将成为新的争夺战场。

3. "中间页"的投资逻辑

百度19亿美元收购91助手,拿到了移动互联网的一张船票。去哪儿上市、全资控股爱奇艺、全资收购糯米团……相比腾讯阿里之间的剑拔弩张,百度投资更显得低调和精准。百度似乎一直在专心做着属于自己的事情,种种收购无不符合李彦宏对于"中间页"的定义:"中间页"是李彦宏于2011年4月在百度联盟峰会上公开提出的概念,指介于搜索引擎和用户之间的一类网站,如提供机票酒店搜索的去哪儿网,提供生活服务信息的58同城,以及提供房产信息搜索的安居客等,从百度这一搜索引擎入口低价买入用户点击流量,通过为用户或广告主提供某种增值服务,从而实现流量价值的提升和最终变现,使得互联网商业模式完成闭环。①

李彦宏发现百度只有 1/5 的关键词具有售卖价值,而在这 1/5 的关键词中大量长尾词的价值是被低估的,很多所谓"中间页"网站如 58 同城等,通过从百度低价买入此类关键词将用户流量导入自己的网站,再经过一系列运作后加价卖给更多的广告主。

从此以后,百度通过投资或自建一批"中间页"网站从而提升百度长尾关键词的价值,将百度"有啊"改版并分拆成立"爱乐活",也由此引发了百度在 2010 年、2011 年一系列对于视频(爱奇艺)、电商(耀点 100、乐酷天)、家居(齐家网)、房产(安居客)、旅行(去哪儿网)、生活服务(爱乐活)、招聘(百伯)、汽车手机(莱富特佰)、团购(知我网)等"中间页"公司的连续大手笔投资并购。站在百度自身的角度来看,百度这个占据了中国通用搜索引擎七成市场份额的入口级平台,在整个中国互联网产业生态的最顶端扮演着流量分发者的主宰角色。

在百度的蓝图中,一切"中间页"都可以变成服务于百度综合搜索的垂直搜索。譬如,去哪儿是在线旅游的垂直搜索,爱奇艺+PPS 是网络视频的垂直搜索,糯米+百度地图是 O2O 搜索。收购 91 和以前的 hao123 则分别抢占了移动互联网和传统 PC 的流量分发入口。

理论上,中间页是搜索的无限延伸。这里的"搜索"是更广义的搜索,百度所谓的"搜索"是一种解决方案。譬如秘密武器的"百度知心",就是运用数据挖掘能力将散落在互联网上碎片化的知识整合起来形成答案,满足用户需求,实现"搜索即答案"的效果。所以,百度做的是关于解决方案的事情,涵盖互联网生活的各个方面,这些是通过中间页实现的。

与腾讯阿里不同的是,百度的投资案例基本以全资控股为主。对百度而言,这种收购显然耗费资金更多,风险更大,能收购的案例总数更少。但好处在于,百度可以随心所欲地整合这些优秀资源。百度地图可以将糯米团深度整合,推进 O2O 先发优势,很快把高德挤入囧途。但腾讯和大众点评网高度

---

① 谢晨星,《从"中间页"概念解读百度过去三年投资并购战略》,http://www.caijixia.net/hangyezixun/20130203584.html。

协同的可能性就很难说了。大众点评网过于希望独立发展，这也是它不愿被百度全资收购的原因所在。而阿里全资收购高德，似乎也学习了百度。

4. 绝杀移动支付"高地"

(1) 14 款亿级产品绝杀移动支付"高地"

没有占领"移动支付"的底层渠道，移动支付在整个移动互联网生活中的"支点"作用就不能得到充分体现，理财产品、合作伙伴、收益率神马的更是浮云。那么，在"移动支付"的领域，百度要靠什么优势抢跑呢？

在腾讯的"理财通"与阿里的"余额宝"各种对决酣战的新闻"乱花渐欲迷人眼"之际，百度发话了：2014 年携 14 款亿级移动产品绝杀"移动支付"高地。[①]

好比开店揽客，是否拥有好的地段、人流是很关键的。流量，是"移动支付"争夺战的决胜因素之一。做搜索起家的百度，"流量入口优势"一直是其在 PC 端的绝对优势。那么在移动端，百度则依靠了"整合"优势，早在 2012 年便开始研发、收购的整体布局。

截至 2014 年 1 月，百度高调爆出已有 14 款移动产品实现用户过亿。这 14 款过亿移动产品包括，用户数突破 4 亿的手机百度客户端，累积激活过 2 亿用户的百度手机助手，以及百度地图、百度浏览器、百度云、百度魔图、百度手机输入法、百度视频、91 桌面、91 助手、安卓市场、爱奇艺视频、PPS、安卓优化大师——14 款移动产品，累计用户人次超过 20 亿！[②]

通过自有渠道、旗下公司，百度在分发端、应用端上都占据了"第一"优势。对比腾讯在移动端上的流量入口：微信＋手机 QQ，约合 12 亿人次；阿里则是余额宝客户端的布局，流量人次在 500 万左右，差一大截，两家都远远低于百度的 14 款移动产品流量合力优势。

(2) 基于 LBS 的"一站式"支付

"移动支付"的布局，不仅要流量，也要"支付场景"。前者是用户群，后者

---

① 《百度布局移动支付三大优势抢市场》，http://tech.sina.com.cn/n/roll/2014-01-23/16209122784.shtml。

② 注：在互联网金融领域，可根据应用不同重复计算流量，就像有 5 000 万人打开大众点评 APP 去吃饭，也有 2 000 万人打开糯米去看电影，他们可能是同一个人，但完成的支付内容是不同的。

是"可使用的地方"，归结起来就是"能否在更多地方提供给更多人可用手机支付"。支付场景越多越好，"支付"越一站式越有竞争力。百度在"支付场景"上能取得优势吗？14 款移动产品就是百度"移动互联网金融"布局的奠基石，而百度的百付宝提供的"支付"可将整体"金融化服务"连接起来。举几个例子：

例如，百度视频、爱奇艺视频、PPS，喜欢手机看剧的，如果要买个片子，未来通过百付宝后台直接就支付了。

例如，百度地图。这个是最有想象空间的百度应用之一。目前百度地图在移动端已占绝对优势，基于地图服务上的餐饮支付、机票酒店预订等"手机一站式支付服务"十分诱人，习惯出门先搜索一下、团一下的无疑是庞大的人群。

例如，91 助手。据易观智库发布的《2013 年第 3 季度中国移动应用分发市场监测报告》显示，百度系分发平台（百度＋91 助手＋手机搜索）以 40.6％的市场份额高居榜首，遥遥领先 360 手机助手、豌豆荚等其他分发平台。在这个分发平台上，游戏、电商等都是极具人气，也需要支付的群体。

此外还有，百度旗下的糯米网、百度音乐等，电影票、话剧票、音乐的移动支付也在想象范围之内。

因此，百度视频、爱奇艺、PPS 等"自营平台"——直接接入百付宝一站支付即可；游戏、音乐、票务等，通过百度客户端、91 助手分发平台，只需批量签署"导流合作协议"，让百付宝对接所导流量；而基于地图服务上的餐饮支付、机票酒店预订、购物等"手机一站式支付服务"更是十分具有想象空间。百度通过平台布局，创造了可"一站式支付"的庞大的"支付场景生态"。

（3）创新支付模式

在百度的"移动支付"布局中，创新也是不可缺少的一环。

目前，在移动支付领域中，从线上深入到线下的最主流的模式是"扫二维码支付"——通过让商户使用二维码，移动支付机构支持"扫码"完成交易。但业界对二维码支付有不少疑问。比如，二维码扫描支付受屏幕亮度、贴膜与否、图像大小等多因素影响，有时候耗时较长，可能会造成排队较久的情况，商户端并不一定会接受。而另一巨头阿里为避免扫二维码的优势，推出了"扫声波"的"当面付"——用户打开当面付功能，靠近支付宝为商家配备的"麦克风"，通过超声波完成支付——但此支付方式因太颠覆，目前被消费者接受度较低。

百度则要推出"扫图支付"。百度的"扫图"其实是"扫二维码"的升级版。百付宝已完成了"扫图"软件测试，未来只需将需要的支付的商品图片、甚至是一段话关联到"数据库"里，百付宝就能"识别"并做出支付响应。如果百度将此技术应用完全，那么无线支付体验和普及化将提升一大步。

靠着庞大的流量优势、"一站式"的支付场景以及不断创新，百度"移动支付"已经汹涌而来。

5. 百度糯米发力 O2O 市场

随着互联网金融时代的到来，每一个节日都成为互联网企业活动的噱头和抢夺领地的重要机会。百度 2014 年三八节的提前发力，昭示了这一相对低调的互联网巨头也加入了 O2O 市场的征战领域。

2014 年三八节期间，百度提前发力，在 3 月 7 日提前开展活动，投入超 1 亿元人民币抢占 O2O 市场，优惠覆盖全国 130 座城市、数以千计家餐厅及 KTV。

活动当天，百度糯米推出"我们永远是女生——百度糯米 3.7 女生节"活动，电影、K 歌只要 3.7 元，折扣低至 3.7 折。百度糯米推出的"糯米 3.7 女生节宠爱全国女生活动"，活动中所有消费者只要通过百度糯米团购，并于 3 月 7 日至 9 日完成消费，不限定时段、不限定场次，看电影、K 歌通通 3.7 元，同时海量酒店和餐馆的消费折扣低于 3.7 折。除此之外，百度糯米率先推出"全场随便退"的服务机制，全场所有生活服务类团单均支持未消费退款政策。

此前，百度已经淡出电商领域，早期的 C2C 电商百度有啊、社交化电商爱乐活和电商平台乐酷天等已经淡出视野，但 2014 年借助百度地图和糯米网，百度再度发力 O2O 和电商业务，表明了其圈地 O2O 市场的野心。拥有技术和资源输送优势的糯米与百度集团的整合，加之百度地图的辅助，将会成为百度参与 BAT O2O 大战的重要筹码。

（七）雷军系的互联网金融争夺

1. 雷军和董明珠的十亿元赌局

2011 年 8 月 16 日是小米手机的发布日，就在此前一天谷歌买下了摩托罗拉,这让小米手机之前长时间的预热营销有些打折扣。不过这款号称全球主频最快的智能手机,仍然以不可思议的1 999元的"中国价格"赢得现场内外的啧啧称赞,虽然这款手机8月29日才上线接受预订,10月才选择正式和iPhone 5一起亮相人前。这确实是全球最大手机消费市场的一次非主流发布,亮出了中国的手机技术"玩家们"新的玩法和新的需求。[1]

从营销打法上说,小米手机走的是"高配低价猛炒作"路子,国内首款双核1.5 GHz主频手机,发烧级配置,却只售价1 999元。向来擅于"太极式公关"的雷军,将前期铺垫得淋漓尽致。一款单品利润率不高的手机,在接下来的时间里不断创造着商业奇迹。

两年多以后的2013年12月12日晚,2013中国经济年度人物评选获奖名单揭晓,小米公司董事长兼首席执行官雷军、格力电器董事长兼总裁董明珠获奖。在央视主持人陈伟鸿的精彩主持及"1亿元赌局"的两位大佬马云、王健林的帮衬下,"柔中强"雷军与"铁娘子"董明珠当着全国人民又下一枚赌注:赌小米五年之内销售额能不能超过格力电器,而且赌资升级至10亿。高手对着镜头过招,虽然相当一部分成分是客气与作秀,但言辞交锋间仍冷不丁闪烁着不同商业模式、商业思维的较量与琢磨。[2]

2. 小米的互联网思维商业模式

2013年12月25日,雷军在2013广东电子商务大会上做了关于互联网思维如何改造传统行业的演讲。小米是以互联网思维来建立的公司,其商业模式值得研究。

(1)建立社区,形成粉丝团

建立社区的第一步就是根据产品特点,锁定一个小圈子,吸引铁杆粉丝,逐步积累粉丝。比如小米手机把用户定位于发烧友极客的圈子,乐视电视把铁杆粉丝定位于追求生活品质的达人,Roseonly[3]则把产品定位于肯为爱情

---

① 王冠雄,《雷军的小米步枪》,http://www.ftchinese.com/story/001040170。

② 《董明珠雷军10亿赌局是怎么设的? 全文展开》,http://www.huxiu.com/article/24598/1.html。

③ 中国高端鲜花第一品牌roseonly专爱花店。roseonly专爱花店以皇家矜贵玫瑰定制"一生只送一人",离奇规则落笔为证,无法更改。

买单的高级白领人群。在吸引粉丝的过程中，创始人会从自己的亲友、同事等熟人圈子先开始，逐步扩展，最后把雪球滚大。建立社区跟滚雪球一个道理，初始圈子的质量和创始人的影响力，决定着粉经团未来质量和数量。雷军能把小米手机做得如此成功，很大程度上源于雷军在互联网圈内多年积累的人脉和影响力，以及小米手机针对粉丝团的定位。在锁定了粉丝团的人群以后，下一步就是寻找目标人群喜欢聚集的平台。手机发烧友喜欢在论坛上讨论问题，所以魅族、小米手机等都建立了自己的论坛，吸引发烧友级极客。当然论坛还有一个缺陷就是太封闭，人群扩展起来太难，所以小米手机在发展之初又把微博作为扩展粉丝团的重要阵地。在粉丝团扩展阶段，意见领袖起着信任代理人的作用，所以小米手机、Roseonly 都利用意见领袖去为自己的品牌代言，在新浪微博上获得更多的关注。两者有所不同的是，小米手机选择的意见领袖是雷军为首的互联网企业家，而 Roseonly 选择的则是在社交网络上影响力巨大的娱乐明星作为品牌的信任代理商。[①]

（2）针对铁杆粉丝，进行小规模内测

在积累了一定规模的粉丝以后，第二个阶段就是根据铁杆粉丝的需求设计相关产品，并进行小规模产品内测。这一步对于小米手机而言，就是预售工程机，让铁杆粉丝参与内测。第一批用户在使用工程机的过程中，会把意见反馈给小米的客服。小米客服再把意见反馈给设计部门，用户的意见直接可以影响产品的设计和性能，让产品快速完善。据小米公司的总裁黎万强透露，小米手机三分之一的改进意见来自用户。

除了意见反馈以外，第一批工程机用户还担负着口碑传播的作用。因为工程机投放市场数量有限，有一定的稀缺性，抢到的用户免不了要在微博或微信朋友圈上晒一下，每一次分享都相当于为产品做了一次广告。这样的话，第一批铁杆用户就好比小米手机洒下的一粒粒火种，星星之火可以燎原。

（3）进行大规模量产和预售

大规模量产和预售阶段是互联网商业模式中粉丝团营销的一个最重要

---

① 黑马良驹，《用一张图解读小米公司的商业模式》，http：//www. chinaz. com/news/2014/0304/341655. shtml。

阶段,而小米恰恰是这一环节的典范。这个阶段一般有三件重要的事要做:产品发布会、新产品社会化营销与线下渠道发售。在产品发布会方面,它已经成为小米手机营销过程中最为关键的一环。在盛大的发布会当天,作为小米董事长的雷军要亲自上阵讲解产品,而且还邀请高通等配件厂商助阵,成百上千名米粉参与,众多媒体记者和意见领袖围观。这样做的目的只有一个,就是把产品发布会的信息传递出去,成为社交网络话题讨论的焦点。

在产品发布会以后,小米手机紧接着就会举行新产品的社会化营销。在进行社会化营销的时候,小米手机一般都会选择最炙手可热的平台进行传播和推广。在新浪微博最为火爆的时候,小米利用新浪微博进行大规模的抽奖活动。在微信最为炙手可热的时候,小米选择微信作为发布平台。在推出红米手机的时候,小米手机还选择 QQ 空间作为合作平台进行产品发布,正是因为 QQ 空间在三、四线城市有着广大的用户人群,跟红米的用户重合度很高。在社会化营销的过程中,为了让用户切身地感到稀缺性,小米公司即使在产品大量供给的情况下,还是依旧采用"闪购"、"F 码"等方式制造一种稀缺的错觉,激发网友对产品进行下一步传播和逐级分享,这无疑是一种很高明的营销方式。对于线下渠道没什么可讲的,小米手机跟其他传统手机厂商没啥两样,只要正常铺货就行了。

(4) 联结

按照互联网思维逻辑,小米手机在售出了大规模的产品以后,营销没有结束,而是刚刚开始,这时候需要用一个体系,把售出的这些产品联结起来,让这些产品以及背后的人变成一个社群或者体系,这也就是小米模式跟传统制造业不同的地方。对于格力等传统家电而言,一台设备卖出以后,营销就结束了,企业只在每一台卖出的设备上获得利润,所以对于格力而言最重要的是控制成本和以量取胜。而对于小米而言,硬件可以不挣钱,甚至可以硬件免费,但通过把硬件联结起来,完全可以通过后续的服务和衍生产品赚钱。相比传统的制造业,小米模式建立的是一个生态体系,商业模式是基于生态体系基础设施服务上,而不是单纯的卖设备上。这就好比小米公司是一个电力公司,它主要的收入来源并不是卖电表,而是收电费。

小米手机是通过什么把这些设备联结起来的呢？当然是通过软件。对于小米手机而言，就是它的 MIUI 系统。通过 MIUI 系统，小米手机不仅把成千上万的米粉联结到一起，还基于 MIUI 建立了自己的商业模式。小米公司，除了小米手机这个基础硬件以外，在小米商店里还有很多配套硬件和软件供你选择，这些都成为小米公司新的收入来源。更重要的是，小米公司通过把成千上万的米粉通过 MIUI 联结在一起，你可以知道其他米粉在说什么，在做什么，在用什么，整个米粉群体就变成一个互相链接、很大规模的社群。而这个社群的吃喝拉撒和衣食住行，都可以变成小米公司的新的收入来源和商业模式，投资机构对小米公司之所以估值这么高，也正是看到这个社群背后的商业价值。更重要的是，这个社群的规模还在不断扩大。

（5）扩展

基于 MIUI 的软件思维，最大的优势就在于它的扩展性，因为对于软件的扩展而言，成本接近于零，不过是服务器上的一些字节而言。而正是由于它的可扩展性，才能够让米粉这个生态圈快速生长起来。生态圈的扩展，对于个体用户而言，可表现为软件系统的升级和更新，服务内容的扩展和个性化需求的满足。比如小米手机开发一款老年手机主题，就可以替代一部老年手机；壁纸、背景、主题等原来千篇一律的东西，现在都可以有更多的选择。除此之外，你还可以去软件商店，选择适合你的更多具有个性化的软件和产品。

当然，基于软件扩展思维和米粉社群，小米手机在产业外围同样也可以进行扩展，扩展性表现为小米软件商店、小米支付、小米路由器等整个基础设施的日益完善。比如，小米除了做手机以外，还做了小米电视机、小米路由器等产品，甚至会扩展的游戏和娱乐业。比如，Roseonly 除了卖玫瑰以外，还把产品扩展为表情等虚拟产品。对于小米这类互联网公司而言，基于互联网思维的每一个扩展，就好比是开启一个新型商业模式的接口，都可能变成商业收入新的来源和商业模式。

（6）总结：C2B 和 B2C 的混合模式

从严格意义上来讲，小米公司的商业模式并不是 C2B，黎万强曾说过，他们三分之一的需求来自用户，用户的需求千奇百怪，不可能都一一满足，更不可能所有的产品都按照消费者的需求来订制,现在小米公司更像是 C2B 和 B2C 的混合模式。但是,移动互联网和智能手机的普及,的确提高了人与人之间的传播效率,把人和需求聚合起来越来越容易。B2C 和 C2B 好比正负两极,随着移动互联网的进一步普及,企业的商业模式会逐步向用户端靠拢,制作出更多个性化的产品,催生更多的商业模式。

3. 并购策略:安卓体系内的苹果梦

雷军的小米收购西山居游戏,增资凡客,投资策略简单概括就是利用开放的安卓体系做着封闭的苹果梦。[①]

在纵向领域,小米继续推进"软件＋硬件＋应用服务"的铁人三项策略,推出米聊,整合金山一系列服务,包括 WPS、金山云、西山居游戏,并收购多看,补全其在办公软件、个人云、游戏、在线阅读等各个领域的短板,同时收购 1more、WiWide 等硬件公司。在 MIUI 体系内最大实现软件、硬件、服务的全部盈利,虽然其一直标榜硬件是不赚钱的。

在横向领域,推出手机后,小米又涉足了其他硬件领域,先后推出小米盒子、小米路由器、小米电视机、音响、耳机、随身 WiFi 等一系列硬件。同时,将这些硬件智能化,整合在 MIUI 大体系下。

而小米进军支付领域,其离最后的闭环只差一步,只要其继续补强应用服务上的不足,小米的威力将是惊人的。而这不就是苹果模式吗? 横向跨越一切可以联网的智能设备,纵向软硬服务一体,构建了一个封闭的体系,每一个可以盈利关口都具备十足的盈利能力。虽然其目前体量略小,但也一定程度上远离了巨头们的战场。

所以,这就是小米的投资策略,继续补强其垂直生态链上的缺口,在安卓体系内做着苹果梦。

4. 小米的移动支付争夺

小米科技于 2013 年 12 月 26 日注册成立了"北京小米支付技术有限公司",宣布进军移动支付市场。小米支付公司注册资本为 5 000 万元,与黎万

---

① 王冠雄,《Table 投资学:腾讯贪 阿里全 百度狠 小米直 奇虎难》,http://blog.sina.com.cn/s/blog_54aec7cb0101nwv1.html。

强、林斌等人出任小米其他子公司法人代表不同，雷军亲自担任小米支付公司的法定代表人，足见支付业务在小米布局中的核心程度。[①]

小米 2013 年成长迅速，当年手机出货 1 870 万部，销售额达 316 亿元，并推出了小米电视机、小米路由器等平台产品。在软件方面，MIUI 用户已超过 3 000 万，每天应用分发量达 1 200 万，单月流水能达到 3 500 万元。随着硬件出货和 MIUI 用户快速增长，小米在游戏联运业务中也收入颇丰。

雷军曾公开预计，小米 2015—2016 年销售额将超过 1 000 亿元。不过在支付方式上，用户在小米官网购买产品只能使用支付宝、财付通，或者银行卡进行支付。前两者受限于阿里巴巴、腾讯两大互联网巨头，后者掣肘于传统银行支付系统。在移动支付和互联网金融快速崛起的今天，雷军和小米选择快速"卡位"也在情理之中。

不过，小米向移动支付进军还缺少监管部门颁发的第三方支付牌照。小米内部人士曾对外透露："不排除通过购买第三方支付牌照快速切入支付市场"。值得关注的是，在雷军系企业中，拉卡拉[②]已经在移动支付布局多年，并与多家银行和互联网企业进行合作。

5. 北京银行与小米科技合作

2014 年 2 月 19 日，小米科技公司与北京银行签署了移动金融全面合作协议。双方将在移动支付、便捷信贷、产品定制、渠道扩展等多方面进行合作。此次合作将基于小米公司的互联网金融平台。具体金融服务包括 NFC、理财和保险标准化产品销售、货币基金销售平台以及个贷产品在手机或者互联网终端申请等。

此外，北京银行将针对小米公司客户群设计专属产品流程，通过手机等终端探索移动金融发展方向，并为小米公司股东和员工提供个人信贷融资服务以及个人财富、投资服务。小米将作为北京银行产品扩展渠道和产品开发的

---

① 刘思宇，《小米成立支付公司，雷军任董事长》，http：//tech. sina. com. cn/i/2014－02－08/11029145955. shtml。

② 拉卡拉集团是首批获得央行颁发《支付业务许可证》的第三方支付公司，是中国最大的便民金融服务公司，联想控股成员企业。致力于为个人和企业提供日常生活所必需的金融服务及生活、网购、信贷等增值服务。2013 年 8 月完成集团化结构调整，下设拉卡拉支付公司、拉卡拉移动公司、拉卡拉商服、拉卡拉销售和拉卡拉电商公司。

合作伙伴,支持北京银行员工提供零售金融服务,如银行卡、理财、基金、保险、信用分期等。[①]

受互联网金融概念大热影响,刚宣布与小米公司展开移动金融全面合作的北京银行,其股票下午一开盘就涨停,随后银行股开始飙升,中信银行涨停,宁波银行涨逾 6.5%。

6. 强大的小米互联网社交媒体

雷军几乎用了所有的社交工具来圈小米的粉丝,但重点还是微博、QQ 空间和论坛。套用波士顿矩阵法对小米圈粉的社交工具来划分的话,以上三种是小米圈粉的现金牛,微信是小米圈粉的明星产品。把自己的粉丝圈起来,在粉丝经济中才不会被淘汰。

现在大家都在谈粉丝经济,在碎片化、去中心化的移动互联网时代,没有粉丝的品牌,基本是要面临被淘汰的境地。小米可以说是粉丝经济的代表品牌,网络上有大量的文章分析了小米的品牌、产品、粉丝、微创新、饥饿营销等。

其实不管大家怎么说小米,小米实际上是一家自有品牌的垂直电商公司,只是小米不论在产品软硬件,还是品牌和粉丝推广上都非常有创新。下面就给大家分析一下,雷军都用了哪些社交工具来推广小米,来圈小米的粉丝。[②]

(1) 微博:雷军推广小米的主战场

现在大部分自媒体都在唱衰微博,好像已经没有人用微博了,微博快倒了。其实从 ALEXA 排名来看,微博的排名还是在上升的,说明用户数还是在增加的。现在大家在微博上主要还是看大 V,看大佬们都在说什么,因为只有微博才能够最直接地接触到这些大佬,其他社交工具几乎没有能够替代这个需求的。

还有就是发生重点事件的时候,大家第一时间也会上微博,所以微博实际上变成大佬们说、普通用户看的社交媒体了,变成一个热点新闻报道的社交媒体。言归正传,让我们看看雷军和小米在微博上的一些数据吧。

截至 2014 年 3 月,雷军微博有 800 多万粉丝,这个数据在 2013 年 2 月还是 400 多万,一年翻番。每天他都最少会发一条微博,内容 90% 都是围绕小

---

① 《小米正式进军移动支付领域　瞄准互联网金融》,http://blog.sina.com.cn/s/blog_0edc85260101jk00.html.

② 秦刚,《小米如何玩转社交媒体》,http://www.tmtpost.com/97167.html.

米,劳模就是劳模。黎万强,小米的另外一个创始人,微博有近 500 万粉丝,发的微博稍微杂一些,有近一半的内容和小米相关。小米手机的官方微博,有 800 多万粉丝,2013 年 2 月的时候,这个数字大概还是 400 多万,也翻番了。小米公司的微博粉丝数也有大概 250 万粉丝。同时雷军和小米在腾讯微博上也有比新浪微博上稍微少一点的粉丝。这些粉丝加起来快有 3 000 万级了,就算去掉很多僵尸粉,重复粉丝,估计也在 1 000 万级别。所以雷军依托微博这个主战场,第一时间把小米的产品、品牌等信息可以快速地传递给粉丝,同时也不断增加新的粉丝。

有了这么多粉丝,只要你的产品不太烂,卖什么不能成? 何况小米手机的产品还不错,有自己的优点和卖点。

(2) QQ 空间：这里聚集了大量的小米粉丝

QQ 空间是个很有意思的社交工具,大部分的大网站和厂商都不怎么重视,但是小米在 QQ 空间聚集了大量的粉丝。

小米的 QQ 空间有 1 900 万的粉丝,每天他们会更新说说,基本上每条说说的转发率都在几千,好的转发率能够达到几万。每篇日志的访问量都能够上万,好的能够有十几万。做过网站的人都知道,单篇文章访问量能够上万其实很不错了。同时 QQ 空间可定制,用户在这里可以实现很多小米网站上的功能,当然最后是跳转到小米网站的,从 ALEXA 的分析上可以看到,QQ 空间给小米网站带去了 5% 的流量,非常可观。

国内大部分网站和大品牌基本上没有真正重视过 QQ 空间,实际上 QQ 空间应该是非常有价值的社交工具。因为大部分 20—40 岁的人,用 QQ 都有十多年的历史,黏度是非常大的,如果能够真正把 QQ 空间用好,QQ 空间对垂直网站或者垂直电商圈粉丝是非常好的社交工具。

(3) 小米论坛：雷军推广小米的自留地

小米社区（www. xiaomi. cn）的 ALEXA 排名是 5 612 位,根据这个排名,估计每天的 IP 大概是 15 万 IP,80 万 PV[①] 左右,80% 的流量都是小米论

---

① PV(Page View)即页面浏览量,通常是衡量一个网络新闻频道或网站甚至一条网络新闻的主要指标。

坛贡献的。这里聚集了大量的手机发烧友,随便一个帖子都有几百的回复、上万的浏览,可以说是国内最火的手机论坛之一。

很多人都觉得论坛没落了,其实垂直论坛还是非常有价值的社交工具,因为论坛可以图文并茂,可以不断盖楼,同时很多用户的问题还能够得到及时解答。暂时来说还没有很好的社交工具能够取代垂直论坛,否则微信也不会推微论坛了。

雷军用小米论坛这个自留地把一批铁杆粉丝圈了进来,让他们不断给自己的产品提改进意见,可以获取大量的用户反馈信息。同时也让用户觉得自己是主人,给他们以家的感觉。

(4)微信:雷军推广小米的新战场

雷军和黎万强都在微信上开了订阅公众号,不过没有做到每天更新。他们的微信公众号上的文章基本都是原创,如果不是专门做自媒体的,要保持每天原创非常难。

这也是为什么微博上的大 V 很少能够在微信上非常成功的原因之一,大 V 都不太想转别人的文章,每天写原创又很难。但是微信是用户订阅,被动接收信息,你不经常更新文章,用户就不会和你互动、帮你转发,那你增加粉丝数就不容易。

小米手机、小米电商、小米路由器等在微信上都设立了服务号,基本能够实现在网站上实现的功能。2013 年 11 月,小米手机 3 出来的时候,也在服务号上做过预订手机的活动,反响也非常不错。不过因为服务号只能一个月给用户推送一条信息,估计这些服务号的粉丝对比在微博上的粉丝应该不会太多。

不管是微信订阅号和服务号都查不到详细的粉丝数,不过从更新量和功能来说,感觉雷军在微信上做的动作没有微博上多,所以说微信这个新战场,小米做得一般。对于手机厂商来说,也许微信是一个非常好的社交工具来圈粉丝,推广自己品牌,比如最近 VIVO Xplay3S 在微信上 0.35 秒卖出 1 000 台手机,他们前期就在微信公众号、朋友圈做了大量的预热和圈粉工作。

(5)其他互联网社交工具新战场

现在还有不少新社交工具,比如微米、微视、来往等,基本没有看到小米有太多的动作在这些新的社交工具里。除了小米手机在微视上有大概 2 万粉丝外，别小看这 2 万粉丝，小米手机在微视上分享了一个微视频，也有 15 万的播放量。微视也许会是未来一个社交媒体新星。

总体来说雷军几乎用了所有的社交工具来圈小米的粉丝，不过重点还是在微博、QQ 空间和论坛上。

其他手机厂商、垂直网站、垂直电商也许能够从小米所使用的社交工具中找到合适自己的工具，把自己的粉丝圈起来，在粉丝经济中才不会被淘汰。

（八）BAT 的 O2O：重新连接世界

PC 互联网时代，BAT 成在"连接"，正因为他们分别把人与信息、人与商品、人与人之间的连接完美解决了，才成就了当之无愧的三巨头。移动互联网时代到来后，连接方式正在发生变化，这当中孕育着变局的可能性。BAT 的 O2O 战略都在做同一件事——重新连接世界。[1]

1. 互联网商业的实质就是"连接"

任何一家互联网企业，都会愿意相信"需求"的存在是一切产品诞生的基础，"解决需求"是企业生存的关键。而围绕着需求展开的产品商业行为又有着诸多关键点，其中涵盖了"需求源"的接入点（入口）和达成需求得以匹配的方式，以及落地执行的承载，这三点我们可以统称为"连接"，互联网商业的实质其实也就是"连接"。

当下国内在需求连接方面最具代表性的公司就是 BAT，都保持着强大的连接效果，但彼此间有着较为明显的差异，这种差异之间的博弈，也一定会成为三大互联网巨头日后在移动互联网争夺战中的关键比拼。他们竞争的核心，不聚焦在人和人，而是人和非人（商品、服务等）的连接，谁成功胜出，谁就拥有移动时代最大的商业想象空间。

2. 连接目的：使需求得到快速的精准匹配

这里有两个关键词，快速和精准，并且是存在顺序关系的，即先要快速，然

---

[1] 汪继勇，《腾讯和百度在争什么：重新连接世界》，http://www.20ju.com/conten/V241110.htm。

后再达到精准。这两点所对应的,便是入口,入口的性质决定了连接是否有能力足以承载快速和精准。

在 PC 时代,淘宝屏蔽了其他搜索入口的信息抓取,就是源于自己没有"入口"性质的产品,在把用户圈在自家圈子里后,再试图打造入口,但淘宝网站本身的入口是建立在不考虑需求源的前提下建立的,所以没有形成真正意义上的连接。

移动时代,百度也在改变和升级自己的入口定位,也还是依托以搜索为内核的方式进行这个世界的重新连接。从轻应用的推出,开发者联盟的建设以及中间页战略的试水,百度正在从获取信息,努力实现完成所求。而百度之所以有做成的机会,还是源于移动时代仍然不变的"需求"——用户是带着找的需求来的,这种主动表达诉求的习惯是"天赋"的。比如,你想买东西、用服务,先在百度找到,之后很快就能买能用。行进到这里,人和物的连接其实就已经做完了。

腾讯的连接有所不同,它在人与人之间的连接是最高效的,这也是"天赋"的。移动时代,腾讯试图用"微信"来连接世界,以公众号为代表性方式,这种方式一度会认为可以一统天下。但在商业化时候就发现了问题,数亿用户始终在微信平台释放的就是高黏度的沟通、社交娱乐需求,但这并不能产生直接的经济效应,要收获真金白银,必须要向生活需求导流。但问题就来了,腾讯用户的沟通娱乐需求是一级需求,微信构建的购物支付等需求已经是二次甚至三次需求,腾讯建立的连接是在需求已经被运营转化了一次或者两次的基础之上了。很显然,这样的连接步长要远远大于百度的搜索连接,因为这个人与物的连接不是从需求源开始的。所以不管现在微信做得怎么样,但产品定位依然是它不可避免面临的问题,到底把哪种需求定为产品的第一需求,而这正是一个"入口"的性质。

3. 连接方式:该由谁来发起

连接方式决定了连接关系的紧密程度和转化效率。

百度的连接方式是纵向的,腾讯的连接方式是横向的。如果我们用狭义的电商模式来理解就是,百度的连接是 C2B 模式,腾讯的连接是 B2C 模式。C2B 的模式是让用户自发提出需求意向,即用户提出需求,再用方案来解决;

B2C 的模式是将方案推送给用户，再去匹配适应的用户需求。

在 PC 时代的电商模式抉择过程中，C2B 的走红是在 B2C 之后，是因为用户有了更广的需求和更多选择的时候、B2C 不足以应对的时候。所以在移动互联网发展的伊始，腾讯还是仍旧可以用 B2C 的模式来撬动用户的，不过这是一定会遇到瓶颈的。

举个最简单的例子，微信"我的银行卡"下面的"九宫格"到底能接入多少服务？并且当服务到达一定数量之后，便又需要回归搜索入口了。所以我们看打车软件若是没有烧钱补贴是很难推进的，因为这种支付场景是被创造出来的，而并不是真正自发形成的。

我们也看到阿里关于"手机淘宝"的动作频频，并且官方承认了包括"三八生活节"也是主要为了给"手机淘宝"做重新定位，目的就是想甩掉原来淘宝 B2C 的这种连接方式的形象。百度在这方面却事半功倍，因为它一直是以搜索入口的认知来占据用户心智的，它在做的重新改变是在结果呈现上，从"信息"向"应用"的转变过程，这比微信日后要面临的模式转变会更加温和得多。

4. 连接的未来：连接世界

互联网女皇 Mary Meeker① 在 2013 年的 AllThingD D11 大会上提出应该对互联网展开一次重新想象，我相信这是对的，并且这种重新想象的事例正在时刻地发生在我们身边。我们身边的所有事物和生活，正在被一点点的数字信息化，越来越多的传统业务开始涉足互联网业务模式的开展，所以连接的未来，必定是会连接世界的一切。

这种趋势对百度这样有着大数据资源的企业是有优势的，因为大数据的积累和深度挖掘，会帮助其在快速连接世界的道路上发挥出更大的优势，只是它还需要快速打通支付等环节，尽早形成闭环服务，这样才能形成强连接。

腾讯同样是有很大机会的，毕竟社交娱乐是一个黏度很大的需求类目，但同样腾讯也面临一个问题，就是使用场景的建设，因为一旦有完整合理的使用

————————

① 这位素有"互联网女皇"之称的印第安女性，是硅谷风投机构 KPCB 合伙人，在业界极具影响力，曾被《财富》评为十大最聪明科技人物。

场景,那需求生成的转化率一定会提高,这会促使用户加强对连接的意愿。

电子商务是阿里最核心的产业,也正是由于这种核心产业的自我保护意识而导致阿里在连接层面执行的薄弱,阿里在对连接下定义的时候无法确认这是风险还是必然趋势,左右徘徊中,错失了最佳的拓展时机。也许等到手机淘宝完成了涅槃转型,才会有所转机了。

连接是互联网企业对行业发展的策略规划,而连接的执行是落地在产品之上的。百度和腾讯都有"平台"级的产品,都存在着对连接的想象和执行空间,区别在于百度是纵向连接,而腾讯是横向连接,这两种连接方式是由各自企业的发展轨迹和历程演变出来的,目前来看双方都有不错的发展,但在"连接世界"的路上,两位巨头必定会有一场决胜未来的横纵之争。

在详细介绍了腾讯、阿里、百度、雷军系之后,我们对互联网金融的几大巨头有了整体的了解。互联网金融的世界里还有许多公司,但从体量上和影响力上是十分不均衡的,可以说,腾讯和阿里成为这个行业的"双寡头":微信统治了6亿人口,微信要带着这6亿的消费力去成为各行各业的小米。阿里拥有海量商户,坐拥各行各业的虚拟商城,马云要找到更多的C,完成更多的交易然后把用户绑死在支付宝上。百度是否能成为有力的"第三者"还是未知数,雷军系和微信相比,还差了一个数量级。

六、第三方支付展望

(一)第三方支付是互联网金融的基石

1. 第三方支付的优势

金融来源于商贸交易的需要,而交易的核心是支付。除了帮助完成交易,支付还有三方面的价值:第一,推动行业电子化,让市场效率更高,信息更透明,弥补现有金融服务的不足,如易宝支付在航空行业与银行合作为上下游提供信用服务,通过支付推动行业转型;第二,增强信任,精准营销,创造或者促成交易;第三,支付企业积累了大量的商家和用户资源,以及海量的交易数据,通过大数据和资金闭环,商家和用户的理财和融资需求可以被高效而低成本地服务好。①

支付是基础的金融服务,网络支付即是基础的互联网金融。网络支付企业既具互联网属性,又有金融属性,这两个属性合在一起,会给互联网金融带来很多创新。新型支付方式为互联网金融创新提供了强大的动力,主要体现在企业理财和产业链融资方面。第三方支付公司拥有大量的商户,其中相当部分商户有理财需求,另外相当部分商户有融资需求,而这些用户亦有信用需求。因为这些需求在支付公司的系统中都是闭环的,营销成本低,而且利用历史和实时的交易信息可以高效评估信用,和金融机构合作为商户提供网络理财和融资服务,或为用户提供网络信用服务是十分便捷的。可以说,支付改变了传统金融固有的模式,推动了互联网金融的创新。

现如今,互联网发展已进入深水区,并开始打破通信、金融等行业的垄断。中国的经济要成功转型,作为血液的金融必须首先转型。而金融转型的核心是打破金融垄断,使存贷款利率的市场化,金融主体的多元化,金融服务的普惠化等。2011 年支付牌照的颁发为支付企业推动互联网金融创新创造了更好的发展契机。相信支付企业在互联网金融的大潮中一定会发挥举足轻重的作用,为广大中小微企业和个人带来低成本、便利、透明和个性化的支付与其他普惠金融服务,推动金融业的创新和中国经济的良性发展。

2. 第三方支付延伸互联网金融产业链条

在互联网金融日新月异的创新中,第三方支付作为创新基础和基石的角色不可或缺。不论是由支付宝衍生的余额宝的走红,还是微信理财通的上线,都意味着互联网金融产业链条,正沿着第三方支付功能挖掘和发挥的路径,不断延伸和扩散。②

第三方支付中会有相当体量的资金沉淀,可以预见,由之衍生出的理财大战还将继续。不同的是,支付宝的基础是电商中的资金流,而微信支付则是从社交工具切入,其他的第三方支付公司无疑也会争相效仿跟进,从各自的优势领域切入。未来第三方支付的互联网金融产业链条将会无限延伸。

---

① 唐彬,《互联网金融的基石——第三方支付》,http：//nkclub. blog. sohu. com/280970121. html。

② 李文龙,《以第三方支付为基石延伸互联网金融产业链条》,《金融时报》,2014 年 2 月 8 日。

3. 第三方支付防范互联网金融风险

业界普遍认为,互联网金融发端于第三方支付,而第三方支付又有可能凭借资金闭环运行的优势,弥合互联网金融发展中的先天性缺陷,比如防范 P2P 风险等。因为,第三方支付会产生大量的积累的信息流和数据,从而进行信用分析和评价。同时资金又是闭环的,能实现 P2P 平台账户和客户账户的分离,为客户资金增加了风险隔离手段。

目前已有易宝支付等多家第三方支付公司发布了 P2P 资金托管平台。在互联网金融业务规模的迅速膨胀中,不可忽视的是,以 P2P 网络借贷为代表的风险防控短板,为这一行业增添了许多隐忧。在我国投资者风险意识和借款人信用意识仍不足的背景下,P2P 平台倒闭和跑路事件频频出现,而这一薄弱环节仅靠 P2P 平台公司自己难以解决,只靠行业自律也很难保证其不会出现道德风险、不进行期限错配和非法集资。

而第三方支付的资金托管,则有望补足 P2P 网络借贷的短板。首先,许多第三方支付公司提供的是垂直行业的支付和金融服务方案,在旅游、航空、快消、娱乐等行业中已经有了资金托管技术和经验。其次,P2P 平台将客户资金托管后,将之与平台自身资金隔离,而借款人资金的进出由第三方支付根据其指令操作,能有效防控资金被挪用的风险。再次,目前已有 250 多家第三方支付公司拿到了牌照,操作和管理比较规范,违约成本较大。这些因素决定了,第三方资金托管能够成为防控 P2P 借贷风险的一个有效手段。

4. 第三方支付是互联网金融创新的主链条

有人比喻,第三方支付实际上是互联网金融创新的主链条,在每一个节点上都有可能会产生新的互联网金融模式。这是因为,从诞生"基因"上讲,以支付宝为代表的担保支付模式,本身就是为了规避交易风险而出现,而易宝支付等行业支付模式,则可视作附在传统金融产业链条上的延伸,本身就具有信用中介和账户管理、资金流控制等优势。而这些要素,正是任何一笔互联网金融交易所必需的。

在理财和资金托管之外,第三方支付作为支付通道带来的直接的数据流和信息流,将是云计算、大数据挖掘的"宝库"。第三方支付发展至今,很多支付业务已经渗透到航空、保险、旅游等行业,积累了整个产业链条的交易信息,因而可以合理有效地评定产业链上的企业信用。而这些商家资源和交易数据，将是信用挖掘的基础，借以解决其融资和理财需求。更重要的是，第三方支付带来的是许多行业的电子化，信息的透明度更高，如果与银行等合作，为产业链的上下游企业提供授信服务，可以降低成本，既能解决信息不对称瓶颈，又能通过资金的闭环运行防控风险。

互联网金融的发展业态逐渐清晰，其对传统金融是颠覆还是促进，业界也经过了一番争论，眼下优势互补、融合发展逐渐成为共识。这从阿里巴巴与天弘基金、民生银行等金融机构的合作联姻中可见一斑。互联网金融虽然带来了渠道变革、消费和服务模式上的创新，但是无法改变金融的本质和根本的盈利模式，还必须遵循金融的规则。在其发展的前景和趋势中，第三方支付这一基石，仍将发挥决定性作用。

（二）创新移动金融的无限可能

在互联网金融高速发展的今天，谁能把都市白领的移动支付习惯掌握住，谁就获得了这场金融争夺战的主动权，以移动支付为基础的移动金融就会包含无限可能。

从三到五年的长期发展看，移动支付等功能构建起来的移动金融仍然要比拼谁的"生态圈"更繁荣。从生态圈的角度看，主抓存量的支付宝钱包和主抓流量的微信支付代表了两种开放的模式。没有存量负担的微信支付比支付宝更开放一些，商家可以只把微信支付当成工具或渠道之一，自由度比支付宝更高；当然相应的缺点是，微信支付体系内没有庞大的账户资金存量，商家能从支付宝体系内得到的好处比微信支付更多。其他移动金融玩家，哪怕是拥有大量客户和资源的商业银行，也不太可能独自建立第三个移动金融生态圈。而对于像中国银联、联通支付这样的线下收单巨头来说，单纯的 POS 机实体保有量的强大显然已经不能成为其保持线下收单市场优势的关键，面对来自其他像支付宝、拉卡拉等第三方支付机构的冲击，其未来在技术革新层面上带来的商业模式转型也是不可避免的。

无论如何，在移动金融领域，确确实实能够感受到互联网金融对市场竞争起到了显著的加速作用。如果没有因余额宝而起的互联网金融之风，这些后续竞争不会如此迅速地进入白刃战阶段。再接下来的看点，就是互联网企业能否在互掐之余真正杀到金融机构的领域，以及中国银联等金融机构能否在互联网金融领域主动出击。毕竟支付宝钱包已经实现独立运营，除壹钱包之外，其他商业银行也在大力推动自己的手机客户端产品。

在未来，移动金融的无限可能将得到最大限度的延展，移动互联网金融市场也将好戏连台。

第三章 货币创新——新型货币之战

一、互联网货币家族红人：比特币

2013 年 12 月 18 日，中国人民银行网站和微博同时被黑，网站间歇性打不开，新浪微博@央行微播评论冲入大量比特币水军。当时，比特币在中国的交易已经面临生死攸关的寒冬。前有五部委发布《关于防范比特币风险的通知》，后有禁止第三方支付公司为比特币提供支付与结算服务，面临接连推出的对比特币交易的不利措施，比特币更是在 2013 年 12 月 18 日晚间开始，两日之内价格跌幅超过 60%，这对一个新兴事物来说是史无前例的。

比特币到底是什么？为何能掀起如此波澜？其实比特币是由一个名为中本聪(Satoshi Nakamoto)的神秘人士于 2008 年 11 月设计的一种数字货币。中本聪认为比特币能够让用户在一个去中心化的、点对点的网络中完成支付，不需要一个中央的清算中心或者金融机构对交易进行清算。用户只需要互联网连接以及比特币软件就可以向另外一个公开的账户或地址进行支付操作。和法定货币相比，比特币没有一个集中的发行方，而是由网络节点的计算生成，谁都有可能参与制造比特币，而且可以流通全世界，可以在任意一台接入互联网的电脑上买卖，不管身处何方，任何人都可以挖掘、购买、出售和收取比特币，并且在交易过程中外人无法辨认用户身份信息。比特币这些"完美"特性让其在 IT 世界里行走得风生水起，极客们对于这一发明，评价非常高。确实，一种新的"货币"是非常吸引眼球的，也让 IT 精英们浮想联翩：如果未来世界的货币都像比特币这样可以脱离政府控制的话，IT 精英不就统治全世界了吗？那么情况是否如 IT 精英们所想的那样，这种颇具颠覆性的未来是否会真的到来呢？下面，我们先从它的创新性产生说起。

（一）比特币的产生与获得

1. 比特币的产生

上文已说到，比特币是一名叫中本聪的人设计的一种数字货币，2008 年 11 月 1 日，该人在一个隐秘的密码学评论组上贴出了一篇研讨陈述，陈述了他对电子货币的新设想——比特币就此面世，2008 年中本聪对比特币的基本勾画，此时正值美国政府和银行调节经济的水平遭到各方质疑，信誉降入谷底。为此美国政府向华尔街和底特律汽车公司注入大笔资金，美联储推出"量化宽松"政策，本质上即是大量印美钞，导致金价上涨。然而比特币的世界并不依赖于政治和金融，其运转只遵照中本聪的奇妙算法，从而为人类提供了除主权货币之外的另一个选择。

2. 比特币的两种获得方式

与传统央行发行的"货币"不同，比特币是一种虚拟货币，只存在于网络中，由一个去中心化的 P2P 分布式计算机网络维护。这些计算机俗称"矿机"。通俗地理解，比特币的形成过程就是由"矿机"努力去寻求越来越复杂的数学问题的答案，相当于艰难地解开一个个复杂的安全密码包，若成功解开一个方程，就会拿到一个比特币——具体表现为一长串被称为"地址"的数字和字母。"矿机"会将比特币存在特定的硬盘和网络上，俗称"钱包"。"钱包"上每个地址代表一个比特币。若涉及比特币的交易，即把比特币放到对方指定的"钱包地址"上，就完成了一笔比特币的交易。总而言之，"矿机"既作为工具负责初始"挖矿"以获得比特币，也负责比特币的交易和验证。比特币的储存则可以放在硬盘或者网络上。

比特币的获得主要有以下两种途径：一种途径是由第一个处理难题的"矿工"开始，这名"矿工"会得到 50 比特币的奖赏，在相关买卖区域加入链条。随着"矿工"数量的添加，每个谜题的困难程度也随之上升，这使每个买卖区的比特币生产率保持约在 10 分钟一枚。另一种途径是通过比特币中国及位于日本东京的 Mt. Gox（读做：Mount Gox 或者 MTGOX）等专门交易平台用其他货币购买，俗称"做商人购买"。

随着比特币的价格不断攀升，比特币变得炙手可热。获得比特币也就成了许多人梦寐以求的事情。相比于直接在比特币交易平台上直接购买，挖矿成了非常热门的生意。但是，"挖矿"行为在全世界的普及，导致其竞争越发激烈，这也意味着利润的下降，在这样的背景下，对矿机配置的要求也变得越来越高。

3. 两个百万美元披萨成就比特币交易历史

"比特币"第一次在现实中体现价值是在 2010 年。当时，"比特币"还在电脑极客们手中流通，来自美国佛罗里达州的程序设计员拉斯洛·汉耶兹（其被认为是第一个在现实世界中使用"比特币"的人）将一万个"比特币"发给英格兰的一名交易者之后，后者接着用信用卡帮他从一家著名披萨零售店订购了两个披萨，按照比特币现在的兑换价格来计算，这两个披萨的总价最少也要100 万美元，也就是说，这笔昂贵的披萨交易成就了历史，实现了比特币的第一笔现实交易。①

（二）总量固定，号称"数字黄金"的比特币

比特币缘何被叫做数字黄金，想要了解这一点，还要从比特币的基本特征谈起：②

一是比特币的非主权、超国家性。比特币是全球网络发展的产物，不属于某个国家所有。

二是比特币的去中心化。比特币的发行和支付没有中央银行等管理部门充当中央控制中心，其转账支付由网络节点集中管理。比特币系统是通过整个网络的分布式数据块来记录其交易，并由整个比特币系统共同承担交易风险的。

三是比特币的匿名性。从技术上讲，比特币的交易各方可以通过随意变化收款地址来隐藏自己的真实身份。传统的电子货币严重依赖账号系统，必须收集交易双方的个人信息来完成交易，而比特币通过公开密钥技术，不再依赖账号系统，交易双方可以随意生成自己的私钥，随后将与私钥对应的公钥告

---

① 《比特币是数字版黄金？》，http://it.sohu.com/20130527/n377155958.shtml。
② 陈道富、王刚，《比特币的发展现状以及风险特征》，《中国经济时报》，2014 年 1 月 17 日。

知付款人即可收到款项。下次使用时,可以重新生成一对公私钥进行交易。这种一次一密的做法可以做到完全匿名交易,难以跟踪。

四是比特币的网络健壮性。比特币完全依赖点对点网络,无发行中心,这意味着除非全球持续断电或屏蔽掉整个互联网,否则外部世界无法对其实施关闭。

五是比特币的非唯一性。作为一种无准入门槛的虚拟货币,由于比特币的源代码对外公开,经过参数修改,可以制造出功能类似的其他网络虚拟货币。

而中本聪在他的一篇博客文章中,则详细阐述了现行货币的劣势:"央行必须让人们相信它不会让货币贬值,但历史上它已经多次打破这种信任;银行需要让人们信任它能好好地保住储户的钱,但事实上他们经常把钱乱借给别人造成坏账。"这个理念就是要创造一种央行无法贬值而政府无法征税的货币,换而言之他们要创造一种数字黄金。比特币的基本特征则决定了其获得"数字黄金"这一称号当之无愧——比特币总量固定,就不会出现大量发行而导致通货膨胀的出现。

正是因为如此,在金融危机此起彼伏的时代中,比特币的需求才尤为明显。比如塞浦路斯危机爆发后,"比特币"的价值在两日之内则上涨了15%,而汇率观察和交易软件的下载量在手机应用程序榜单上也大幅飙升。

这种电子货币的思维可以说深受经济学家哈耶克"非国有化货币"思想的影响,同时也是对一些国家滥发货币引发通货膨胀的不满。比特币通过控制发行总量,是一种"去中心化"的电子货币,理论上任何人、机构或政府都不能操控比特币的货币总量,也避免了通货膨胀的发生,有可能成为一种完美货币。

同时,比特币作为"无国界"的货币,如果在全球通用,对于未来的全球经济一体化和全球性支付也具有极大意义。

(三) 比特币的价格及决定因素

1. 比特币价格"投机暴发户式"的发展史

比特币从最初的一文不值到如今的价格不菲,过程十分曲折。

2009 年和 2010 年初,比特币在市场上一文不值。自 2010 年 4 月开始交易的头半年,比特币市值不到 14 美分。后来,在 2010 年的夏天,比特币受到虚拟市场的牵引，供不应求，网上交易市场的价格开始变动。

在 2011 年 1 月，在 87 美分的基础上突破 1 美元，达到了 1.06 美元。到了春天，《福布斯》杂志上刊登关于这个新的"神秘货币"的报道，比特币的价格在一定程度上受到了催化，开始了爆发性上涨。从 4 月初到 5 月末，比特币的现行汇率从 86 美分上升到 8.89 美元。6 月 1 日，Gawker 发表文章写到比特币很受网上的毒品交易者欢迎，并且在一周之内翻了不止三倍，猛增到 27 美元。所有流通的比特币的市场总价已经达到了 1.3 亿。

2011 年 6 月 20 日，一个黑客入侵了全球最大的比特币交易市场东京 Mt. Gox 市场，造成比特币的价格自由落体般跌至 0.01 美元。当时有人发帖称："2.5 万个比特币被盗，现在真想自杀！"

比特币一天暴涨暴跌百分之几十几乎是家常便饭。这在行家看来只能"冷眼旁观"，价格断层很大，很多是虚假价格。挂单的人很少，更像是在赌场下注。在比特币交易网站上，实时播报行情，成交也显得非常活跃，还增加了担保交易，并宣称专业团队 24 小时服务。

最吸引眼球的是，比特币的价格在 2013 年 11 月 19 日蹿上人民币 8 000 元的历史高位，继而在 20 日被腰斩近一半，12 月 1 日又回到 7 000 元上方。12 月 5 日央行发布《关于防范比特币风险的通知》后，比特币再次下跌。

在比特币的发展过程中，价格坐"过山车"的情况很常见。如此暴涨暴跌代表了其投机性很强，不论是充当价值尺度，还是交易媒介等功能，投机性强都是不利的因素。

2. 受多方掣肘的比特币价格

比特币本质上是一段代码，不具备任何收藏价值。投资者必须频繁交易，才能赚取价差。比特币价值的建立，取决于有多少人、多少商品和服务愿意接受比特币的付款。也就是说，如果接受比特币的人数增多，比特币的市场交易会进一步繁荣，比特币将拥有巨大的升值空间；但如果比特币用户数量减少，其价值就很有可能下跌，甚至可能一文不值。[1]

---

[1] 翁晟，《三问极具争议的比特币》，http://finance. sina. com. cn/money/forex/20140106/100317854335. shtml。

信心是比特币价格的基础。大部分对比特币持有很强信心的人认为,现在拥有比特币的人数仅有数十万人,而互联网的用户却远超 10 亿,因此其增长空间很大。而事实上,正是出于这种认识,很多比特币玩家都抱着"收藏坐等升值"的心态,很少"挖矿"成功后就拿比特币买东西。但如果大家都抱着这样的心态,可能导致的最终结局就是,由于比特币太"值钱"了,越来越多的人在获得比特币后,会把它囤积起来,梦想着靠这些比特币能够让自己一夜暴富,而不是将其作为货币购买东西。发展到最后,比特币的交易媒介作用会越来越小,最终彻底退出流通领域。也就是说,如果每个人都抱着收藏的心态,把比特币锁在保险柜里,那么随着大玩家的渐次离去,比特币的价格将一泻千里,最终烟消云散,仅剩一地鸡毛。

各国政府对于比特币的态度是重要的因素。例如,2013 年 12 月 5 日,国内央行等五部委联合发布了《关于防范比特币风险的通知》,明确比特币不是真正意义上的货币。在此后的一周时间内,比特币价格从 7 005 元的高点暴跌至 4 100 元。12 月 18 日,第三方支付公司按照央行的要求切断了比特币交易平台的充值通道,而比特币交易平台的网银充值渠道也被暂停。受此影响,比特币价格从 3 800 元跌至 2 011 元。

交易平台的各种技术故障也极大地影响了比特币的行情。例如,2014 年 2 月 7 日,Mt. Gox 发生技术故障,用户无法正常取款,整个平台不得不暂停交易。受此影响,比特币兑换价一度由 827. 38 美元跌至 619 美元,跌幅高达 25%。

比特币被商家所接受的程度也十分重要。例如,2014 年 1 月 7 日晚,淘宝网正式发布公告,宣布将于 1 月 14 日起禁售以比特币为代表的虚拟币以及比特币挖矿机。在淘宝发出公告后,比特币单日下跌 15%。

由于中国炒家大量进入比特币市场,比特币的价格波动与中国炒家的关系就成了重要因素。近年来,中国的游资四处寻找赚钱机会,从中药材到洋酒,从"姜你军"到"蒜你狠",从投资艺术品到房产、墓地、邮票等,但凡能"赚到快钱"的领域都不乏游资的身影。比特币也不例外。从某种意义上说,比特币是 17 世纪荷兰郁金香泡沫的翻版,缺乏理论依据的鼓吹会让更多投资者陷入击鼓传花的游戏中。

影响比特币的因素是无法穷尽的，在比特币大涨大跌的背后，到底是谁在操纵，是谁在获益，谁在亏损，都值得认真思考。

（四）火爆的比特币基金

从 2011 年开始，比特币的价格从 0.03 美元到突破 1 000 美元，涨幅超过3 万倍。闻名遐迩的对冲基金经理们也纷纷关注比特币市场，并将大量资金投资到比特币上。面对如此火爆的比特币基金市场，未来其将顺利成为一场资本的盛宴，还是在刀口舔血？我们来做下面的一些分析。

1. 基金早已吃了第一只螃蟹

在互联网时代，一切皆有可能。作为网络虚拟货币的一种，比特币的专项投资基金不断涌现。不仅美国出现了比特币基金，目前中国也出现了专门的比特币基金，包括亚洲首富李嘉诚旗下基金也将投资目光投向了比特币。当你还不知道比特币为何物时，比特币基金已经以迅雷不及掩耳之势发展起来。然而，监控的空白、巨大的风险也如地雷一般潜伏在其发展的道路上。

对于比特币基金来说，最先吃螃蟹的是美国非流动性资产在线交易市场Second Market，在 2013 年 9 月，其推出了首支总部设在美国的比特币基金，该基金使得投资者无须直接购买比特币，就能够投资这种数字货币。据介绍，这只比特币投资信托基金（Bitcoin Investment Trust，以下简称 BIT）是一只仅投资于比特币的开放式私人信托基金，由 Second Market 旗下全资子公司——另类货币资产管理公司作为该基金的经纪交易商进行募集。为投资者提供购买各种非流行性资产的 Second Market，也向该基金投入了 200 万美元的种子投资资金。该比特币基金是一个私人的投资基金，只投资于比特币并且其价值仅仅来自比特币的价格。它使投资者获得投资比特币的收益，却没有购买、储存、安全保障的忧虑。该基金投资门槛并不高，最低为 2.5 万美元，收费也和一般的私募基金收费类似：前端申购费率为 1.5%，年费及管理费率为 2%，后端申购费率为 1.5%。①

除上述公司外，城堡投资集团（Fortress Investment Group）也在筹备自己

---

① 胡芳，《比特币基金：资本的盛宴 OR 在刀口舔血》，《国际金融报》，2014 年 1 月 21 日。

的比特币基金,规模可能远远大于 Second Market 的同类产品。

曾经因起诉 Facebook 创始人马克·扎克伯克剽窃创意而名声大噪的温克莱沃斯孪生兄弟,也已经向美国证券交易委员会提交了一只比特币交易所交易基金(ETF)的上市申请。据悉,温克莱沃斯比特币信托基金计划募集 100 万份,每份最高发行价约为 20.9 美元,计划最高募集金额约为 2 000 万美元,该基金公告表示,"旨在令投资者通过划算的、方便的方式,进行比特币投资,并最小化他们的信贷风险"。

比特币基金的风潮甚至还蔓延到了亚洲。在 2013 年 6 月,曾任新东方老师、现艾德睿智国际教育咨询合伙人的李笑来发起了一只比特币基金,并在深圳、广州、上海等地路演。李笑来自称持有六位数的比特币。因为比特币的暴涨,最少获益数百倍。

2. 大量资金陆续入场

2013 年 11 月,比特币掀起了一轮狂热涨势。从 2013 年 10 月的 200 多美元开始,其价格一路上涨,屡创新高,在不到 1 个月的时间里,就攀上了 1 100 美元的历史高位。这轮被称为"比特疯"的上涨,业内人士更多地解读为受"中国大规模资金涌入"带动所致。在中国,比特币的价码也不断飙升,超过 7 000 元人民币。此后,比特币价格开始回落,一度跌到 2 000 元左右。不过这种投资热潮并未因比特币的种种风险而降低,仍有很多人对此跃跃欲试,并推断华尔街也有可能继续大量入驻比特币基金。

比特币基金创始人兼首席执行官巴里·希尔伯特说,华尔街将会分三波涌入比特币市场。第一波客户已经进入了比特币基金,这些资金大部分来源于个人退休账户、信托公司等。另外,希尔伯特还透露比特币基金正在与"几家主要银行"洽谈,他们希望于 2014 年上半年在财富管理平台推出一只基金。第二波来势汹汹的将是对冲基金和其他机构投资者。第三波将是华尔街银行自身,这些机构将是纯粹冲着利益而来。这些银行已经有大型团队交易美元、欧元、日元和黄金,对于那些外汇和大宗商品交易员而言,比特币并没有什么不同。

对于比特币,尽管有的投资机构暂时保持沉默,但也不乏大型机构的追捧。美国一家投资管理公司的联席首席投资官迈克尔·拉兹,在纽约举行的一次会议上建议投资者"不妨投资一点比特币"，称它的价值在接下来的几年里将大幅升值。比特币短期内价格波动肯定会有，一旦华尔街资金大量涌入比特币，比特币基金将不再是今日之规模。

3. 投资风险不可忽视

正如乔治梅森大学的经济学家劳伦斯·怀特所说："比特币到底有多少价值，甚至有没有价值，都无从确知。"而发行募集了一只比特币投资信托基金的私募资产投资平台 Second Market 的 CEO 巴里·希尔伯特则告诫公众："比特币的投资结果有两个：要么是血本无归，要么是回报率非常非常高。"确实，金融就是风险和收益的平衡，每个投资者的风险承受能力不同，所以具体是否将资金投入比特币中，还是留给每个投资者自己决定为好。

二、从金融视角看比特币

（一）备受冷遇的比特币

1. 大多数央行对比特币态度冷漠

在 IT 界被热捧的比特币，在金融界并没享受到同样的待遇。代表各国金融当局的央行，虽然态度各不相同，但大多数对比特币态度冷漠，甚至排斥。

俄罗斯央行 2014 年 1 月 27 日表示，比特币交易具有极高的投机性，该虚拟货币具有很大的贬值风险。"即使是无心之举，公民和法人实体也具有被卷入洗钱和恐怖主义融资等非法活动的风险。"

泰国也是比特币的反对者之一。泰国央行认为，比特币属于非法交易，包括买卖比特币、用比特币购买商品、与境外的任何人进行的比特币的往来等，因此，对比特币进行了"全面封杀"。

我国作为 2013 年以来迅速膨胀的最为火爆的比特币市场，央行的态度至关重要。2013 年 12 月 5 日，我国央行等五部委发布的《关于防范比特币风险的通知》明确比特币不是货币，下令金融机构和各支付机构在国内禁止比特币交易及兑换，但对于民间交易并没有加以干预。在我国央行下文之前，我国最大的比特币交易平台的日交易量已经超过了世界其他交易平台。按人民币折算，日交易量达到 4.03 亿元，成为世界第一。12 月 16 日，央行约谈国内第三方支付公司，明确要求第三方支付机构不得为比特币交易网站提供托管、交易等业务，对于已经发生业务的支付机构，应该解除商务合作。对于存量款项可在春节前完成提现，不得发生新的支付业务。一时间，比特币行情从天堂跌到地狱。中国香港特区政府财经事务及库务局局长陈家强 2014 年 1 月 6 日表示，比特币属高度投机性商品，市民要加倍小心，避免因使用或投资比特币而带来损失。中国台湾也于 2013 年 12 月 30 日对比特币下禁令。

韩国央行认为比特币不是合法货币，并且比特币不是真正的投资，不会对比特币征收资本所得税，但还未视为非法交易。

随着比特币的爆发式流行，各国监管者纷纷表态将严格监管比特币。欧洲银行业管理局警告，根据欧盟法律，在使用虚拟货币进行商业交易时，消费者没有法律保护的可以获得任何退款权利。

2. 学界和商界也不乏反对比特币的声音

2014 年 1 月 25 日，在达沃斯世界经济论坛上，诺贝尔经济学奖得主罗伯特·希勒、美国财政部长杰克·卢和摩根大通公司董事长兼首席执行官杰米·戴蒙都站出来反对比特币。美联储前主席格林斯潘也认为，比特币就是个泡沫，这种虚拟货币不是真实货币。

反对比特币的代表性人物是著名经济学家保罗·克鲁格曼，他于 2013 年 12 月 25 日在《纽约时报》撰文《投机比特币是历史倒退》，比特币挖矿和挖金矿类似，没有太大意义。所谓高科技、算法，都是花哨的外表。货币的本质应该是促进商业流通的手段，而比特币除了一串代码什么都不是。

几大著名全球企业对比特币也不太友好：苹果公司在 2013 年 12 月要求比特币交易的 APP 软件全部下架。2014 年 1 月 7 日晚间，淘宝网发布公告，宣布将于 1 月 14 日起禁售比特币、莱特币等互联网虚拟币商品。

（二）不容忽视的货币缺陷

比特币作为一项创新，遭到冷遇是有一定道理的，其招致各方面批评的根本原因是比特币固有的缺陷。

1. 成为洗钱等非法活动的工具

比特币的突出特点是隐匿、无监管、支付方便，对于涉及黑色和灰色收入的非法组织来说是非常方便的支付工具，这就给洗钱、资金非法跨境等不法行为提供了土壤。这一点是任何政府所不能容忍的。

在比特币被广为了解之前，国外一些线上毒品网站、赌博网站等非法机构都以比特币为中介进行交易。比特币也极容易演变成地下钱庄的媒介。从以往查获的案例来看，很多地下钱庄是采取所谓的"异地存取"办法完成大额交易，即在国内交款给地下钱庄指定的账户，同时在国外账户获得兑换成外币的款项。以比特币作为媒介，一方可以在国内用人民币购买比特币，然后把比特币支付给国外，对方在国外再将比特币卖出换成外币存入，比其他方式更加快捷，成本更低。这无疑为逃避监管的非法行为提供了便利。我国央行对比特币交易的叫停，特别是禁止在金融机构和所有的国内支付平台进行交易，就是要从源头上卡断人民币和比特币的自由兑换，最大限度地防范以其进行洗钱的风险。对于比特币的投资者来说，对比特币的交易风险尤其要提高警惕。根据国内外相关法律，如果事后发现投资者进行的比特币交易与非法组织有关，即使是被动帮助洗钱的，同样需要承担法律责任。

美国的比特币社区比俄罗斯发展更为成熟，也已经受到严格的监管审查。美国政府正在打击利用比特币进行的非法活动，联邦政府和州政府希望监管比特币交易并要求其像银行一样进行反洗钱检查。

2. 比特币的存储和交易平台安全性堪忧

比特币自从出现之日起，安全性问题就一直在困扰着它的发展。因为即便是最纯粹的技术也需要在不纯的世界里生存。代码和比特币的理念可能没有受到影响，但是比特币本身是分散的信息，需要被储存起来。通常，比特币是在用户桌面的数字钱包里储存，并且当比特币价格很低，容易挖到，而且只有一些技术工程师使用时，是完全足够的。但是一旦他们开始变得有价值，一个电脑就不够了。一些用户想尽各种办法来储存他们的比特币。大多数人会把现金存进银行，但是对于这种新货币，一种原始的，没有调节的金融服务行业开始兴起。一些不可信任的网络"钱包服务"承诺保障客户的数字财产安全。交易所允许任何人把比特币兑换成美元或者其他货币。使用者开始盲目将日益增多的比特币委托给第三方。激进的自由主义者认为这些第三方比联邦保险机构更加安全,但它们中的大部分甚至不知道是谁开的。

比特币交易平台通常是一个网站,一旦遭到黑客攻击,可能会给比特币持有人和交易者造成巨大损失。例如 2011 年 6 月 19 日,Mt. Gox 比特币交易中心的安全漏洞导致比特币价格一度从 15 美元跌至 1 美分。2011 年 8 月,另一家比特币交易平台 My Bitcoin 宣布遭到黑客攻击,导致超过 78 000 比特币(当时约相当于 80 万美元)下落不明。

网站的安全性一直是互联网世界中难以解决的问题。即使到了 2014 年,比特币已经成为焦点有些时日了,也无法彻底解决这个问题。例如全球最大的比特币交易平台 Mt. Gox 于 2 月 7 日发生技术故障,用户无法正常取款,整个平台不得不暂停交易。受此影响,比特币兑换价一度由 827.38 美元跌至 619 美元,跌幅高达 25%。2 月 10 日,Mt. Gox 的比特币交易价格离奇暴跌,数秒内从逾 600 美元直接跌至最低的 102 美元,随后快速反弹。2 月 11 日,该交易平台上的比特币价格恢复到了 563 美元,但仍较此次事故发生前大幅下挫。如果网络与技术安全得不到保障,比特币发展将面临致命瓶颈。

2014 年 2 月 25 日,Mt. Gox 正式破产,其破产原因是系统漏洞造成的大量比特币损失已经无法弥补客户的损失,同时 Mt. Gox 的 CEO Mark Karpeles 宣布退出比特币基金会。Mt. Gox 的破产实际源自一个致命的漏洞,该漏洞允许伪造交易 ID 攻击,而且该攻击从 2 月 10 日就已经开始,在最密集的时候共计有四分之一的交易都是伪造的。随后 Mt. Gox 被迫停止了比特币提款和交易。就在 Mt. Gox 宣布破产的同时,全球多家比特币交易公司也发出了一份联合声明,称 Mt. Gox 用户的信任遭到背叛只是一家公司的丑恶行为,并不会影响比特币和电子货币行业的应变能力或价值,希望用户能够重拾对比特币的信心。[①]

比特币的持续火爆也让相关病毒、木马活跃起来,和比特币挖矿相关的木

---

① 马荣,《全球最大比特币交易平台 Mt. Gox 宣布破产》,http://tech. sina. com. cn/s/2014 - 02 - 26/07529192684. shtml。

马变种达 1 万个。Mt. Gox 破产后，总部设在加拿大阿尔伯塔省的比特币银行 Flexcoin 也于 2014 年 3 月 4 日发布停业声明，原因是 Flexcoin 于 3 月 2 日遭黑客攻击，存储在该网站在线热钱包（hotwallet）的 896 枚比特币被盗一空，价值约 60 万美元。

3. 比特币交易的诈骗风险

和各种交易类似，比特币交易也逃脱不了诈骗风险。例如浙江金华破获的全国首起比特币诈骗案：位于香港的 GBL（Global Bond Limited）是一个曾在比特币圈红极一时的交易网站，2013 年 6 月在香港注册处正式登记注册，经营性质为虚拟货币兑换、投资咨询和进出口贸易。不过 GBL 并未取得香港海关金钱服务经营执照或者证监会牌照，这实际上违反了香港反洗黑钱法例和证券及期货条例。高峰时，GBL 吸引了众多比特币玩家。然而仅仅几个月后的 10 月 26 日，该网站页面忽然被关闭，用户纷纷被踢出 GBL 官方 QQ 群。就在大家还没有来得及将账户资金提出来时，GBL 就已携款跑路了。据统计，500 名受害者损失或超过 2 000 万元。警方还在安徽、贵州、广东等地相继抓获 3 名涉案人员，该诈骗团伙虚构比特币网络交易平台 GBL，从中诈骗钱财，涉案值超 400 万元。①

更为轰动的比特币交易诈骗案"周同事件"，也是一记警钟。周同自称是一个新加坡华人，开设了比特币交易市场。由于创新性地开设了比特币融资平台，以及围绕比特币创造出一系列证券、债券和期货等衍生品，其开设的市场日益火爆。然而，2012 年周同在网上发布公告称，市场受黑客攻击，比特币被洗劫一空。不少受害者指责，黑客只是幌子，实则是周同本人监守自盗。但除了受害者们一无所知。"周同"这个亦真亦假的名字外，只能自己咽下苦果。

就诈骗手段而言，还出现过投资者在网上购买比特币后卖家跑单；也有黑客利用技术手段，冒用身份信息掏空比特币持有人的"钱包"，将比特币转走等。此外，比特币自身所具有的"匿名性"特点同样也存在着巨大的隐患：如

---

① 刘薇，《安徽等地现诈骗团伙虚构比特币网络交易平台骗 400 万》，《羊城晚报》，2013 年 12 月 3 日。

遭遇诈骗或盗窃,受害者往往难以证明被盗的比特币与自己的所有关系,同时也难以追踪被盗比特币的去向,使得追回损失的希望变得十分渺茫。由于比特币法律地位缺失,国内对于比特币及其交易平台也没有详细的监管措施,因此,用真实货币来买卖比特币,尤需谨慎。

(三) 被监管当局密切关注的比特币

比特币这种"虚拟货币"表面上只是对央行货币发行垄断权造成了潜在威胁,但在实质上其更大的危险性则在于:脱离监管、投机风险极大、交易平台脆弱且易受攻击、为贩毒洗钱和诈骗等隐秘犯罪提供便利,而普通百姓对这一切则很难有深入的了解和认知。

比特币的投机泡沫和风险已经受到多国金融监管机构的注意。继 2013 年 12 月 5 日中国央行发出《关于防范比特币风险的通知》后,前美联储主席格林斯潘表示:"比特币没有任何资产基础,也不可能以任何方式支付。"随后,荷兰央行行长指出,比特币就是一种炒作,迟早会崩盘。法国央行则称,比特币没有任何资产作为根基,并警告零售商,绝对不要接受比特币作为交易的结算工具;欧洲银行监管局(EBA)发表声明警告"电子货币存在剧烈波动"的风险,比特币的"电子钱包"存在被黑客劫持的可能,比特币用户的权益也缺乏相关法律保护。

(四) 比特币和传统货币的迥异

比特币是不是货币? 比特币玩家对这一新兴产物抱以极高的期待,希望它能成为现实货币的替代品,成为互联网时代的交易工具。但若我们撇开复杂的技术,分析比特币所具有的金融属性,这一崇高的理想可能只是另一种乌托邦,空有意识形态,而缺乏经济上的可能。甚至于,从它的极易投机属性看,这更像是一场互联网时代的"郁金香泡沫",投机史上的又一场狂欢。①

黄金的信用源自其稳定的化学性质,以及亮丽的色泽,其中也包含了一些

---

① 安邦咨询,《比特币,这次并没有不一样》, http: //quan. sohu. com/pinglun/cyqemw6s1/372842928。

文化因素，即使退出流通，也可以打造成金饰予以贮藏；法定货币的信用来自央行体系，以及国家法律的强制，借助政权的力量，保证货币被交易者接受。只有超强国家背景、超强经济实力做支撑的货币，才可能成为现实世界中的货币，充当全球贸易的一般等价物。主权货币发行都隐含着政府信用背书，一国政府一般会用法律的形式保障本国货币在本国范围的基础支付、计价、储备功能。货币可能存在对内对外贬值，但是，只要政府不倒台，货币就始终可以使用，不愁用它买不到东西。而比特币是一串数字代码，本身没有任何价值，也没有任何国家、机构和个人对它的信用进行背书。

目前比特币还有交易价格是因为有人愿意买它，一旦没有人愿意接盘，比特币就一文不值了。从这一点上来讲，比特币甚至不如 Q 币、淘宝币等虚拟货币，至少这些虚拟货币还有机构愿意为它的信用负责，只要发行它的机构不倒，就始终可以用它在一定范围内购买一定的商品或服务。而对比特币来说，它的信用并没有稳定的保障，完全基于投资者的认可。这也意味着，一旦投资者改变了初衷，比特币将彻底沦为垃圾程序，被扫入回收站中。

比特币是一种通缩的货币。实际主权货币不光有中央银行发行的银行券（就是现金），还包括在商业银行的各种形式的存款，由于商业银行的放贷机制，市场上的货币总量远远大于初始存款额，这就是现代货币的货币创造功能，这种功能满足了经济增长过程中对于货币供应量的需求。比特币数量上有限，最终全球仅有 2 100 万枚，还不考虑因人为丢失等原因造成自然损耗，不可复制，不可被再创造，银行无以寻找额外的比特币来支付利息，加之比特币的加密特点保证了比特币放之个人账户和银行账户上没有安全性上的区别，还有被盗用风险，客户没有动机把比特币放在银行，银行更无从进行货币创造。所以，货币创造功能也受到限制，随着经济总量的不断增长，货币供应难以满足经济增长的需求，长期一定会产生通货紧缩。

政府对于金融体系无法有效监控。由于比特币的产生和分配不受政府控制，比特币去中心化的特性消除了人为干预货币供应量的可能，但同时也使政府失去了根据经济情况动态调节货币以稳定经济的手段，货币政策失效，宏观调控仅依赖于财政政策。同时，比特币流转过程复杂，价格波动剧烈,会给金融体系带来巨大的挑战和新的风险,政府也很难进行干预以维护金融稳定。

正常货币支付环境中,政府一般可以依靠有关商业银行和货币支付体系的信息来识别可能的洗钱活动,对有关款项予以处置。在洗钱活动使用比特币进行结算时,货币支付环节没有第三方进行监督管理,没有支付系统信息记录,很难进行甄别,政府丧失了基本的反洗钱手段,反洗钱能力将大为削弱。此外,比特币还会给货币及其支付体系本应发挥作用的金融监管、征信、消费者权益保护、反腐败等工作带来新的考验。

所以,比特币离真正传统意义上的货币还很远,它和主权货币有着本质上的利益冲突,可以看作是一种虚拟金融资产。

(五) 比特币的小伙伴们

比特币的开源、去中心化特征也同时决定了比特币作为网络第一虚拟货币的权威性无以保证。由于比特币算法是完全开源的,谁都可以下载到源代码,修改一些参数,重新编译一下,就能创造出一种新的 P2P 货币。同时,比特币的算法远非完美,存在交易确认时间长、交易平台脆弱等缺陷,如果有后来者能够在这些方面进行改进,就完全有可能替代比特币。只要有足够的人员支持,这些新"货币"完全可以与比特币并驾齐驱甚至替代比特币,目前市场上已经有莱特币(LTC)、无限币(IFC)、PPcoin、Namecoin 等诸多山寨比特币。其中,尤以莱特币最为火爆,其用户和成交量也在疯狂增长。

莱特币目前是仅次于比特币全球流通市值的第二虚拟货币,被认为是"改良比特币算法最成功的虚拟货币",业界甚至还流传着"比特黄金,莱特银"的说法。2014 年 3 月 4 日,全球最大的比特币交易平台比特币中国正式上线莱特币交易,实行 0 交易手续费。由于 Mt. Gox 于 2 月末破产,鉴于比特币中国在比特币市场上的领导地位,莱特币已经成为虚拟货币市场除比特币外的一个主流币种,比特币中国上线莱特币交易势必将对比特币市场产生巨大冲击,比特币的市场格局或将再度迎来巨变。

三、让人眼花缭乱的互联网货币

（一）并不陌生的互联网货币

1. 五花八门的互联网货币

互联网货币作为一种网上等价物，又被称为虚拟货币、数字货币或者电子货币，它由一定的发行主体以公用信息网为基础，以计算机技术和通信技术为手段，以数字化的形式存储在网络或有关电子设备中，并通过网络系统（包括智能卡）以数据传输的方式实现流通和支付功能。在"互联网社会形态"里，人们根据自己的需求成立或者参与社区，同一社区成员往往基于同种需求形成共同的信用价值观，互联网货币就是在此基础上形成的"新型货币形态"。从技术角度来看，互联网货币就是采用一系列经过加密的数字，在全球网络上传输的可以脱离银行实体而进行交易的数字化媒介物。

互联网货币通常没有以商品为基础的价值，社区成员可以通过从事社区活动来增加该种货币的持有量。不知大家有没有意识到，信用卡积分、手机卡积分、会员卡积分、各种论坛累积的信誉度、经验值其实也是"货币"的一种表达形式。

表 1　互联网货币的分类

类别	概 念 定 义	获 取 方 式	典 型 代 表
次级货币	没有正式货币地位，但却可以参与正常经济生活的虚拟货币	电子挖掘获得，或与现实货币双向兑换	比特币、莱特币
商品货币	通过购买获得的虚拟货币，用以在发行方平台内部使用	类似点卡，只可用真实货币购买，很难反向兑回	Q币、亚马逊币、各类游戏平台点卡、手机充值卡
道具货币	没有实际货币意义的道具、积分或产品，用以增加用户黏性	通过购买，或用户在平台内的使用行为获得，几乎无法兑回	游戏金币、论坛积分、商场积分

资料来源：银联信①

---

① 银联信，《互联网金融深度研究季报》，2014 年 1 季度。

互联网货币相对传统货币有一些优势：

第一，互联网货币节省了国家或央行的造币成本和发行费用。其次，客户进行交易结算时的成本，也远远低于纸币的交易结算费用。

第二，由于互联网货币可以按照客户指令在不同账户上转账划拨，网络货币就能够随时成为各种存款的生息资产，这是纸币无法比拟的。

第三，互联网货币只要双方认同，可以使用多国货币交易，而传统货币一般都只能在一定地域流通。

通过以上介绍，我们可以看到，互联网货币中有许多已经进入到了我们的日常生活。我们平时上网聊天、浏览论坛、玩网络游戏时，就相当于已经在使用互联网货币了。而且互联网货币的使用范围还在逐渐扩大，比如大家可用其在线购买杀毒软件、为超女投票等，一些网站甚至用网币给版主发工资。这些五花八门的互联网货币还会在我们的现实生活中怎样大显身手，让我们拭目以待。

2. 互联网货币的产业链解析

对互联网货币相关产业链的解析，我们就以时下很多年轻人都很熟悉的游戏点卡说起吧。

玩过网络游戏的人都知道，点卡是进入游戏的"钥匙"。没有点卡就意味着没法体验游戏；没有点卡，也无法获得比较公平的游戏环境。因此，点卡成了玩家玩游戏的必需品，也成为网游公司90％的利润来源。一张张的点卡背后，是一条庞大的网游产业链在作支撑。

在很多网络游戏中，虚拟货币如同点卡一般成为一个人能否更好体验游戏的关键。而现在很多有钱的玩家没精力去玩游戏却又想得到好的装备，因此他们会通过购买虚拟货币的方式来获得良好的游戏体验。相反，很多有精力、有虚拟货币的玩家却为没有钱买点卡而苦恼。这样，双方都有需求，就形成了一个供需市场。点卡交易行为也就应运而生。

整个点卡交易过程也是网游公司利润翻番的过程。在点卡交易行为中，卖家用点卡置换虚拟货币，无论点卡还是货币都能作为消耗品而消耗殆尽。点卡随着在线时间而消耗，虚拟货币转变成为实体装备或游戏固定资产。而虚拟货币能直接置换成为点卡使得更多的玩家会利用有限的点卡时间去赚取虚拟货币并置换成为更多点卡时间,这无疑加速了玩家使用点卡的时间。以《魔兽世界》为例,30 元的点卡只能提供 66 小时左右的游戏时间。玩家一小时最多能赚取 100 至 200 金币。而游戏的一件装备多达上千、上万金币。游戏的体验更是需要花费大量的点卡时间,玩家为了赚钱上线时间变长了,点卡消耗得也就多了。按照这样的消耗比例当然让网游公司的利润翻番。

点卡交易也带动了衍生产业的发展。点卡交易中卖家虽然能很方便地用点卡置换成游戏虚拟货币,但如果没有好虚拟货币置换平台,虚拟货币一样很难变成白花花的"银子"。为了方便玩家能购买到价格合理而又不具风险的虚拟货币,网络游戏市场已经涌现出 5173、好望角、叮当猪、17700 等几十家专门的虚拟货币交易平台。这些平台为卖家与玩家之间架起了虚拟货币的交易市场。一张张点卡在这里转变成为虚拟货币,数十万的虚拟货币又在这里成为现实中的货币。

这些网络游戏交易平台通过第三方担保的方式进行交易,并从中收取一定金额的手续费。以 5173 为例,每笔成功的交易,5173 将会收取交易金额×5％+5 的金额。在 5173 上一天交易的数万笔交易中获得的利润也就不言而喻。

值得一提的是,随着交易规模的逐渐增大和相关规章制度的相对缺失,使得虚拟货币交易市场异常混乱。由于没有相关法律,虚拟物品权属模糊、监管缺失等原因,虚拟财产交易市场里欺诈、盗号现象司空见惯。有统计表明,73.6％的网民有过虚拟财产被盗的经历。因此,这个市场被人称做"遍布黄金和陷阱的灰色地带"、"盗贼横行的乐园"。对于虚拟货币交易,政府应当设立专门的监督机制。

3. 互联网货币面临各种犯罪问题

由于互联网货币在某些场合行使了货币职能,所以这些互联网货币也和传统货币一样,成了不法分子的作案目标。例如盗窃、洗钱、赌博等违法行为,也可以通过互联网货币进行,公安机关也一直在对这种不法行为进行严厉打击。下面,就以 Q 币为例,了解互联网货币所面临的这些问题。

早在 2006 年 12 月,深圳市公安局就宣告破获了当时全国最大的盗窃网络虚拟财产案,11 名犯罪嫌疑人被逮捕。该团伙利用木马病毒的方式,非法盗取上万 QQ 号以及 Q 币等虚拟财产,并在网络上销赃获利 70 多万元。[①] 在此案中 Q 币被作为定罪量刑的标准,警方以涉嫌盗窃罪逮捕不法分子算是特例,原因是腾讯公司已在广东省物价局备案,1 个 Q 币等值于 1 元人民币。

2012 年,重庆警方又查获一条全国最大的"Q 币犯罪产业链"——犯罪团伙涉嫌对上千万台电脑用户植入木马,且形成了制作木马、研发辅助软件、挂马、盗号、洗信、贩卖 Q 币等犯罪的全程流水线作业,占中国互联网盗窃 Q 币犯罪产业链总规模的近 80%。

在很多互联网货币犯罪案例中,往往几名犯罪嫌疑人在不长的时间内就能轻松窃取上千万电脑用户的信息,作下大案。这其中的原因一方面在于网络信息犯罪的智能化、隐秘性强,且多为跨区域作案。犯罪嫌疑人均全程智能化操作;团伙成员遍布各地,之间以虚拟身份联系,资金往来也依托虚假银行账号,并通过各种技术手段隐匿个人真实信息,为警方侦查、取证带来了前所未有的难度。警方必须在缜密侦查后同步出击,才将嫌疑人一网打尽。否则,团伙成员之间一旦察觉对方网络联系中断,即可能在第一时间销毁各类电子物证。

另一方面,网络信息犯罪成本低、收益高,反复作案概率大。犯罪嫌疑人只要掌握了一定的计算机操作技能,即可实施此类犯罪,且往往收益极高。由于受害的 QQ 用户遍布全国,盗窃数额难以统计,由于取证不充分,司法处理较轻,涉案人员反复作案概率大,造成恶性循环。

4. 互联网货币是个不断完善的体系

任何事物在其发展变化过程中都是不断面对各种问题的,互联网货币也不例外,且互联网货币也在不断完善自己。由于 Q 币是存在时间比较长的一种互联网货币,围绕 Q 币的产业链也在不断正规化、阳光化。下面仍以 Q 币的渠道整顿为例,来看互联网货币的正规化过程。

2014 年 1 月 9 日,腾讯宣布《腾讯渠道代理商 Q 币销售规范》,规定渠道代理商在没有获得腾讯书面授权的情况下不得通过第三方电子商务平台、网

---

① 游春亮、高艳梅,《全国最大盗窃虚拟财产案追踪》,http://www.admin5.com/article/20070322/38242.shtml。

站或网上商店销售 Q 币,包括淘宝渠道。此次腾讯对 Q 币代理商的处罚措施十分严厉,甚至严重到取消合作资格。如果不是腾讯封杀淘宝上的 Q 币代理商,人们似乎已经忘记这个当年惊动多个部委发文的虚拟货币。

作为当仁不让的巨头,腾讯时至今日的市值已达到万亿港币数量级。腾讯旗下的两大工具,8 亿 QQ 用户和 6 亿微信用户,是整个 PC 互联网和移动互联网最具分量的应用。可以这么说,腾讯如果关掉了 QQ 或者微信某一项服务,那么整个互联网势必会引发一场骚乱。对于腾讯来说,Q 币就承担了支付结算的功能。

货币的重要职能之一是支付手段,货币自身不需要任何价值,货币作为支付手段能实现财富转移即可。显然,Q 币做到了。腾讯上市至今,财报上体现的增值服务收入已经超过千亿元,绝大部分都是通过 Q 币来结算完成的。①

腾讯十年时间里发行了上千亿的 Q 币,围绕如此庞大数量的 Q 币的经营已经变成一个产业。在渠道还不发达的年代,腾讯依靠代理商或者发行渠道来发行 Q 币,从而实现资金的回笼以及刺激用户在腾讯平台的消费。作为回报,代理商可以从腾讯那里拿到不同程度折扣的 Q 币,比如一级代理商,可以 8 折拿到一定数额的 Q 币,那么一级代理商放给二级代理商则用 9 折,继而从中谋利。循环往复,一级级代理商都是通过这种方式下去。如今,渠道变得日益丰富起来,用户可以通过支付宝、财付通、银联在线等多种渠道直接购买 Q 币。腾讯已经无须再依赖传统渠道商,不如假借整顿之名,回收利益。②

同时,灰色产业链也在黑暗的地下互联网飞速运转。一些"投资商"欺骗老百姓,称投资 Q 币可以获得高额回报,甚至称专门开设店铺,代理 Q 币投资项目。腾讯急于申请网络银行和封杀第三方渠道代理商,除了维护自身利益外,更重要的是借机整顿 Q 币。

各种互联网货币和 Q 币一样,从产生到发展的每一个阶段都面临不同的问题和挑战,但不管是主动认可还是被动接受,各种互联网货币都以新生事物的姿态悄然进入大众视野,并润物细无声地改变着大众的日常生活。

---

① Q 币的应用均在游戏和 QQ 空间等场景中,属于腾讯财报上的增值服务项目。
② 《腾讯十年发行超千亿 Q 币灰色产业链待整顿》,http：//it.21cn.com/itroll/a/2014/0126/11/26215861.shtml。

（二）加快现代金融回归的互联网货币

与主权货币相比，互联网货币超越了国家、政府和地区的概念，消除了制度、所有制形态和种族的差异，发行主体多为特定社区，较少体现政府意志，发行具有一定的自主权，是个人信用得到群体强烈认可的一种表现。从某种意义上说，每一个主体都可以创建自己的虚拟社区作为"独立王国"，每一个社区都可以根据需要成为发行主体发行互联网货币，发行权和控制权掌握在社区手中。

在发行自主的基础上，互联网货币发行社区的内部规则约定俗成，由内在约束力保障实施。它的有效性和约束力来自社区成员内在的信念。同时，跨越国界和国民范围的互联网货币，以社区为单位进行划界区分，客观上不需要也不可能通过任何一国的强制力来保证实施，这也使社区成员的信任成为互联网货币存在的基本要素。

互联网货币虽然没有一个统一的价值尺度，但仍是以信用为基础的货币表现形态，其交换的本质就是信用交换。从这个层面来说，互联网货币和以互联网货币表示的虚拟金融资产并没有颠覆现代金融，而是加快了现代金融回归本来面目的速度和进程，强化信用交换作用，加速金融回归本源。互联网货币这一新生事物的出现，给金融市场带来新的活力。互联网货币基于社区信用产生，可以弥补现有金融的信用缺失和不足，强化整个社会的信用观念。

关于互联网货币未来发展趋势的忧虑，日进斗金的诱惑、强烈的投机倾向、过山车般的价格波动、社区成员的天然信任都具有一定的不稳定性，另一种金融狂热正在滋长。但我们不能因噎废食，而应该积极培育适合互联网货币生存的土壤，认识并利用虚拟金融世界的变化规律，因势利导，使这一新生力量更快更好地为金融服务。

第四章　互联网金融理财之战

　　互联网金融自 2013 年余额宝推出后迅速火遍大江南北,各种互联网金融的创新层出不穷。2014 年 3 月 5 日,互联网金融公司易宝发布了"节日收入用途调研"。调研显示,网民将年终奖、压岁钱等节日收入最多用于互联网金融理财,占总比的 36%,加上用于传统理财 21% 的人群,总体将节日收入用于理财的人群占到 57%,远超过用于消费占比的 33% 人群,更胜于用于人际交往的 7% 人群。调研表明广大网民的理财投资意识在逐步提升,网民的理财方式和职业有紧密的关联,越是互联网的重度用户,对互联网金融理财的接受度就越高。国家统计局数据显示,截至 2012 年底,信息传输、计算机服务和软件就业城镇就业人员为 222.8 万人,占城镇就业人口的 0.6%,总就业人口的 0.28%。这意味着互联网金融刚刚起步,随着互联网金融普及度的提高和接受人群的扩大,未来的前景十分远大。

　　对于互联网金融来说,最浅显直白的定义可谓"互联网金融产品",现在市面上五花八门的"各种宝"产品把货币市场基金具有的货币功能和网络支付结合在一起,突破了时间和空间的界限,这是一般的物理网点做不到的。在这样的背景下,受冲击最大的当属各家商业银行。在利率市场化的加速推进下,各种银行版、基金版、支付平台版、互联网版本的"各种宝"的涌现,加速了各家银行的存款大搬家。2014 年 1 月银行贷款增速放缓,与存款不升反降,银行无钱可贷有相当关系。同时,五大行已悉数推出新政策,对达到一定限额的存款,利率上浮到顶,即在官方存款利率基础上上浮 10%,并把此权下放到省级分行,以应对来自"各种宝"产品的冲击。

　　横空出世的"各种宝"以令人瞠目的速度在传统金融行业掀起巨大波澜,此前,为避免存款大战过于激烈,央行曾窗口指导大行暂不上浮到顶。银监会相关人士表示,以互联网金融为代表的新金融业迅速崛起,部分机构已由信息中介变为事实上的信用中介,对银行体系发展提出了新的挑战,必须引起足够重视。由此,随着各大传统金融机构的纷纷应对和"各种宝"的陆续跟进,这场由余额宝率先发起的互联网金融理财之战也正式拉开帷幕。

一、"宝宝们"的诸侯争霸

(一) 余额宝联手天弘基金掀起互联网金融风暴

自 2013 年余额宝联手天弘基金掀起互联网金融风暴以来,截至 2014 年 1 月 15 日,余额宝规模已突破 2 500 亿元,天弘基金总资产则超过 2 600 亿元,客户数量超过 4 900 万户。截至 2014 年 1 月 22 日的余额宝七日年化收益率则高达 6.398%。仅用半年多时间,华夏基金坐了七年的公募基金霸主位子就被天弘基金借道余额宝轻易超越了。这样的惊人战果,连天弘基金的人士也没有想到的。2013 年夏天,余额宝刚刚成立,当时的天弘基金只占了半层办公楼,颇有些冷清。可半年后,天弘基金已经占满了整层办公楼。

而在这期间,最为业界赞许的是余额宝率先尝试的"T+0"赎回、资金的"实时提现"。余额宝在设立之初,为了和支付宝对接及产品创新的考虑,客户的结算方式是"T+0",即余额宝用户当天赎回基金,大约在一两个小时内资金到账。基金的业务是按日来处理,会有个 T 日,工作日 9 点到下午 3 点。但是互联网的客户是 7×24 小时的感受,余额宝的产品设计一定要面对这个问题,现在的结果是用户 24 小时任何时候想转入余额宝都可以,但天弘基金的处理原则做了一个安排,即呈现给用户的是当天申购赎回的结果,但是后台仍按照"T+1"处理。这能给客户一个非常清晰、简单的呈现,假如有 500 元支付宝余额,现在转入 100 元到余额宝,马上就能完成,这是一个非常震撼的体验,中国的金融产品里很少有这种非常简单、清晰、方便的服务。

与传统银行的低效、烦琐的业务程序相比,余额宝重视客户体验的人性化快捷操作方式,正是最让人震撼的。与各个版本的"宝宝们"相比,余额宝有其独特的优势,这是其他类似产品无法撼动的,因为余额宝嫁接在支付宝上,而支付宝嫁接在用户广泛的淘宝购物平台上，很容易捕获到大量零售客户；支付宝作为当今中国最大的第三方支付平台，就相当于一个银联平台，而且比银联操作更方便，因为个人的银行账户通过支付宝可以免费跨行、跨地域实时互转，操作更方便。现在支付宝还提供很多水电煤等缴费服务。

银行的跨行支付系统依托在银联的支付平台上，但银行的经营壁垒做不到支付宝提供的服务，即便在同一家银行的不同分行都面临经营壁垒和各种额度限制。比如，非金卡客户异地转账还要收费；而余额宝的客户群是非金卡的客户，即 100 万元以下的大量低端客户，三分之二是 1 000 元以下的，这个战略就像农村包围城市。余额宝在金融行业掀起的风暴是剧烈和深远的。

（二）纷纷跟进的"各种宝"

自 2013 年 6 月余额宝上线后，各类"余额宝"步步跟进：8 月初，腾讯旗下微信平台和财付通联手华夏基金，推出对接华夏现金增利货币基金的"活期通"；10 月底百度与华夏基金联合发行一只百度类收益预期可控的货币产品"百度百发"，年化收益率 8％；10 月 18 日，银联控股的银联商务与光大保德信基金联合推出"天天富"。银行版的"余额宝"亦快速跟进。2013 年底，平安银行对外推出了与南方基金联合打造的"类余额宝"网络理财工具"平安盈"；民生银行携手汇添富、民生加银两家基金公司，依托民生银行的直销银行平台，也推出一款货币市场基金产品，预期年化收益率在 5％左右；2014 年初，交通银行推出了"货币基金实时提现"业务，对接交银施罗德、光大保德信和易方达基金等公司旗下的四只货币基金；工行浙江分行也推出了对接工银瑞信的"天天益"等。2014 年 1 月 15 日深夜，腾讯微信理财平台"理财通"公测，合作方的主角是刚刚失去基金业头把交椅的华夏基金。同日，苏宁云商联合广发基金、汇添富基金推出集理财与支付消费功能于一体的"零钱宝"正式上线。2014 年 1 月 22 日，腾讯微信"理财通"首日上线，客户可购买由华夏基金管理的货币基金"财富宝"，其七日年化收益率 7.34％，超越余额宝的 6.46％。微信理财通在测试阶段日进入资金超过 1 亿元。

这些各种版本的"余额宝"同样认购无门槛，实行"T＋0"赎回业务，实现资金的"实时提现"，"平安盈"甚至是"一分钱"起购，瞬间秒杀所有理财的资金门槛。这些纷纷跟进,层出不穷的"各种宝"大量分流着行业领头羊余额宝的收益。从这些"各种宝"的投资者来看,普通投资者居多,因此其投资理念更多的是稳健。货币基金必须确保流动性,尤其是在利率下降过程中,资金净出是趋势,长期来看,基金必然会走向一个细分的格局,高收益与稳健性匹配不同的投资者,投资组合也会更加丰富。①

(三)"各种宝"的收益率为什么那么高?

从天天基金网排名来看,2014 年 1 月 25 日当天货币基金的七天年化收益率从 3.344 0%到 9.241 0%之间,不过其主要集中在 6%以下。但是互联网企业,如腾讯的理财通为 7.860 0%,阿里小微金融服务集团的余额宝为 6.424 0%。为什么在这个阶段,互联网公司推动的货币基金收益率这么高?

货币基金主要投向银行之间的协议存款、国债等风险很小的产品。阿里小微金融服务集团的余额宝、腾讯微信的理财通、苏宁的零钱宝都是货币基金。在银行需要钱时,如果一家货币基金有 100 亿资金规模,就有筹码与银行谈判利率。而老百姓拿着 1 万元,不可能和银行谈判收益。这是大宗交易的概念,货币基金公司将很多分散在个人用户手中的小钱聚集到一起,形成一定的规模,议价能力强。即使存入时间较短,资金回报率也会很高。尤其是在银行急需要钱的时候,就会带动货币基金的收益率提升。

货币基金的申购和活期存款很相似。假设今天 1 万个人每人申购了 1 万元,同时也可能有 1 万个人赎回了 1 万元。如果用户足够多,巨额流入或流出,相对可预测。假如货币基金规模 100 亿元,1 万个人每人申购了 1 万元,也只有 1 亿元,只占资金总额 1%,对整体资金盘子影响不大。因此,如果一家货币基金公司有 100 亿元规模,可以拿出 90 亿元一次性存入银行,可以存相对较长的时间。相当于把小额的活期变成了大额的定期,与银行有谈判的筹码。尤其是 2013 年后,银行活期存款流失严重,贷款增长比较快,存款增长比较慢,导致银行有吸存的压力。货币基金有大额资金,银行愿意花高的成本去与货币基金谈判。当用户发现余额宝、理财通收益率高于活期、定期存款利息

---

① 张冰、张宇哲,《解密余额宝》,《新世纪》,2014 年第 4 期。

时，会把越来越多的钱存到互联网上的货币基金产品，货币基金与银行的谈判筹码则会更高。对银行来说，这是"恶性循环"。余额宝、理财通这类产品的出现，消灭了银行的息差，把银行的垄断利润了给老百姓。

相较于传统的货币基金购买流程，用户需要办理复杂的开户手续，但是通过互联网渠道购买则相对简单，甚至开户和购买都可以通过手机轻松完成，这使得用户更容易接触到这样的产品。因此，互联网公司的货币基金产品更容易积累规模。2014 年 1 月 15 日，天弘基金余额宝规模已超过 2 500 亿元，客户数超过 4 900 万。

同时，收益率的高低与是否是互联网金融并没有太大的相关性，其高低取决于运作方的策略，是选择做长期投资，还是短期投资，这两者的收益高低是不同的。

正常来说，投资周期越长收益率就越高。简单的例子就是银行存款的利息，三个月的银行存款要比一个月的高。但是，有时候也有一些特殊情况。例如在 12 月这个时间节点上会比较特殊，会出现"倒挂"现象，也就是说，1 月份的协议存款利率会高于 2 月或 3 月。于是，这就有了选择基金配置的时点问题，就是基金公司选择什么时候进行投资。

如果追求短期收益的话，基金公司完全可以极端地把基金集中在一个时间点上投入，比如可以把 99% 的资金集中在 1 月，这就会使得其在 1 月获得很高的收益。但是，这个时点过后，资金全部到账，再次投资收益率就会变差。

从短期来看，比较现在这些互联网金融理财产品的收益高低是没有意义的，因为影响高低的是基金公司配置策略。比如，一个理财产品是以中长期收益为目标的话，其通常会配置多个且跨期的时间点，虽然在一些月份存在收益不高，但是其在一年内整体收益会较为稳定。这就是说，这家基金公司会选择多个时间点进行分散投资，虽然没有短期的高收益，但是整体收益稳定。

还有另一种可能，就是这家理财基金的规模较小，如 20 亿元的规模可能就是几笔授信单子，并不会有太大的盘子。也就是说，他们只能投资一些短线产品，而不能兼顾全年收益。因此，这样的基金更侧重短期收益，目的主要是抢占市场份额。

因为有七天年化收益的因素，一些基金机构完全可以利用短期抬高收益率,但这对散户来说是吃亏的。不过,更重要的是,用高收益吸引用户,这对基金运作本身也是十分危险的,因为会遇到赎回危机。

总体说来,对于货币型基金的收益不应该太在意高低,长远来看,这类基金的普遍收益与其他投资方式相比并不高。①

(四) 百度、网易等互联网公司的迅速发力

余额宝的出现让互联网金融的概念一下子拉近了与普通大众的距离,随后中国另一个互联网巨头百度推出的金融理财服务则在用户和行业层面形成了更大的互联网金融创新能量。2013 年 10 月 28 日,百度理财平台的首款产品"百度理财 B"附赠了"百宝箱"可以达到 8% 的年化收益率,百度此举显然是为了在更大程度上搅动市场。果然,"百度理财 B"一上市便遭哄抢,10 亿元额度 4 小时内售罄。在首款理财产品引发市场轰动之后,百度紧接着推出了第二款理财产品"百赚",投资标的仍然是华夏现金增利 E,再次得到网民的追捧。

2013 年 12 月 23 日,百度又推出了号称首创国内团购金融理财模式的"百度百发",当日认购额突破 30 亿元。较之"百度理财 B"和"百赚"更类似余额宝的产品,这次的"百度百发"在模式上进行创新。"百度百发"本质上是一款银行协议存款的团购产品,其核心思想是将零散的小微资金集合起来向银行讨价还价,获得比活期存款高数十倍的高额协议存款收益。

百度数款理财产品的顺利发布,引发了很多互联网公司对这一领域的关注,包括新浪、腾讯、网易在内的多个互联网公司跟进开始内测理财产品。其中网易跟进较快,2013 年 11 月 25 日网易正式推出理财平台"网易理财",首款理财产品"添金计划"预期收益超过 11%,其中包括网易自掏腰包按每个用户近 250 元补贴投资者 5% 的收益,合作伙伴为汇添富现金宝和国华华瑞 3 号,限售 5 亿元,80 分钟即宣布售罄。次日,网易理财又开售了新的理财产品"加银计划",与国华华瑞 3 号合作,预期年化收益率 6%,网易也进行补贴。

---

① 梁辰、王可心,《为何互联网公司推动的货币基金收益率这么高?》,http://www.newhua.com/2014/0126/248548.shtml.

在互联网理财领域，阿里起步最早，但以百度为代表的互联网公司的迅速拓展，无疑使得互联网理财不管是从用户还是行业层面都引发了更大的关注。不管是余额宝，还是百度百发都在近乎无风险的前提下获取了远高于存款的市场化收益率，也因此获得了用户的广泛认可。未来，我们可以预见的是，金融领域更多超额收益的机会将被挖掘出来，传统金融也将面临更大的冲击。照此发展，未来银行将有可能开放更多 VIP 理财服务，吸引中小微投资者，或者在互联网金融创新发展的倒逼下，为广大普通投资者定制收益理财服务，甚至主动与百度等互联网公司合作推出更多创新业务。

（五）年终奖理财大战，互联网金融完胜银行

受年终奖理财等爆发性需求的推动，2013 年末互联网金融理财产品吸金疯狂。受此冲击，各家银行不得不纷纷提高存款利率，并推出高于平时收益率的理财产品以应对。①

2014 年初，余额宝每天转入金额突破百亿元，天弘基金 1 月中旬宣布余额宝规模突破 2 500 亿元，客户数超过 4 900 万户。微信理财通规模也迅速冲过百亿。

互联网金融平台年末疯狂吸金的态势在很大程度上源于对年终奖的理财需求。上班族们在比较了理财通及余额宝的收益后，愿意悉数将年终奖转入理财通，但限于理财通有单日转入限定额，在将可转入额度转入理财通后，其又将剩余部分全部转入了余额宝。

值得一提的是，借助于推出微信红包，微信支付绑定的银行借记卡账户陡增，这对依托微信平台的理财通无疑是重大利好。不过，这对正在尝试融入互联网的传统金融业带来不小的压力。有银行人士感叹："微信理财通七日年化收益率达到了 7.9%，而且随时赎回，一下感觉银行各种理财产品弱爆了，如果不创新，银行资金都快被吸走了，有种暴风雨来临的感觉。"

面对互联网金融平台的逼人气势，银行开始寻求各种应对措施。随着"余额宝"的面世，传统银行活期存款被迅速分流，"存款搬家"的巨大压力，令多家

① 周鹏峰，《年终奖理财大战开打 互联网金融完胜银行》，《上海证券报》，2014 年 1 月 30 日。

国有银行选择在 2014 年初纷纷上调存款利率"一浮到顶",其中少不了各类互联网金融理财产品年终岁尾对银行带来的压力。

(六)"全余"大战:开启"一对多"时代

所谓"全余","余"就是指 2013 年在互联网金融领域掀起巨大波澜的"余额宝","全"则是指 2014 年由腾讯联手汇添富基金发行的互联网金融理财产品"全额宝"。2014 年 3 月 25 日,作为首只对接腾讯微信理财通平台的货币基金,华夏财富宝规模已达到 900 亿元。但此时微信理财通的投资者又多了一个选择,3 月 25 日晚间,汇添富基金正式登录理财通。汇添富专门为互联网渠道单独发行的货币市场共同基金包括现金宝和全额宝两支。其中,现金宝的固有客户数量较多,规模较大,更晚成立的全额宝则规模相对较小。根据电商部门对用户性别、平均资产规模、平均年龄、地域、投资偏好等多项指标的分析数据,汇添富认为全额宝的用户群体与微信现有的用户群体更为匹配,并最终确定将其与理财通专属对接。

相较于余额宝的"独家"运作模式,微信理财通在产品选择上更开放;然而由于货币市场共同基金的同质化程度较高,同平台产品的竞争关系微妙,微信的推广和流量导入"热情"至关重要。汇添富全额宝以及后续两家公司产品相继登陆后,平台流量的争夺也将日益白热化。

值得注意的是,由于平台开放、产品同质化程度高、客户迁移特征明显,业内人士对微信理财通的运作模式仍有疑虑。为了吸引投资者,基金公司可能引发货币基金短期收益率的竞争。短期冲高很容易,但是通过这种方法将资金吸引过来,在货基收益率整体下滑的背景下,不仅会掣肘货基后续投资、最终影响收益表现,还会对客户体验产生非常差的负面效应。而在这样的背景下,微信作为平台方具有绝对的主动权。[1]

微信理财通一直被视为余额宝的最大竞争者,此次最新升级推出全额宝后,微信理财通相对于余额宝的最大区别也将体现。作为一个开放的平台,微信理财通将选择的权利还给了用户,用户可以挑选收益率更高的产品。从理

---

[1] 《汇添富全额宝低调登陆　微信理财通流量争夺白热化》,《上海证券报》,2014 年 3 月 25 日。

财通的升级动作可以预见，二马在互联网金融领域的"全余"大战即将开始。

二、"宝宝们"的风险

（一）手机丢了怎么办？

对于任何商业行为，风险都是不得不考虑的因素。尤其是像余额宝等新兴事物，人们难免担心。

微博和微信朋友圈里流传着一则"支付宝关联了银行卡，如果手机丢了会发生什么"的"惊悚实验"。网帖声称，"捡到他人手机后，任何人都可以仅通过取回密码的方式破解支付宝的登录和支付密码，从而盗走资金"。一些用户根据帖子的指引模拟自己手机丢失后找回密码的操作，发现果然通过一个手机校验码就成功了，而更多用户和媒体在测试过程中却发现，网帖声称的方式并不可行。对此支付宝方面人士表示，这则帖子其实是利用了普通用户对支付宝智能风险识别系统不熟悉这一点，进行了刻意诱导。

针对网上质疑支付宝安全的帖子，阿里巴巴小微金融服务集团首席风险官胡晓明通过支付宝官方微博正式回应，称这种说法纯属谣言。

对于这则谣言和支付宝背后的安全机制，支付宝早在 2013 年 9 月 15 日、2013 年 11 月 23 日就通过支付宝官方微博进行过详细说明，在其他多种渠道也都进行过解释。

支付宝的资金安全由平安保险全额承保，用户发生被盗，平安保险全额赔付，赔付金额无上限，保费全部由支付宝承担。如果手机丢了，支付宝账号就一定被盗，支付宝也不可能敢于提供这样的全额赔付保障。

（二）余额宝的"暂无收益"拷问互联网金融安全

2014 年 2 月 12 日，风头正劲的余额宝意外出现"暂无收益"状况，让不少投资者着实紧张了一阵。尽管支付宝方面表示这只是因为系统升级而导致的临时现象，重申收益"一分也不会少"，然而，在"马云睡过头了"的网络调侃背后，有关互联网金融安全和风险管控等的"大课题"，却随着此次"小事件"，再次浮出水面。很多人认为此次"暂无收益"风波不完全是个意外,这也为很多互联网金融投资者敲响了警钟,投资者需睁大眼睛洞悉投资风险,投资余额宝并非等于去银行存钱拿利息。

这样的企业自信显然难消社会的猜疑。在一些金融人士看来,偶然之中并不缺乏必然。

此外,互联网金融创新与社会风险意识大环境之间的失衡,也是此次"暂无收益"小风波暴露出的核心"大问题"。本来是一次简单的系统升级,为什么会引发群体性的猜疑和不安? 这实际上就表明,投资者对互联网金融产品的信心并不那么足,一旦有风吹草动,购买热潮很可能就会转化成不容忽视的负面冲击。

总体来说,业界对于互联网金融产品的质疑主要集中在三个方面:一是认为余额宝、理财通等类产品本身就存在流动性风险,"万一遇到大额赎回又没钱的时候,就把网页/客户端弄瘫";二是担心互联网安全风险导致自己利益受损,2013 年底以来,类似"手机被盗、密码易找、资金难保"的网帖、微信一直被广泛转发,一些案例见诸报端;三是部分产品存在虚假宣传、过度炒作行为,埋下了金融风险隐患,"投资者一旦认为自己受骗,可能会诉诸各种手段要求赔偿,容易对金融市场、经济环境甚至社会稳定造成影响"。

金融创新需与危机意识并行。在此轮"暂无收益"风波之后,一条微博在互联网上得到不少转载:"余额宝今早没有及时显示收益惊出不少人的冷汗,可见互联网金融的安全性仍是不少人的担心。从这个角度考虑,互联网金融纳入央行的监管未尝不是一件好事。"

在众多金融业界人士看来,互联网金融创新是大势所趋,加强监管与危机意识培养则是必然要求。中国证监会此前曾明确表示,证监会始终坚持"加强监管、放松管制"的监管理念,在风险可控的前提下积极推动市场创新发展,以切实保护投资者权益。证监会将进一步完善现有监管体系,进一步完善与有关监管部门的监管协调机制,防止监管盲区、监管套利等情况的出现,以维护整个金融体系安全稳定运行。

而对于整个互联网金融企业来说,则应承担更大的责任,包括提高信息透明度、系统安全性、加强后台服务等方面。系统更新暂时没有收益就引发公众的焦虑,正好显示出互联网金融快速增长背后信息透明化和后台服务的欠缺。①

(三)美国经验

1. 美国货币基金的来龙去脉

余额宝无疑是 2013 年最受瞩目的金融创新产品,关于其收益高于定期存款的报道随处可见。在 2014 年初近一万亿元的货币基金中,余额宝已经占据了 20%。但撇开这些面上的数据,余额宝实际上只做了一个很简单的工作:将客户手中的零钱归集起来整存至银行短期协议存款,获得较高的利息。而这样的事,美国人在四十多年前就已经开始做了。②

因为越南战争和第一次石油危机,自 1960 年代末开始,美国经济出现了严重的"滞胀",即经济放缓的同时通货膨胀高企,通胀从 60 年代的 2.3% 扶摇直上至 70 年代的 7.1%。而按照当时规定,商业银行存款利率最高不得超过 5.5%,银行存款实际上在不断贬值。迫于压力,美国国会后来取消了对 10 万美元以上大额存款利率的限制,引发银行竞相提高大额存款利率。但小额存款利率仍然受限,处于实际上的负利率状态。

这时,"美国教师年金保险(放心保)公司(TIAA - CREF)"的主管鲁斯·班特产生了一个天才的想法:他创立了一个名为"储备基金"的共同基金。1972 年 10 月,该基金购买了 30 万美元的高利率定期储蓄,同时以 1 000 美元为投资单位出售给小额投资者。就这样,小额投资者享有了大投资者才能获得的回报率,同时拥有了更高的现金流动性,历史上第一个货币市场共同基金诞生了。

由于货币基金拥有随时可申购、随时可赎回、投资风险小等特点,加上 1970 年代美国持续的通胀导致市场利率激增,国债和商业票据的收益率都超过了 10%,主要投资于这些领域的货币基金很容易获得高于银行存款的收益,于是,越来越多中小投资者认识到了它的好处。三年间,"储备基金"的规模就

---

① 王攀、王凯蕾、欧甸,《"暂无收益"吓坏余额宝"小伙伴" 互联网金融创新亟须危机意识》,http://www.chinabond.com.cn/Info/17597983。
② 赵灵敏,《美国货币基金兴衰启示录》,《华夏时报》,2014 年 2 月 15 日。

从最初的 30 万美元猛增至 3.9 亿美元。到了 1982 年,美国 200 多家货币基金总资产已达到 2 400 亿美元,超过了当时股票和债券基金的总和。

1970 年以前,美国 95％的共同基金投资于股票基金,其余 5％投资于债券基金和其他基金。第一只货币市场基金的问世迅速改变了共同基金行业的原有模式,到 1980 年货币市场基金资产占共同基金总额的 56.7％,股票基金下降到仅占 32.9％。

然而,进入 21 世纪,货币市场基金的优势开始减弱,其资产由 1990 年的占共同基金总额的 46.8％下降到目前的 27％左右,更出现了"储备基金"旗下"首要基金"清盘事件。

2008 年 9 月 16 日雷曼兄弟公司破产的次日,因为重仓持有雷曼的商业票据,规模 625 亿美元、美国第一只货币市场基金"储备基金"旗下"首要基金"的净值跌至 97 美分,很快引发了整个货币市场基金行业疯狂的资金赎回潮,并一度导致美国庞大的商业票据市场陷入停滞,令短期融资市场瘫痪。据统计,仅 2008 年 9 月 17 日,美国投资人就从货币市场基金撤资 892 亿美元,创历史最高纪录。储备基金公司不得不向美国证监会求援,并只能以 0.97 美元的价格清盘。

2. 美国版余额宝

正当几大互联网巨头纷纷向传统金融业发起宣言式挑战之际,连接了电子支付和基金理财行业的"余额宝"产品成功推出,引发了电子支付和金融业的跨界热议和叫好声。其实,这一互联网金融创新早在十几年前就被 Paypal 公司实践,Paypal 货币市场基金的发展历程值得我们回顾和借鉴。

全球知名的网上支付公司 Paypal 成立于 1998 年,而在次年就设立了账户余额的货币市场基金,该基金由 Paypal 自己的资产管理公司通过连接基金的方式交给巴克莱(之后是贝莱德)的母账户管理,用户只需简单地进行设置,存放在 Paypal 支付账户中不计利息的余额就将自动转入货币市场基金,从而获得收益,堪称互联网金融的创举。

回顾 Paypal 货币市场基金的发展历程,首先,从互联网的角度看,这是一个成功的长尾案例。长尾理论,即把数量庞大的微小客户汇聚起来,从而产生与主流相匹敌的市场能量。Paypal 的客户账户数以亿计,其中大量的小余额账户就属于"长尾"，这些游离于传统商机之外的客户群，被 Paypal 以货币基金的方式汇总起来，其规模在 2007 年达到巅峰的 10 亿美元，相当于当时一个规模排名中游的货币市场基金的水平。虽然 Paypal 对于全部账户余额的总规模从未披露，但 Paypal 对外承认"货币基金功能得到客户很好的使用"。

其次，从 Paypal 的角度看，做货币市场基金并不是为了赚资产管理的钱，也不是为资管销售业务探路。2002 年美国利率大幅下降后，Paypal 一直通过主动放弃大部分管理费用的收取来维持住货币基金的收益率和吸引力，否则 2003 年、2004 年的货币基金将几乎无法取得收益，也就是说仅仅运作货币基金对 Paypal 而言根本无利可图。因此，Paypal 运作货币基金的主要目的还是为客户提供理财便利、吸引更多的沉淀资金、提高客户黏性，这和支付宝的考虑是一样的，虽然不会带来直接收益，但所带来的潜在好处是战略性的。

货币市场的收益率是否对客户有吸引力决定了产品的生命力。在 2002—2004 年的利率下行周期中，Paypal 勉强通过大幅降低费率维持住超过 1% 的收益率，期间规模仅增长了 31%，而活跃账户数和年成交总额分别上升 1.5 倍和 8 倍。而在 2005—2007 年利率上行期间，货币基金的年收益率超过 4%，规模出现连续翻番，增长了 3.5 倍，而同期活跃账户数和年成交总额分别上升 1.8 倍和 1.5 倍。货币基金规模的增速远远高于账户和成交额的增速，说明客户在货币基金账户中留了更多的钱，甚至很可能凭借高收益从银行吸收了部分存款。

不过 2008 年以后，美国实行零利率政策，基金公司大多通过继续放弃管理费用来维持货币基金组合不亏损，所有货币基金的业绩都超低，Paypal 货币基金的收益优势丧失，规模也逐步缩水，Paypal 最终在 2011 年选择将货币基金清盘。Paypal 基金的暂时谢幕并不代表这种创新的失败，很可能在环境变好时，Paypal 又会重开货币基金服务。

回到国内，余额宝的核心逻辑与 Paypal 货币基金如出一辙，操作的实质也都是将账户余额外包给专业的资产管理机构。这一产品创新既是支付宝进军互联网金融的一个突破点，对用户也是一个"何乐而不为"的更优选择，而基金公司不仅在盘算网上支付行业数百亿的沉淀资金，而且对支付巨头的庞大客户群及与其深度合作所产生的潜在正能量兴趣浓厚，再加上国内的利率环境也算比较适合货币基金的发展,因而最终形成了一个对各方都有利的市场化金融创新。①

3. 启示

"首要基金"和 Paypal 货币基金,一个是在金融危机中因判断失误而被动破产,另一个是敌不过长期的低利率环境而主动结业,但无论哪种情况,都证明了一个颠扑不破的真理:凡投资就有风险,没有永远只赚不赔的投资。一般而言,货币基金投资的都是一些高安全系数和稳定收益的金融产品,所以对很多希望回避市场风险的企业和个人来说,货币市场基金是一个天然的避风港,在通常情况下既能获得高于银行存款利息的收益,还可以随时赎回。因此在很多国家,它被看作是"准储蓄",几乎没有风险。比如在美国,私人持有的货币基金就计入了 M2。但上述案例打破了这一神话。事实上,按照美国证监会前主席玛丽·夏皮罗的说法,过去几十年这样的案例有300 多个。

美国货币基金的发展历程,为中国方兴未艾的货币基金市场提供了这样一些启示:

首先,银行存款利率与市场利率之间的巨大差别是货币基金发展的主要动力,特别是在通货膨胀的环境下,投资者对自身资产保值需求大大提高,对利率的差别更加敏感,这往往是货币基金发展的良机。而目前,中国正处于这样一个存款利率跑不赢通胀的市场环境中,这非常有利于货币基金的发展。自从 2003 年 12 月 30 日首只货币市场基金——华安现金富利上市以来,目前中国已经有 130 多支货币基金。中信证券近期的一份报告认为,货币基金总规模将在 2—3 年内从 9 000 亿飙升到 2.2 万亿。而截至 2013 年 12 月底,居民个人储蓄存款总量是 45 万亿元,其中超过 16 万亿元为活期存款,这是货币基金发展的巨大空间。

其次,货币基金是有风险的。与银行账户存款不同,货币基金没有任何存款保险为其提供担保,一旦投资出错、市场利率发生急剧变动或者基金出现巨额赎回,货币基金都可能会跌破面值。这虽然是小概率事件,但

---

① 钱敏伟,《美国版余额宝的十年兴衰》,《中国证券报》,2013 年 7 月 3 日。

并非绝对不可能。目前国内货币基金多投资于银行的协议存款，散户借基金吃到了大户才有的存款利率。不过，随着利率市场化的逐步推进，一些银行的活期存款利率已经上浮，存款利率放开也并非遥不可及，收益之争已经埋下种子。

第三，政府的监管至关重要。美国的货币基金业从 1970 年代出现至今已经有 40 多年的历史，但仍然出现了货币基金破产清算的情况。2010 年美国证监会加强了监管，规定基金必须把 10％资产投资于国债以应对每天的赎回需求，把 20％的资产投资于一周内到期的证券；同时禁止投资剩余存续期超过 120 天的资产和剩余存续期超过 45 日的次级债券，以达到降低长期债券投资比例的目的。而中国的货币基金只有 10 年的历史。目前我国相关法规规定，货币基金平均剩余存续期上限为 180 天，债券为 397 天，皆远远高于美国的标准。而在中国的民众和基金业者均过分关注收益而忽视风险的情况下，有一个理念仍要反复强调，那就是从来就不存在零风险的投资。

第四，1980 年代美国金融业"脱媒"现象日益突出，商业银行存款递减趋势加速，储户将钱投到货币市场基金等投资工具，结果影响到商业银行收益。美国商业银行面临脱媒困境时，美国联邦政府试图力挽狂澜，通过法律程序消除存款利率上线限制，提高商业银行留住储蓄资金的吸引力，防止脱媒给商业银行造成毁灭性的打击。由此，商业银行得以设定竞争性的存款利率与货币市场基金争夺市场份额，从负债方变得更加具有竞争性。当下中国商业银行与当时美国情况基本类似。监管当局需要做的是通过顶层设计促进我国商业银行转型，这才是解决问题的出路。

（四）"宝宝们"的监管之争

1. 余额宝的取缔风波

2014 年 2 月 21 日，媒体报道央视证券资讯频道执行总编辑兼首席新闻评论员钮文新指责余额宝是趴在银行身上的"吸血鬼"、典型的"金融寄生虫"，并主张取缔余额宝。在接下来的一段时间内围绕互联网金融理财产品"宝宝们"的辩论甚嚣尘上。

在央视评论员钮文新的取消余额宝观点中，其在反对银行垄断的前提下指出,"余额宝和其前端的货币基金将 2% 的收益放入自己兜里,而将 4%—6% 的收益分给成千上万的余额宝客户的时候,整个中国实体经济也就是最终的贷款客户将成为这一成本的最终买单人。"钮文新认为余额宝"并未创造价值,而是通过拉高全社会的经济成本并从中渔利。它们通过向公众输送一点点蝇头小利,为自己赢得了巨额利润,同时让全社会为之买单"。在钮文新的观点里,"银行毕竟是通过经营贷款风险之后才获得的风险收益,但余额宝却是睡着觉就可以从 240 亿元的收益中分走 80 亿元,而且风险比打劫还小,更是一种暴力行为"。钮文新的论断可谓一石激起千层浪。

对于钮文新的这些言论,余额宝在 2 月 22 日周六凌晨两点通过官方微博以《记一个难忘的周末》为题做出卖萌式回应称,余额宝利润仅 0.63%,并非钮文新所称的 2%。而在这场争论中,许多业界专家、评论员也参与了进来,而大多数的观点都是支持余额宝。对于争论中将余额宝比作"吸血鬼"、"寄生虫"的观点,很多反对者认为,虽然阿里巴巴和天弘基金通过余额宝赚到了钱,但余额宝只是简单地把钱借助天弘基金投入到银行间拆借市场,这让投资者都获得了 20 倍于银行活期存款的利率,而且赚到的钱也是挤压银行的超额利润获得的,没有什么错误可言。此外,针对"余额宝没有服务于经济实体"这一观点,很多反对者认为,"余额宝目前主要投资于银行间拆借只是一个短暂的状态,随着其规模的膨胀、银行间拆借利率的回落,阿里巴巴势必通过创新更好地运用这些资金。例如可以通过资产证券化的方式购买贷款产品,从而间接服务于实体经济的融资需求。阿里巴巴金融创新大幕还只是刚刚拉开,不能把余额宝当前的投资趋向视为长期的、永恒的、唯一的选择,进而将其定义为寄生虫。"[①]

其实,不管争论怎样,余额宝作为新兴事物互联网金融的一部分,面临诸多争议是必然的,这更代表着一种新事物的发展和进步,是时势造英雄的结果。在特定时间出现了特定的产品,随着时间和情势的变化,余额宝可能衰落,也可能壮大。重要的是,只要坚持市场化改革的方向,就总会有好的、新

---

① 刘胜军,《该受谴责的不是余额宝》,http://opinion. caixin. com/2014 - 02 - 23/100641948. html。

的、使用户受益的东西出现，不管它出自银行还是互联网公司。①

2."余额宝风波"引发的监管争议

关于余额宝，各种争议已经偏离了对一个金融产品的定位。从支付宝到余额宝，值得关心的从来只有一点：法律和监管风险解决没有？余额宝的监管涉及多个监管机构，谁来牵头，谁负责现场检查？宝宝们和互联网金融产品风险揭示是否充分？谁来监督不当营销误导投资者？面对余额宝们与银行之间合作的实质，一些监管部门难道睡着了？

余额宝成为一种现象以来，获得的赞美太多，公开的质疑太少。这家成立于 2013 年 6 月的货币基金，好似阿里巴巴旗下支付宝的孪生姐妹，一个是中国最大第三方支付机构；一个是最大公募基金，在八个月内资产规模突破4 000 亿元，收益率至今保持在 6% 以上。前文讲到，2014 年 2 月，央视评论员钮文新以一种极端的词汇（"吸血鬼"、"取缔"）直指余额宝不能容。这样的观点一石激起千层浪，引发连番争议，其中也不乏各路人马的强烈反击。钮文新是一名民间评论员，并不能代表央视，其所用语言与主张，不乏值得商榷之处。但这场余额宝论战，引来一个疑问，互联网的话语权是否过于单一、过于集中了？② 在关于余额宝争议的各路论战厮杀中，监管部门的声音在哪里？监管缺位的问题何时补上呢？

余额宝现象的进步意义毋庸多说，其有效挑战了银行一味压低储户收益维持低资金成本的传统。我们需要关心的是，余额宝本身有没有问题，如有问题，谁应该采取行动？余额宝不是非法组织，谈不上被取缔，但是否存在法律和监管漏洞，从而埋下风险的隐患？余额宝作为金融产品，是否对投资者做了充分的风险揭示还是误导？目前的多头监管实际是否造成监管缺位？这需要深思。

余额宝现象值得关注，在其迅速膨胀的过程中，海内外不少高层金融监管人士都对此提出了疑问：对这样一个见风就长的庞然大物，谁来行监管之责？

————————

① 《余额宝有关必须知道的 6 个基本问题——一文清晰解答您的疑问》，http：//kb. yrz. cn/info/detail？ id=6288。

② 凌华薇，《从支付宝到余额宝的监管缺位》，http：//opinion. caixin. com/2014 - 02 - 26/100643259. html。

余额宝是跨界的金融产品,它脱胎于央行监管的第三方支付平台支付宝,借道证监会监管的公募基金通道而出生,而投资主要投向银监会监管的银行协议存款等领域。那么谁应对余额宝整体的风险和监管负责?

谈到监管问题,很少有人会思考,支付宝为什么要推出余额宝? 这恰好与监管有关。并不是单纯为了服务小散,从支付宝到余额宝,阿里巴巴有不得已而为之的苦衷,只是这着棋走得比较妙,真实意图比较隐蔽。简而言之,无论是过去的支付宝还是现在的余额宝,监管都存在较大的问题。

余额宝目前的收益率仍保持在 6% 以上。很多人问,这能否持续? 目前银行间市场的资金价格已经回落到 5%,一线甚至更低,为什么余额宝还能维持这样的收益? 这个世界上不存在没有风险的货币基金,Paypal 的案例在先,由其发起的货币基金因为遇到债市动荡不得不解散清盘。一旦市场逆转,风险发生,挤兑来临,余额宝如何应对? 监管部门又该谁来承担责任?

余额宝对外一直说资金风险非常低,因为 80% 是银行协议存款。这暗含了一个假设,银行是由国家担保的。余额宝还强调,自己在选择银行时侧重于选择大银行而非小银行,这样公开的制度性的监管套利,值得决策层深思。

从余额宝实际的资金管理形式来看,银监会对此本应有所行动。目前余额宝资金的 80% 是与各类银行之间的协议存款,且要求提前支取不损失利息,换言之,其流动性和高收益都以不平等条约的形式外包给了银行,并没有体现任何货币基金投资管理的技术含量。为了对抗余额宝,各家银行也推出各种宝应战,虽然推广得不情不愿,但无论哪类业务对银行而言,都是亏损业务,"杀敌八百,自损一千"。对此,银监会有关部门的监管缺位实在是难以差强人意。

面对余额宝加速创下规模天量的态势,证监会方面还是有所行动的。证监会针对货币基金制定规范算是亡羊补牢的一种做法。其中,证监会以"提前支取不损失利息"这一特权无法持续为前提,计划提高货币基金的风险准备金率,这将大幅增加余额宝们的运营成本,也会相应拉低货币基金的收益率。而从高收益的美梦中醒来,正是可能导致赎回潮的一个重要因素。

渠道方面,余额宝按理应遵从证监会关于货币基金销售渠道和方式的要求。但很显然,从风险提示和披露上,余额宝等各类互联网金融产品都在打擦边球。监管部门本应要求宝宝们在推介"投资收益 6.19%，您的投资击败了99.99%的人"的同时，必须用相当的版面来向投资者提示风险：货币基金从来都存在亏损的风险，市场突变会有挤兑的流动性风险……而不是一直以来的袖手旁观状，甚至任由宝宝们挑战现有公募基金的戒条。

3. 协议存款之辩

2014 年初，证监会起草一项新规，拟对货币基金的风险准备金提出更高要求。这些规定要求风险准备金与协议存款的未支付利息挂钩，必须能足够覆盖潜在风险。2013 年，证监会已经将风险准备金的计提比例从此前基金管理费收入的 5%提高到 10%。

在中国银行业协会近日召集的会议上，不少银行业界人士及金融领域专家学者建议应将"余额宝"等互联网金融货币基金存放银行的存款纳入一般性存款管理，不作为同业存款，按规定缴纳存款准备金。其核心观点是，如果基金提前支取须按照活期存款利率计息或收取罚息。一旦提前支取被罚息，货币基金只能获得活期利息，基金资产有可能将出现亏损，损失也得由基金公司补上窟窿。特别是对协议存款高度依赖的互联网货币基金。

国内货币市场基金规模的爆发式增长早已进入了超常规的规模飙升状态，以公募基金公司为例，截至 2014 年 1 月末，该公司全部货币基金净值为9 532.42亿元，已接近 1 万亿元人民币，达到基金业总规模的三分之一。超常规的规模飙升背后，主要得益于以余额宝为首的各类"宝宝"产品规模的爆发性增长。而货币基金规模增长背后对应的则是加速银行活期存款的搬家。银行一方面要面临活期储蓄不断减少，另一方面却又不得不高价吸收同业存款。银行资金成本被抬高，自身进入负循环，处境尴尬且被动。

出于自身利益考虑，动了银行奶酪的基金公司自然也引起了诸多银行的强烈反弹。这也是银行业界向协会建议要将"余额宝"们存放银行的存款纳入一般性存款管理，不作为同业存款的动因。换言之，如果基金提前支取存款，则须按照活期存款利率计息或收取罚息。

而由此引发的流动性风险恰恰也是证监会最担心的问题。由于货币基金在 2006 年爆发过流动性危机，有前车之鉴，因此监管层的担心并非空穴来风。按照目前行业规则，货币基金提前支取协议存款，大多不需要罚息。但有些银行会在协议上写明,期限长的定期存款,如提前支取只能享受活期利息。中国银行业协会还将出台相关自律规范文件规范相关存款利息,要求各行严格遵守相关监管规定,并且规定利率上限执行同档次基准利率 1.1 倍。

最为关键的是,货币基金收益是按日计提,而在货币基金目前的高收益中,已经将未支取利息这一项计入基金收益,反映到基金净值之中了,并被赎回的基金持有者所拿走。如果再发生"提前支取罚息"的情况,这部分亏空就得由基金公司补足。

证监会要求基金公司每月从基金管理费收入中计提风险准备金,但这一风险准备金水平(10%)已难以覆盖"宝宝"们规模激增带来的风险。但总体来看,2014 年初的货币市场基金的风险总体可控,货币市场基金的双高(高规模,高收益)是有着相对扎实的市场基础,规模则有居民储蓄资金和货币市场容量对应,收益则与当期货币市场利率对应,因此风险可控。

一旦货币基金"提前支取不罚息"的这一红利被取消,不仅货币基金流动性管理将面临严峻考验,而且,也将对当前高收益的"余额宝"造成巨大冲击,最终导致规模增速放缓。这是因为货币基金此前已经按日将利息支付给了投资者。未来,如果因为提前支取等原因引发银行未能按约定支付利息,货币基金最终收到的可能只是活期利息。因此,其收益率必然下降。

货币基金过度投资于银行协议存款,也是监管层的心病。以"余额宝"对接的天弘增利宝货币市场基金为例,截至 2013 年第四季度报告,天弘增利宝货币基金资产组合中,银行存款和结算备付金合计占比高达 92.21%。而传统的货币基金中,银行协议存款占全部货币市场基金净值达 64.68%。

事实上,余额宝们规模的快速增长得益于其高于银行理财产品的收益,以及低于银行理财产品的门槛。但是,随着年初央行对市场的多次放水,资金紧张的局面已经大大缓解,银行协议存款利率大幅降低。2014 年 2 月末,银行协议存款利率已经降到 3% 左右,短期融资券利率也只有 2% 多一点儿。一般而言,基金这部分银行存款利息,由银行与货币基金双方协商议定。在市场不缺钱的大背景下,基金公司与银行的议价能力大大减弱。

由于协议存款收益率的降低,基金经理们已在调整投资比例,未来货币基金收益向正常回归是大概率事件。2014 年 1 月中旬，货币基金收益率节节攀高。华夏的理财通到春节前，最高收益甚至攀升到了 7.9%；余额宝节前七日年化收益率甚至达到了 6.7%。而一个月后，上述两只产品的七日年化收益率都只有 6%。

监管层的目的是提前预防货币基金规模扩张后（如大比例投资的协议存款）可能导致的风险事件，主要是对基金公司风险控制力度的加强，而且风险准备金是从管理费中划拨出来的，对基金的投资收益并没有直接影响。因此，不会对基金资产造成影响，这并不影响基金投资者的收益水平，影响的也只是基金公司的利润。

4. 货币基金投资标的扩大是一个选择

追本溯源，互联网货币基金对银行协议存款的过度依赖是造成其潜在风险的源泉。规模超过 4 000 亿元的余额宝，之所以偏好短期协议存款，是基于货基流动性管理的要求，其巨大的规模意味着在债券上做期限错配也非常困难，只能将大部分资金投资于银行大额协议存款，否则无法满足其本身的流动性需求。

如果监管层新政出台，货币基金降低协议存款的投资比例后，被誉为准储蓄的货基巨无霸资产又该投向何方？ 如果真能够扩大投资标的，对货币市场基金提升投资收益而言无疑是有好处的，但需要注意的是相关风险也随之提升，这也就对货币基金在把握久期和流动性等风险控制方面提出了更高的要求。

除了短期协议存款，货币基金还可以投资债券等大类资产。比如，重点配置信用资质较高的城投债和中票，参与利率债的交易性机会，并继续持有高收益率公司债直至价值回归完成。

此外，也有许多替代协议存款的投资品种。比如，短期债券、可转让存单等。如果监管层许可的话，市场也可以推出一些匹配货币基金久期的创新产品。[1]

---

① 夏欣、张玉香，《监管层双管齐下重整货基 资本盛宴或中止》，《中国经营报》，2014 年 3 月 1 日。

（五）倒逼金融改革加速

诞生不足一年的余额宝争议缠身，在央视评论员钮文新提出将其取缔并直指其危害金融秩序后，银行协会亦有专家提出要将其纳入一般存款管理。余额宝一度连续一周占据搜索引擎榜首，"战火"更烧到两会成为热点。继央行行长周小川作出表态后，国务院总理李克强在政府工作报告中亦首次提及互联网金融，强调促进其健康发展。[1]

各方在互联网金融的问题上争执不下，官方的态度尤为引人注目。2014年3月5日，国务院总理李克强在政府工作报告中强调要"促进互联网金融健康发展"，短短11个字实质已定下"鼓励"的基调。而3月4日，央行行长周小川表示，互联网金融的发展是新事物，现有政策跟不上互联网金融的发展，漏洞需要改善，并明确对于余额宝等金融产品肯定不会取缔；而央行副行长易纲亦提出，应支持容忍余额宝等金融产品创新，同时将适当采取措施对其可能产生的流动性、价格波动等风险加以引导和防范。官方连番表态，已经可以肯定互联网金融产品不会陡然被关门，对这一类金融创新官方持的是"鼓励"基础上"补漏"，完善相关监管规则。其实，这种对金融创新的鼓励态度，早在十八届三中全会的《中共中央关于全面深化改革若干重大问题的决定》中就已经有所体现，该《决定》中明确提出了"发展普惠金融和加快推进利率市场化"的内容，此后亦相继出台放开贷款利率下限等政策。

在国内，金融垄断利益固化的状态早已形成，金融改革推进必然不轻松，而互联网金融的横空出世不仅是金融创新的典型例子，也可在一定程度上倒逼金融改革加速。众所周知，余额宝相较于活期存款最直接的吸引力在于年化利率的巨大差距，一边是6%或以上，一边是0.35%，将近20倍的差异实在令人动心。归根结底，这样的状况来源于目前的利率双轨，一般性存款只能遵循央行的法定利率，顶多上浮10%，而金融机构间的拆借则完全市场化。余额宝等互联网金融产品正是对这一点加以利用，将零散资金集结起来投向同业存款获得协议利率，本质上是依托于互联网的资金团购，但对于储户而言，由

---

① 《互联网金融定调倒逼金融改革加速》，《南方都市报》，2014年3月6日。

于第三方支付平台与随存随取的便利,心理感觉犹如收益率飙升的活期存款。实际上,海外版余额宝 Paypal 从诞生到随着货币基金市场低迷而关闭,并没有引起余额宝一般的热潮,与国外金融市场发达、供给充分不无关系。

据估算,中国活期存款超过 16 万亿元,面对存款搬家银行系统确实很难淡然面对。利率管制下,固定利差带来的巨大收益让银行尝尽金融垄断的甜头,对利率市场化与放开银行牌照必然抵触。而互联网金融令银行如临大敌,实因对于小型资金一直缺乏有力的产品供给,若不放开利率管制,银行即使将活期存款利率一浮到顶亦无法在收益率上与之抗衡,这就意味着,即使不放开利率管制也无法维持如往日一般的高利润。对互联网金融的鼓励,将一定程度上减弱利率市场化推行的阻力。

另外,鼓励互联网金融发展,必然要求金融监管同步改革。互联网金融存在风险,有观点建议暂不推出任何监管措施任由风险暴露,只有巨大风险才能让投资者得到教训,这样不仅置投资者的安全于不顾,亦不利于互联网金融本身的健康发展。事实证明,现行的监管体系与规则无法直接套用。目前金融业实行的分业监管,其实早已不符合金融创新爆发下金融机构间界限模糊不清的要求,若涉及互联网金融则更为复杂,改革金融监管体系实行混业监管的步伐必须加快。

2014 年 3 月初"两会"期间官方的表态算是对争论画上了句号。政府工作报告与央行表态为互联网金融定下鼓励基调,意味着互联网金融产品已不存在被取缔的危险。而对互联网金融的鼓励,将成为倒逼利率市场化与金融监管改革加速的良好契机。互联网金融的创新将继续,人们围绕互联网金融的各种讨论也将继续,只不过越来越多的人将了解互联网金融,中国的金融改革也将在互联网金融的推动下加速进行。

三、传统金融业进入网络销售时代

（一）银行业的收复失地战

1. 被动了"活期奶酪"的银行

余额宝出来后,对银行存款产生了实质性影响。银行里的活期存款真的在一点点下降,而余额宝的存款一点点增多。银行也很焦虑,不知道拿互联网金融怎么办。在余额宝增长 1 500 亿元的 2014 年 1 月,银行的人民币存款减少了 9 402 亿元。除了传统春节现金需求影响之外,余额宝等互联网金融产品是分流大户。

余额宝的本质是货币基金,在自己规模不断扩张的同时,也拉动了其他货币基金的增长。2014 年 1 月,余额宝的规模是 4 000 多亿元,整个货币基金的规模近 1 万亿元。

2014 年初,余额宝们的大部分投资去向是购买银行间协议存款,另一些买了债券等收益稳定、风险极低的产品。这些余额宝们往往是将钱从银行账户里转走,通过货币基金绕一圈,然后以大额存单的形式再存回到银行体系。从这个角度来看,余额宝只是一个渠道,一个低成本、高效、大规模获得资金的一个渠道。①

从金融体系来看,银行总的存款没有减少,而增加银行存款的资金成本,会大幅减少银行的存贷差。一方面,银行会将这部分成本转嫁给贷款人,这样大量的中小企业的贷款成本会增加,有些中小企业越难越贷到款了,这使得实体经济的压力更大,经济发展的压力更大。同时,这也会引发银行的坏账率提升;贷款利率高,企业归还银行贷款后,盈利能力弱,资本累积弱,而使得企业发展不力。

当企业从银行的融资成本达到一定上限时,国家也不会坐视不管,市场的力量也会要求银行减少存贷差,因为这些无法像原来低利率地从银行拿到资金的中小企业会想方设法从银行体系外来拿钱。市场的力量会倒逼实体经济。

余额宝们在短期内会提高那些从银行贷款的企业的融资成本,这其中有中型企业,也有大型企业。此前,国家将贷款利率下限打开,对民营大型企业是一利好,这样有机会降低企业的贷款成本。但终究是一贷难求。另外,阿里小贷、京东京保贝,在理论上,其放贷成本也会有些增加,因为企业从银行拿到

---

① 中华泙,《余额宝将推动银行吸血鬼做出改变》,http：//tech.sina.cn/zl/post/detail/i/2014-02-25/pid_8443103.htm。

资金的成本提升了，而如果规模不大，影响也不会太大，并且这两家企业还可以进行资产证券化来解决资金的来源问题。

余额宝们也将有机会促进利率的市场化改革。2014 年初，我国的存款利率是 3.5％，贷款利率是 6.56％。而一般不错的企业，真实的利率将达到 12—13％。而一般性的民营企业，还无法从银行拿到贷款，不少时候，需要从大型国有企业转手，这样拿到资金的成本会更高。这里，银行的存贷差接近 10％。而全球排名前十的国际性大银行的息差不到 3％。吃息差的商业模式是不可持续的。银行获得存款的成本会提高，并且这一过程也是不可逆的过程。未来，银行应该在存贷差之外，创新更多的商业模式。否则日子不再好过了。

投资界永远不缺钱，缺的是好项目。企业从银行贷款难，那是因为中国绝大部分的贷款都是求银行来放贷，其他的贷款，融资渠道短缺。当形成了多样化的融资渠道之后，融资者就多了一种选择。

再换一个角度来看，余额宝买的是银行协议存款，平均收益也是 4％—5％不等，这些收益是银行自己给出的，并不是余额宝给出的。既然银行本身就有协议存款，为什么对普通用户只是推活期存款，而将协议存款抛之脑后呢？已经有银行向自己的客户推出协议存款，收益与余额宝的收益差不多。接下来，那些下定决心的银行，也将开始革自己与同行的命，并且这个革命的过程中，获得银行业市场份额重新寻找定位的机会。现在，已经有银行成立了 PE 基金，准备收购那些做得比较不错的互联网金融企业，也算是给银行的体外孵化增加了一条新的出路。

2. 银行的反击——银行版余额宝纷纷出炉

货币基金 T+0 为闲置资金提供了高效率的现金管理，是 2013 年互联网金融领域最重要的业务，余额宝和各路类余额宝均建立在此基础上。余额宝截至 2013 年底吸金近 2 000 亿元，相当于动了银行的活期"奶酪"，因此令各家银行加快了创新节奏。[①]

银行纷纷推出类似余额宝的银行"宝"，截至 2014 年 2 月末，已经有民生、

---

① 何青峰，《银行版余额宝全面反击宝宝军团 工行交行打头阵》，http://finance.qq.com/a/20140116/009784.htm。

中行、平安、广发、交行、工行、浦发七家银行上线类"余额宝"产品。这些银行系"余额宝"虽然其内核仍是货币基金,但与银行传统意义上代销的货基有所不同,这些产品更靠近余额宝的模式——一分钱起购,零手续费,每日获得收益,并且满足 T+0 赎回使用。[①]

早在 2013 年 12 月,平安银行旗下的理财产品"平安盈"就已悄然上线,其挂钩的产品为南方现金增利回拨基金和平安大华日增利货币基金。

2014 年初,交通银行先后携手交银施罗德与易方达基金推出了"货币基金实时提现"业务。在交行的手机银行、网上银行和柜台均可实现快速申购和赎回。客户持有的货币基金份额可在数秒钟入账,真正实现 7×24 小时资金 T+0 到账,单一客户单日提现额度高达 20 万。尤其是在手机银行上操作实时提现非常方便。只要下载了交行手机银行的客户端,并开通货币基金实时提现,就享受上述功能。在交行网站上,交行力推"手机银行"。银行对其传统持卡客户的黏性比较大,而且在理财端又打通了货币基金 T+0,一旦手机银行获得大批客户使用,就是一个极具竞争力的手机版余额宝。一家银行这样做不可怕,多家银行一起做的时候,就该引起重视了。淘宝正在力推手机淘宝,手机版余额宝还在成长当中。这是银行面对"宝宝"们的竞争,进行重拳反击的良机。

2014 年 1 月 21 日,工商银行携手工银瑞信推出了一款"工银薪金宝"业务。2 月 19 日,中国银行的活期宝悄然上线,支持中国银行卡 T+0 赎回,单笔及单日上限 30 万元。2 月 22 日,民生直销银行体验版出现在民生银行官网页面,在其下包括"如意宝"。"如意宝"于 2 月 28 日上线,可投资的货基包括汇添富和民生加银基金,官网显示的七日年化收益均为 6.6%。建行也正在筹备代销渠道 T+0 业务的上线。

银行已拉开了"自我革命"的序幕,并凭借对资金的掌控力占据一定优势。银行版余额宝功能与互联网的余额宝类似,主要为银行客户提供活期理财增值服务,只是尚缺乏直接用于购物支付的场景。比如,交行"快溢通"是借记卡的理财增值服务,可根据用户设置的账户留存金额,将溢出的闲置资金自动申

---

①　刘靖宜,《银行全面反扑互联网金融》,《法制晚报》,2014 年 2 月 28 日。

购交银货币基金，并可自动为客户的信用卡还款。

银行推 T+0 货币基金都不约而同地选择了自家旗下的基金公司。如中行活期宝是跟中银基金联合推出，交行快溢通是与交银施罗德合作，平安银行与平安基金联手。这主要是出于银行拉上自家基金公司，相当于体内循环，出于对银行的损失最小的考虑。同门优势表现在产品设计上就是申购和赎回到账上没有过多限制，平安盈挂钩平安大华基金，申购没有额度限制，赎回每日不超 20 万元。交行快溢通申购赎回无限制，两款产品均能实时到账。

但互联网公司的"宝宝"们则没有这种待遇。以微信理财通为例，用银行卡购买每天额度最高不超过 5 万元，兴业银行甚至控制在单笔单日不超过 5 000 元，若通过兴业银行借记卡购买理财通，买 5 万元需花 10 天时间每天转账。

在到账时间上，银行也具有优势。以余额宝为例，单笔赎回金额小于 5 万元的可两小时到账，而超过 5 万元的则要等到下一个工作日到账。而银行都是当天到账。通过转账额度的限制也是银行控制存款流失的另一种手段。

从收益上看，银行版"宝宝"与互联网"宝宝"相比略低。以 2014 年 2 月 21 日为例，交行快溢通七日年化收益率为 5.270%，中行活期宝 5.939%，平安银行平安盈仅为 4.203%，同日余额宝七日年化收益率为 6.183%，微信理财通 6.314%。

与余额宝、理财通、百度百发等饥饿营销吸引人气不同，银行版"宝宝"显得过于低调，实则是无奈之举。银行担心的是，类余额宝产品推出可能会改变银行现有的存款结构，只是分流了本行的存量资金，而没有带来他行的增量资金，这样的结果只会带来负债成本的上升。

银行在推广上存在两难的境况：一方面，如果银行对互联网产品的增长无动于衷，那么将眼看着客户和存款的流失，尽管资金最终没有流出银行体系，但却从活期存款变成了协议存款，银行的负债成本已不能与以往同日而语；另一方面，银行若大力推广自己的高收益新产品，那么客户都会将其活期存款购买这些产品，这将直接导致银行的活期存款减少，变相提高了银行的资金成本。①

---

① 《"余额宝"遭三重围剿》，《新京报》，2014 年 2 月 25 日。

银行的另一个考虑是,很多中老年客户对互联网产品不了解或不信任,若大力宣传,那连老年人都不存活期了,银行成本涨得更快了。建行在2014年初携手建信基金推出自己的 T+0 产品,但由于存款流失太快,不得不紧急叫停。

银行版余额宝在申购和赎回到账上没有过多限制。互联网公司的宝宝们则无此待遇,限制转账额度也是银行控制存款流失的一种手段。在利率市场化的进程中,银行已没有退路,即便会伤及自身,仍然会继续其无奈的创新。

(二) 券商们的佣金战

1. 国金证券联手腾讯推出"佣金宝"

2014年2月20日,腾讯和国金证券推出首支互联网金融产品"佣金宝",投资者通过腾讯股票频道进行网络在线开户,即可享受万分之二的交易佣金,同时账户里的保证金还能享受理财增值,同时提供高品质信息,有余额宝的先例在前,证券业上下无不感觉震动。[1]

佣金宝的模式,和大半年前阿里和天弘基金的联姻同出一辙,都是"互联网巨头+行业内弱势公司"的组合。国金证券本是行业内一中游企业,2013年收入15个亿左右,仅为行业龙头中信证券的十分之一强,渠道更是少得可怜,30家营业部主要集中在四川。小券商的渠道渴求,为互联网巨头入侵找到了突破口。阿里用大半年的时间,就把天弘送上了基金老大的宝座,但国金证券能否有那么幸运?

分析来看,佣金宝的扩张速度,可能远远赶不上余额宝的程度。一是用户迁移成本高,各大券商的优质客户往往有多重关系的维护,不会轻易流动,而屌丝客户要迁移的成本也不小;二是用户对券商的贡献价值不像用户对余额宝那么简单,单纯的用户迁移影响未必大;三是余额宝的快速成长得益于与支付宝原本庞大的支付场景相结合,腾讯单纯的渠道入口并没有解决用户场景问题。因此,国金证券恐怕难有天弘的幸运。

---

[1]　凌海根,《还在为余额宝吵吵?省省,别闹!佣金宝,再一次余额宝式的颠覆》,http://www.huxiu.com/article/28339/1.html? f=wangzhan。

2. 中山证券联手腾讯推"零佣通"与"小贷通"

券商佣金大战正在向行业纵深发展。2014 年 3 月 27 日,中山证券与腾讯合作推出基于移动互联网的"零佣通"和基于互联网平台的"小贷通"两项金融服务,仅收取交易所规费,券商佣金全部免除,标志着中国证券行业真正进入零佣金时代。[①]

"零佣通"主打手机开户零佣金,投资者在三个月推广期内,通过手机从腾讯网站或各应用商店下载腾讯的股票 APP"自选股",在享有沪、深、美、港免费实时股票行情服务的同时,进入中山证券移动金融平台,即可通过手机开立证券账户,除了必须要向交易所缴纳的万分之零点九的规费之外,真正实现证券交易零佣金。

该移动金融平台由腾讯自选股团队与中山证券技术合作开发,首次在手机端打通了证券开户、行情、交易的全流程,依托无线网络,前瞻 4G 时代,为投资者提供贴身、免费的移动金融服务。该移动平台目前支持 Android 系统。

此外,同时上线的"小贷通",定位于互联网平台的小额股票质押贷款,起点门槛低至 5 000 元,两日内放款。拥有融资需求的证券投资者,在中山证券网站发起申请,即可通过股票质押获得贷款,利率适中,期限灵活,随借随还,资金自由使用。

与当前券商动辄百万元起点的质押贷款相比,"小贷通"贷款为中小证券投资者提供了十分便捷的融资服务,网上提交申请材料,覆盖全国,配以客服电话实时指导,客户体验更趋人性化。

如果说国金证券佣金宝的"零佣金"更多是一个噱头,那么中山证券的"零佣通"则是颠覆性的革命和突破,不仅真正践行了零佣金,而且加速了券商向移动互联网金融迈进的步伐。

3. 佣金宝的巨大影响

佣金宝对券商的影响,恐怕比余额宝对银行的影响还大。余额宝本质上是用低成本渠道把屌丝的钱聚合起来为银行筹款,降低银行筹款成本,而银行

---

① 邓雅静,《中山证券联手腾讯推零佣通与小贷通》,http://finance. ts. cn/content/2014 - 03/27/content_9486082. htm。

本身的收入来源于存贷差,在余额宝不能直接进行信贷之时,银行的利润是能保住的。而券商面临的是其经纪业务收入硬生生地缩水。行业龙头中信证券的经纪业务收入占主营的38%,海通、广发等均占40%左右,招商证券甚至占到60%,而国金证券本身的经纪业务也占50%。如果当前平均佣金率在万四的话,意味着在交易量不变的情况下,经纪业务有一半的下跌空间。

而与余额宝不同,证券市场的用户数和交易量不会简单地随佣金费率下调而指数级增加。毕竟证券的特殊性在于,开户和交易的目的在于投资挣钱,在股市不好的情况下,即便下调费率也不会增加开户数和交易量。

因此,在没有开启大牛市的情况下,降费率必将影响券商收入。这是条不归路,一旦被颠覆,除非有外力出手,市场必然推动券商加速转型。首先,与余额宝效应一样,券商和互联网公司的联姻将从中小券商蔓延至龙头券商,入口的稀缺性会导致券商行业争宠,在入口方面,腾讯已经先走一步,阿里和百度将成为被争宠的对象。其次,交易服务将逐步走向“以通道免费跑马圈地,以增值服务获得收益”的模式,券商的研发能力、增值服务能力将成为核心。

在互联网金融的入侵下,证券业估计都睡不了好觉。国金证券“佣金宝”的出台将颠覆券商经纪业务格局。此前传统券商的经纪业务收入占比约为40%,其中大券商较低,而地方型小券商占比较高,而国金佣金宝的推出将对传统券商经纪业务造成冲击,这里的主要影响包括:

大券商所受影响相对较小,未来将主要争取机构客户和高端个人客户。大券商业务牌照较为齐全,目前经纪业务的收入占比已下滑到20—25%,相对较低,因此所受冲击也相对较小。预计大券商在互联网券商的冲击下在低净值客户上的佣金率面临下降,未来将更多借鉴“美林模式”,发挥研究、投行、资管等业务的协同作用,通过核心竞争力提供全业务价值链服务,创造更多的附加价值。

地方型小券商所受影响较大。此前地方型小券商收入结构中经纪业务占比较高,且客户群体中个人客户占比较高,预计在佣金宝的冲击下受影响较大。

互联网券商未来客户量将大幅提升。预计未来国金等中小券商通过与互联网公司合作,在网上开户和交易、线上投资咨询、销售金融产品以及线上线下联动的综合理财服务等方面全面合作，实现市占率和净利润的迅速提升。

（三）保险业的互联网创新

互联网思维已经蔓延到了各行各业，在保险业也出现了互联网创新之举，各种通过互联网进行销售的创新型保险产品层出不穷。

1. 众安在线——"三马"联手卖保险

2013 年 2 月 19 日，由阿里巴巴马云、中国平安马明哲、腾讯马化腾联手设立的众安在线财产保险公司，已走完监管审批流程。三国时期的"三马同槽"颠覆了曹魏，1 800 年后的"三马同槽"也在颠覆传统金融业。[①]

众安在线将是中国首家通过互联网销售所有产品并处理理赔的财险公司，反映出保险业领跑者对传统销售渠道的"突围"策略，不设分支机构、完全通过互联网进行销售和理赔，主攻责任险、保证险等两大类险种。之前马明哲曾言，平安未来最大的竞争对手不是其他传统金融企业，而是阿里巴巴、腾讯等现代科技企业。

互联网已经改变了人们生活的方方面面，但互联网在发展中也遇到了一系列不同于传统行业的风险和瓶颈。因此，阿里、腾讯等互联网公司与保险公司一起，合作成立创新型保险公司，参与保险业，也是充分发挥保险在互联网经济中不可替代的风险保障和社会管理功能。对于互联网行业来说，众安在线的成立初衷大致基于此。

作为财产保险公司，众安在线将与传统保险公司一样，设独立的精算部门、理赔部门、销售部门。未来公司架构、模式不是单纯的"在线保险销售"或"网销"，不会冲击现有在线保险销售市场。

众安在线的定位是"服务互联网"，其将不只通过互联网销售既有的保险产品。通过产品创新，为互联网的经营者和参与者提供一系列整体解决方案，化解和管理互联网经济的各种风险，为互联网行业的顺畅、安全、高效运行提供保障和服务。众安在线的目标客户包括所有互联网经济的参与方，如互联

---

① 安卓、黄远、陈进，《"三马"网上卖保险获批 定位于互联网经济服务》，《第一财经日报》，2013 年 2 月 21 日。

网平台、互联网服务提供商、电子商务商家、网络购物消费者、社交网络参与者等公司和个人客户。

阿里巴巴是众安在线技术和渠道的主要贡献者,众安在线的所有交易模式均离不开阿里云的技术保障,"支付宝"预计是阿里巴巴参与合作的核心平台。腾讯在三方组建的新公司中不占主导,其在金融领域的实践经验和人才储备都是最薄弱的,最大的优势在于用户资源,但不可能对新公司完全开放,其参与更多旨在将服务涵盖用户的娱乐、生活、商务、理财等多个层面。在"三马"合资公司的筹备中,马明哲最为高调和积极,因为平安是产品的提供商,在保费增长乏力的现状下,众安在线发力的虚拟财产保险,正是可以为其主业带来巨大增量的新市场。

阿里巴巴是中国最大的电商平台,旗下拥有大量企业及个人客户;中国平安擅长于保险产品研发、精算、理赔,是国内保险业最强大的"新贵";腾讯则拥有广泛的个人用户基础、媒体资源和营销渠道。"三马"联盟可以优势互补,从而实现销售模式的突破。通过众安,平安不仅可以探索金融营销新途径,还可以共享阿里、腾讯数以亿计的客户资源。阿里、腾讯也可将平安客户"再利用"。于中国平安而言,可通过这家新公司,探索金融营销革命、突破产品及渠道同质化的瓶颈。同样,阿里巴巴、腾讯、携程等也可将中国平安的金融客户进行"二次开发"。中国平安旗下设有银行、证券、信托、基金、寿险、养老险、健康险等诸多子公司,这些都可以转化成为它们的网络客户。除了平台建设费用,用传统渠道 1/10 成本就能销售保险带来很大利润空间,网销业务也被公认是业务快速增长的新渠道,很多公司网销保费多翻番,增速甚至超过 400%。

"三马"联盟是一种突破,"三马结盟"下产生的"众安"必定将成为各路资本急涌互联网金融的典型案例。

2. 中秋看不到月亮就可获赔——淘宝和安联保险的"赏月险"

2013 年 8 月 26 日上午,阿里小微金融服务集团旗下的淘宝保险宣布,将联合安联财险(中国)有限公司推保险业务"赏月险"。所谓的"赏月险"全称是"赏月不便险",被保险人所在的城市如果中秋看不到月亮就可获赔。这一险种类似民众熟悉的航班延误险,赔偿的是因航班延误造成的心情损失。"赏月险"是安联财险通过分析国内多个城市 20 多年的气象数据,建立风险模型后所推出的保险产品。"赏月险"投保分成两档：一档投保价格为 20 元,若被保险人在赏月城市(上海、广州或深圳)由于天气原因看不到月亮,可获保险理赔 50 元;第二档投保价格为 99 元,赏月城市从 3 个增加到 41 个。如果被保险人所在城市由于天气原因看不到月亮,即可获保险理赔 188 元。相应赔付金额会汇至被保险人的支付宝账户内。[①]

保险业务原本隶属于阿里金融事业群。2013 年 3 月,阿里将这一事业群和支付宝业务整合成为阿里小微金融服务集团。阿里小微金融集团共涵盖第三方支付、小额贷款、保险和担保四个领域。"赏月险"这一噱头十足的险种算是为淘宝保险的首次公开亮相赚足了眼球。

对于合作方安联财险来说,与阿里的合作为其自身业务的电商化开了个好头。如果换成线下渠道,"赏月险"这种区域属性异常明显的险种肯定无法销售,因为技术要求、推广成本过于高昂。只有在互联网上,保险公司才能借助网络运营,推送这种创新险种。赏月险是安联强化电子商务战略的第一步,未来安联财险会融合互联网的需求推出更多产品。实际上,淘宝早在 2010 年就开始涉足运费险、航班延误险、航空意外险等险种。这些保险产品的特点是属于附属保险,即时在用户购买某项商品时附属购买的保险。此后,淘宝保险陆续与人保、泰康、太平洋、平安等保险公司广泛合作,在线销售健康险、车险、意外险等主流保险产品。根据官方提供的数据,淘宝保险上线三年后,平台上完成的交易笔数超 10 亿。10 亿笔交易中,淘宝用户网购时同步购买的运费险占据了一半比例。淘宝保险平台上的日均投保量已超过 200 万笔。国内保险市场一年的规模在 1.5 万亿,互联网企业的加入肯定能使这个市场出现新的机遇。

3. 平安保险和百合网的"脱光险"

中秋节前淘宝推出的"赏月险"还未淡出人们的记忆,"脱光险"又卷土重来。2013 年 11 月 5 日,国内知名的大型交友平台百合网与中国平安保险公司为广大的单身男女青年们特地筹划了"脱光险"的促销活动。"脱光险"保险套

[①] 李云,《淘宝保险潜行三年保单超 10 亿笔运费险占比过半》,http://finance.takungpao.com/q/2013/0827/1858748.html.

餐包括单身意外保障、交友网会员服务、婚嫁礼金三重大礼。"脱光险"共分三款：小清新"脱光险"、小奢华"脱光险"、大土豪"脱光险"，保费从低到高，分别为 11.11 元、111.1 元、1 111.1 元。其中，最具诱惑力的当属大土豪"脱光险"，不但赠送价值 349 元百合网一年水晶会员服务，而且提供一年的 60 万元意外伤害身故残疾保险、6 万元意外伤害医疗保险和最高 4 999 元浪漫游礼金。跟"赏月险"类似，"脱光险"赠送的也是意外保障，实为一款意外险。对于近期有结婚计划，或者愿意搏一把的未婚人士而言，"脱光险"或值得一试。但"脱光险"作为一款"意外险"来说，对于意外保障的内容却是一笔带过，由此可见其推出此类产品本身的意义在于公司的品牌宣传更大于销售实质。

其实，早在 2013 年七夕前后淘宝保险三周年时，曾以"这才是生活"为主题发布了四大保险：中秋赏月有人赔 188 元，寂寞单身红娘帮你搞定 TA，车险巨献减 300 元，爱情保险收益 5.2%。当时，东吴人寿推出了类似的"脱光险"，主险是一个预期收益 5.2%的理财计划，并附加意外险。如果消费者一年内结婚或者维持恋爱关系，能获得奖金，只不过只有 13.14 元（取谐音"一生一世"）。当时，淘宝联合另一家保险公司推出了 99 元一份的单身险，分为圣女版和圣男版。提供一年期全球旅行交通意外保障，保障最高达 150 万元。真正与脱光有关的，是珍爱网 VIP 婚恋服务大礼包。[①]

可见，保险炒作已经屡见不鲜。之前的甲流险、禽流感险、婚姻险都曾热闹一时。由于这些险种肩负宣传品牌的使命，保险公司往往乐于开发，而消费者需根据需求购买。这些险种实际上都算是保险产品的营销活动，而且主要目的是助力线上市场的发展。如此来看，保险公司的创新理念值得肯定。

4. 保险进入网销时代

2014 年 2 月 17 日，保监会批复苏宁，允许其设立苏宁保险销售有限公司。苏宁保险注册资本 1.2 亿元，将代理销售保险产品、代理收取保险费、代理相关保险业务的损失勘察和理赔，以及保监会批准的其他业务。互联网金融又向前迈了一步，但尝鲜者是在第一阶段赛跑中落后的苏宁。

传统保险公司的销售就是靠着拜访和电话销售，但这两个销售手段都极

---

①　肖娟，《赏月险刚走脱光险又来》，《长沙晚报》，2013 年 11 月 7 日。

易引起人反感。这样漫无目的的销售会浪费推销员与非目标客户的宝贵时间，一天下来，或许连一个用户都没有发展。另外，电话销售时，其客户资料大部分来自其他公司对客户资料的售卖，不但会引起客户反感，还会引来法律责任。

互联网公司通过云计算辨识电话号码之后，电话销售就变得更难了，销售电话随时被辨认随即被用户挂掉，销售员甚至争取不到一秒钟说话的机会。其次，传统保险公司的舆论影响一直很差，保险公司在公众眼中就是忽悠大众的，一般人除了交强险外几乎不愿意跟保险公司扯上任何关系。

如此落后的一个行业，是注定要被互联网颠覆的。其实，保险业跟零售业一样，害怕网络销售 B2C 会冲击线下市场，所以除了泰康等公司外，网络销售保险一直没有在保险业推开。一旦保险公司认识到电商化是未来不可回避的趋势，保险公司就舍得下壮士断腕的决心来发展。

2014 年 2 月 25 日，中国保险行业协会（以下简称中保协）在京举行新闻发布会，正式发布了《互联网保险行业发展报告》。这是保险业首次编撰完成的行业第一个关于互联网保险发展情况的研究报告。该统计数据显示，2011—2013 年国内经营互联网保险业务的公司从 28 家上升到 60 家，年均增长达46％；规模保费从 32 亿元增长到 291 亿元，三年间增幅总体达到 810％，年均增长率达 202％；投保客户数从 816 万人增长到 5 437 万人，增幅达 566％。

在保险产品的网销变局推动之下，百姓的理财渠道也必将会发生着新的转变。传统的营销员代销保险模式也在面临考验。长远来看，保险营销员将面临裁撤危机。[①]

一个优秀业务员能一天面对三个客户，谈成一个，而互联网每天能面对几百万个客户，谈成几十万笔。营销员代销保险将越来越无力。如果市民购买了一份五年期的保险产品，那么营销员第一年将会提取保费交纳额 10％左右的佣金收入，之后连年降低。总共五年会提取总投保金额 20％左右的佣金，这样一来就会增加保险产品的销售费用，让市民花更多的钱。而在未来保险产

---

① 姜宁，《大型险企布局网销 烟台 3 万保险员将面临裁撤危机》，《齐鲁晚报》，2014 年 3 月6 日。

品网销化之后,会出现保险公司直接面对消费者的情况,这样一来便会省去更多的中间费用。

电商的发展导致大量中间商和实体店的消亡,在保险行业,300万元保险推销员的吃饭问题将是最大问题。这个庞大而昂贵的销售渠道,在互联网的冲击下几乎没有太多价值,推销员分流转行,剩下的将专注在个性化服务以及发挥保险公司"实体体验店"的功能。这一转型无疑是保险业将面临的巨大阵痛。[①]

已经在电商竞争中抢得身位的电商巨头将控制很大一部分保险业务,因为它们拥有海量的消费数据、庞大的用户群以及良好的基础设置。淘宝保险无疑是先行者,巨大的流量可以转化为保险公司业务。苏宁进军保险业,其最可以依赖的也是苏宁易购用户每天带来的巨大流量。

已经被互联网界说烂的"互联网思维"在保险业仍然有意义,从我卖什么保险转变为你需要什么保险,就是从产品思维到用户思维的转变。作为传统行业,在互联网行业之前,保险业积累了数以亿计的用户,这些用户是保险公司的宝贵财产,如何留住这些用户,并挖掘用户的更多需求,这也是保险公司一笔不小的财富。

(四) 信托业联姻"娱乐宝"

1. 阿里对接国华人寿信托推出"娱乐宝"

2014年3月26日,阿里巴巴推出的一款名为娱乐宝的产品上线接受预约,预期年化收益率7%、限额7 300万元,出资100元即可投资热门影视作品,还可享受探班、主场见面会等娱乐权益。"娱乐宝"对接的是国华人寿一款投连险产品"国华华瑞1号终身寿险A款",该投连险借信托计划将资金投向四部电影,资金方和融资方谈好约定收益率,同时还通过银行出具信托履约保证函,保证资金安全。[②]

这是继支付宝"元宵理财"之后,阿里巴巴再度涉足保险理财产品。与余

---

① 王超,《300万保险推销员该为转型互联网做好准备了》,http://tech.qq.com/a/20140218/004126.htm。

② 杨芮、刘田,《阿里新推"娱乐宝"实为投连险投资信托》,《第一财经日报》,2014年3月27日。

额宝不同的是,阿里巴巴联合保险推出的理财产品的预期收益率都高达7%。

娱乐宝是余额宝等各类"宝"的升级产品,对于 BAT(百度、阿里、腾讯)而言,蕴含的不仅仅是流量变现价值,更解决了流量变现后实现体内循环的难题。而保险资金通过信托计划投向文化产业,亦属业内首次尝试。

娱乐宝首期四个项目是郭敬明导演、杨幂等人主演的电影《小时代3》、《小时代4》;冯绍峰、窦骁等人主演,根据著名畅销小说改编的电影《狼图腾》;孙周导演,王宝强、小沈阳共同主演的 3D 奇幻喜剧《非法操作》;全球首款明星主题的大型社交游戏《魔范学院》。总计投资额 7 300 万元。其中,影视剧项目投资额为 100 元/份,游戏项目的投资额为 50 元/份,每个项目每人限购两份。这意味着,将有数十万人通过娱乐宝参与到该产品的投资中。

娱乐宝实际上是通过保险产品作为产品包装方式,以规避信托产品投资门槛的限制,并且获得较高的投资收益回报,加上利用了投资电影的趣味性,容易吸引关注。

一般来说,信托产品收益率相对较高,但投资门槛通常百万起。而娱乐宝这种模式就较好地避免了信托高投资门槛的问题,100 元即可购买。

此前,阿里巴巴曾联合珠江人寿推出预期收益率7%的一款万能险产品,该产品通过投资基础设施项目债权计划实现7%的高收益率。不过,由于保险资金可以直接投资基础设施项目或房地产项目,无须通过信托。而在此次和国华人寿合作的"娱乐宝"中,则借用了信托。与珠江人寿推出万能险不同的是,与国华人寿此次推出投连险产品,主要是出于成本方面的考虑。

在余额宝之后,阿里巴巴一直希望在此基础上推出收益率超过余额宝且保本保息的产品。为此,很早之前阿里巴巴就和工银瑞信、德邦、南方、易方达和道富基金推出"余额宝二代"。不过,由于公募基金产品投资标的非常有限,阿里开出的要求比较高,这对基金产品设计提出了很大挑战,所以该项目迟迟未上线。

与公募基金不同的是,保险无论是在投资标的还是产品宣传规则方面都要灵活得多。2012 年 10 月,《关于保险资金投资有关金融产品的通知》的下发,为保险资金投资银行理财产品、信贷资产支持证券、集合资金信托计划、专项资产管理计划和项目资产支持计划打开了大门,类信托保险产品迅速扩张。

对于公募基金而言,很长一段时间内互联网渠道力推的产品都只能是货币基金,但保险产品可选择的范围更广。

2013年互联网保险产品创新频频,尤其是由渠道走向了产品层面。娱乐宝的意义在于为互联网保险开辟了一个新的发展方向,即娱乐化发展方向。对于险企一端,是产品创新及商业模式的创新,对于丰富产品线意义非常。

2."娱乐宝"的争议

"哥们,你投子怡了吗?""没,这次先支持一把柳岩。"——这种"大佬"式的对话,很快将发生在两个普通影迷之间。

对于娱乐宝的支持者来说,可以边追星享边赚钱,是一项不错的福利。虽然娱乐宝平台上的投资项目,预期可带来年化7%的收益,但对导演、明星们的粉丝而言,娱乐宝为"投资人"准备的多种娱乐权益,可能更具吸引力,譬如影视剧主创见面会、电影点映会、独家授权发行的电子杂志、明星签名照、影视道具拍卖、拍摄地旅游等。对电影制作方而言,娱乐宝不仅"来钱",还能在电影电视没开拍的时候就造势获得一大批忠实观众,用户们"用钱投票",评判对某个影视项目导演、演员、剧本的喜好程度,这些第一手的用户数据,从投资制作环节就对内容产生影响,实现真正的"大数据创作"。

对于娱乐宝的质疑者而言,娱乐宝这种投资形式下产生的风险是不可测的。与投资股票或者债券市场不一样的是,娱乐宝投资的是文化产业,这个风险一点也不比股市小,这是理财产品,是有风险的。限购的原因,是因为这只是初始阶段,是一种尝试,希望能让更多人参与进来。还有人提出质疑说,作为电影投拍理所应当是风险投资,如果万一撞上一个大红大紫的片子,7%的收益未免太低,难道网友提供的本金却让运作方赚了大头? 也有人认为,投拍电影并非一件简单的事情,除了一些几亿元票房的大制作作品外,大多数电影属于炮灰,况且这些电影的运作方式根本不在小投资者的掌控之中,花个一两百元玩票还行,真的拿来理财还得小心血本无归。

不论大家对娱乐宝的争论如何,信托这个行业已经参与到了"各种宝"的产业链中,并且承担了创新的职能,未来创造更多的商业价值也是十分令人期待的。

（五）遭受深入骨髓冲击的基金业

1. 公募基金过往游戏模式遭挑战

2014 年 1 月 16 日，天弘基金公布的数据让许多公募基金人士内心五味杂陈。这一天，天弘基金和支付宝联合披露数据：旗下余额宝规模超过 2 500 亿元。对此的大众解读是，从公募管理规模看，"逆袭"的天弘基金还是超过华夏基金，登上了基金行业第一的宝座。天弘基金仅仅是凭借余额宝这支货币型基金，在不到一年的时间内迅速膨胀。货币基金，管理费仅 0.33%，是股票型基金的五分之一。过去多少年间，在基金人眼中，货币基金只是年末冲规模、争排名的不赚钱的工具。而短短数月，这一形态却被天弘基金秒碎了。

2013 年末，许多基金公司已经没了冲规模的冲动，短期几百万元的营销费用"砸"给银行渠道换来的面子工程，很可能都比不上余额宝平均一天 12 亿元的净流入量。正是余额宝的出现，让基金业排名这一多年的无聊游戏真正无聊到无人愿再关注，公募基金业放弃规模排名这一面子指标的时候已经到了。

2013 年，互联网金融冲击公募基金行业不止这一个游戏规则，那些原被认为是既成事实、固定模式的生长路径、盈利方式——受到挑战。这当头一棒，有人仍嗤之以鼻，但也有很多从业者感受到真切的迷茫，甚至灰心，这是一次哪怕经历了两次熊市也不曾有过的行业焦虑。从"业内"解读看，包括年金、社保、专户等非公募业务，华夏基金管理资产规模近 3 000 亿元，其超过 1 000 亿元的股票型、混合型基金利润是天弘基金暂时还不可比的。在被收购后，天弘基金几乎无成本享受了阿里的技术成果，已经更像是阿里的金融部门，或者一家互联网"钱客"：将大量零钱整存至银行。

其实两年前，这些擅长自下而上进行大类资产配置的基金公司们，大都多少预见：央行快要看紧钱袋子了，货币政策中性偏紧，再加上利率市场化启动，中短期利率难降，都将利好"现金为王"，也就是货币基金的发展。

但是没有互联网的加入，货币基金不会有 2013 年的辉煌。余额宝为基金业普及了货币基金，一家基金公司电商负责人还希望未来余额宝能推动货币基金更多创新，包括直接支付应用等，不过受益者好像只是余额宝。2013 年底，整个公募行业货币基金总规模 8 832 亿元，比 2012 年增长了 1 800 亿元，而这恰好就是当时余额宝的规模,这意味着其他所有基金公司的货币基金总量零增长! 除了少数公司,2013 年底大多数基金公司已经没有心气再像往年那样热衷宣传规模排名,许多基金公司感到多年来的基金排名游戏规则已经失去意义。①

2. 基金公司互联网平台争夺的白热化

在凭借余额宝与阿里利益绑定后,天弘基金俨然已经不再是一家单纯的资产管理公司。2013 年 9 月,天弘基金已经成功登入外界不明觉厉的"阿里云"技术系统,余额宝 3 亿笔交易的清算可在 140 分钟内完成,这是大多仍仅在用恒生交易系统的基金公司想都无法想象的,余额宝的 APP 还享受了支付宝在客户体验方面近十年的探索成果。②

面对这一切,其实天弘基金也只是配角。对于基金公司而言,他们感受到了来自庞大互联网平台的强大冲击。而只有参与者知道,这是一场多么激烈的资源争夺。2013 年 6 月余额宝面世,随后,基金业中的华夏、汇添富、易方达、广发基金不约而同奋起直追,在主攻支付宝不下的局面下,他们转战淘宝商城、京东、苏宁等其他电商平台,以及百度、腾讯两家 BAT 巨头。南方、嘉实、华安也先后加入竞争,与数米网、天天财富网以及各种大小互联网平台寻找合作机会。

就在余额宝宣布规模达到 2 500 亿元的同一天,华夏基金也没有闲着,其牵手腾讯旗下微信版"余额宝"理财通低调上线。要知道,这是一个多么不易的竞争。在 2014 年 1 月 15 日一早,理财通拿到批文,华夏基金与腾讯即立刻启动上线,直到晚上 9 时,反复测试后该产品终于面世。但是就在当天上午,同时与腾讯合作的易方达、汇添富、广发基金对此毫不知情,都大呼"震惊",他们还在等待"同步上线",如同被戏耍。

这一切,仅在余额宝上线 210 天后,竞争已如此白热化,让后面的大多数人更无所适从。上海一家以固定收益著称的基金公司很尴尬,在此轮货币基金最快发展期中,生生没了他们的身影。"有央行的朋友吗? 能联系到腾讯

---

① 赵娟,《被颠覆的公募基金》,《经济观察报》,2014 年 1 月 18 日。
② 赵娟,《被颠覆的公募基金》,《经济观察报》,2014 年 1 月 18 日。

吗?"余额宝效应热起三个月后,其公司从高层到中层,开始动员各种力量希望挤进互联网金融的大门,但是这个门槛已经很高。对于很多基金公司来说,互联网平台的争夺过后面临的就是是否发展互联网金融这一大问题,现在的形势是,一方面,货币基金不赚钱且互联网依然是销售渠道,而另一方面,互联网在向整个社会生活各个领域渗透,互联网金融也将改变基金公司整个的发展模式,再不重视,只能不进则退,而这些正是整个基金业的迷茫所在。

3. 公募基金被颠覆的三个传统观念

2013 年底公募基金管理总资产规模 2.9 万亿元,比 2012 年增长 1 436 亿元,基金数量增加 378 只,不算余额宝,全行业规模其实净缩水,而这还是在股票型基金平均年收益率超过 8%、实现赚钱效应的背景下。

从 2007 年伴随股市下跌跌下神坛开始,公募基金行业在最近六年都没有找到翻身的机会,这中间基金专户热很快偃旗息鼓,基金子公司在影子银行监管政策不明、行业风险不清晰的背景下也难以真正大张旗鼓发展,养老金入市还是纸上谈兵。唯独互联网金融成为一抹亮色。或许是沉寂了太多年,2013年,互联网金融带给基金公司的冲击是深入骨髓的。至少公募基金领域三个传统思维正在被冲击,甚至被颠覆。

第一,排名游戏被摒弃,互联网金融下的货币基金意义何在。

2013 年以来,证监会多次表态积极推进基金公司上市,汇添富等公司都在积极筹备。如果基金公司也成为证券市场上的被投资对象,投资者是否会关注其规模排名? 众所周知,过去货币基金是低收入的冲规模工具,而公募基金的规模与利润不一定画等号。现在大多数基金公司股东也已不再将规模排名作为单纯的高管考核指标,余额宝给他们带来的无力感是重要原因。

如果货币基金不与规模排名挂钩,在上述高管眼中,货币基金被视为一种"入口型"产品。他们重视其背后的客户资源,以货币基金这一更亲民的理财产品吸引用户,未来将可能把这些互联网平台上的用户转换为自己真正的理财用户,例如行情起步时可向其销售同样简单易懂的指数型工具类产品等。

第二,资产管理行业中商业模式与投资管理能力孰重?

还记得 2012 年一家新上任基金公司的总经理谈及被董事长问到,你的管理思路是什么? 他的回答是,如果现在还说重视投研能力,以业绩创规模,那就 out 了,基金公司的客户服务、销售管理同样重要。但现实中,没有几家公司真正做到客户服务与投研并重。

长期以来,公募基金业习惯的商业模式是:设计产品、推销业绩,找银行发产品,以业绩促规模,最终赚取管理费收入。在基金公司的内部文化中,"万般皆下品,唯有投资高"。基金公司传统的商业模式和业务模式里,以产品为中心,所有的任务都在发产品、做投资业绩,而所提供产品的投资周期属性又使其投资需求和客户需求之间出现错配。

互联网行业才是真正以客户需求和体验为核心,而不是基金行业过去那样自上而下教育式的客户服务模式。如果拥有了客户资源,基金公司甚至可以销售其他公司或行业金融产品,这又是一种新的商业模式。

第三,基金行业未来发展是否需要重资本金?

阿里和天弘的合作无法复制,发展电商 IT 系统、客服都需要资本金的投入。可以估算的数据是,华夏、易方达等公司发展电子商务一年要有 2 000 万元的投入,有数据称,汇添富在电子商务的投入已经过亿元,超过了许多 500 亿元级别以下基金公司全年的利润总额。

2013 年"双十一"活动中,易方达基金在淘宝平台发行了分级产品,自掏腰包出资 2 亿元劣后资金,被业内称为"土豪",没有一定的资本金支持,基金公司发展新业务会越来越受制。互联网行业的 PE 投资模式下,即期成本都被忽略不计,而这一切都在考验基金公司股东每年考察利润、要求分红的传统思维。

4. 将分化的公募基金领域

2013 年,股票型基金、混合型基金一再缩水,债券型基金总规模逆势增长近 400 亿元,但下半年债市的风险释放又让债券基金意外亏损套牢投资人。即使在传统模式中,大多数基金公司都没有真正培养起自己的投资品牌,还远不及许多明星私募基金在此的积累。基金行业的局面可能更加窘困,但是这个行业的分水岭也或将很快出现,而且并不仅仅只是以前同质化竞争下规模上的分水岭。

目前面对互联网金融业务,公募基金业内基本有三种面孔:已经发力互联网金融的上述四五家基金公司还算踌躇满志;一大批没有跟上互联网金融第一波大潮的大中型基金公司矛盾焦灼，最为痛苦；一批小型基金公司安于现状，无力思考。

公募业中保守派指出，这么多基金公司集体触网，前景似乎并不那么美好，恐当了炮灰，陪太子读书。理由是在基金业传统运作模式下，互联网金融成本、运营投入大，短期收入低，同时，它对客户黏性和转化率不抱有信心。

有人说，余额宝最大的危险是挤兑风险或 T＋0 现金周转的资金垫付压力，其实并不尽然。货币基金享受银监会允许其提前支取银行协议存款而不罚息政策，更重要的是，货币基金受益于现在的货币政策环境。从一两年短期宏观经济局面看，货币基金仍将活在春天里。

其实行动派更是悲观者，在积极的悲观主义者眼中，主动出击，即使充当炮灰，也好过等死。2013 年华夏基金凭借"活期通"APP 的直销和与三大互联网平台 BAT 的合作中，新用户增长八倍，移动端交易量 150 亿元。最重要的是，他们打造了一支跨部门互联网金融团队，团队的人数从最开始几个人已经到 40 人左右，并逐步完成了系统改造，有能力实现与其他外部互联网平台的对接。同样，汇添富亦如此，其电商业务直销规模已经超过数百亿元。

电商发展较快的公司未来都有可能发展到拥有国外如同富达基金旗下的账户体系，基金销售将不仅仅是单纯的推销自家基金，而是可能综合推荐各类理财产品，为用户提供全方位的理财服务。同样，嘉实基金的战略也已经逐步显现，他们试图从金融牌照入手，包括打算申请券商牌照，也是基金公司从产品提供商向金融服务提供商转型的尝试。

而在基金业的传统模式下，能够坚持既有路径的或者只有银行系基金公司，他们也是在这次互联网金融大潮下表现最为淡定的一群人。2013 年底，中银基金规模逆势增长、工银瑞信基本与上一年持平，例如工银瑞信已经与自家大股东形成利益共同体，用货币基金留住活期存款，对抗互联网给银行带来的冲击。

未来，还有一批中小公募基金公司将越发沉寂，没有渠道、没有服务、没有投资品牌，他们或只能凭借自身人脉维护少量资金和客户资源，过着看上去还不错的小日子。

或者，这个行业可以一起祈祷大牛市的到来，让赚钱的股票型基金经理重新成为老百姓心目中的天使,不过,短期看,这好像并不现实。

5. 天弘基金——盈利的春天即将到来

天弘基金于 2004 年 11 月 8 日成立,到 2014 年即将满十年,在 2013 年之前,该公司规模一直出于行业下游水平,常年亏损。在相当长的时间内,天弘基金唯一能够让市场记住的似乎是其率先推行的发起式基金。然而,这一并不算严格意义上的创新产品并未让天弘基金走上顺风顺水的大踏步发展之路,而是使其一直在寒冷的冬天里步履维艰,即使是在与阿里合作大火的 2013 年,这一状况也没能改变。

2013 年 6 月 17 日,由支付宝与天弘基金联合推出的余额宝正式上线。用户把资金转入余额宝即为向基金公司等机构购买相应理财产品,并享有货币基金的投资收益。而余额宝首期支持的正是天弘基金旗下的"增利宝"货币基金。由于余额宝 1 元的超低门槛,而且去年货币基金的收益率远远高于银行活期存款收益,余额宝一经推出就备受用户推崇。

2013 年 10 月 10 日,内蒙古君正(天弘基金股东)宣布,阿里巴巴拟 11.8 亿元认购天弘基金 26 230 万元的注册资本额,成持股天弘基金 51% 绝对控股人。余额宝的推出使得天弘基金一举成为规模最大、客户最多的基金公司,风头直盖华夏基金。

虽然余额宝在神州大地风靡,但它并未成为天弘基金盈利法宝。一个尴尬的事实是,管理规模的高速增长并未给天弘基金带来利润层面的改观。物产中拓的非公开发行预案显示,天弘基金 2013 年实现营业收入激增至 3.11 亿元,但是净利润却依旧为亏损 243.93 万元。值得注意的是,内蒙古君正 2013 年半年报显示,天弘基金去年上半年实现净利润 852.52 万元,为可查数据中天弘基金第一次实现盈利。由此不难看出,天弘基金之所以 2013 全年依旧亏损,源自下半年的经营状况不佳,而这个下半年正是余额宝风靡神州大地之时。[①]

余额宝无疑是一个成功的产品,但是为何在余额宝成功带领天弘基金坐

---

① 程亮亮,《余额宝未成盈利法宝 天弘基金 2013 年续亏》,《第一财经日报》,2014 年 2 月 26 日。

上行业规模一哥宝座的当年,天弘基金却依旧呈现亏损状态? 余额宝背后真正的赢家其实是浙江阿里巴巴电子商务有限公司(支付宝母公司)。

余额宝的成功其实只是摆脱了对银行渠道的单一性依赖,并利用互联网金融的属性在短时间内成功实现规模的高速增长。但是阿里巴巴同样不会提供免费的午餐,与银行一样,作为渠道商其自然也会收取相关费用。此前业内一直盛传天弘基金的余额宝业务虽然赚吆喝,但是真赚钱有难度。公司的确会支付给阿里巴巴一部分费用,用于渠道营销等支出,但是公司并未与阿里巴巴层面有类似管理费分成的说法,但用于营销的费用远远低于传统渠道。虽然阿里巴巴对于余额宝能给其带来多少收益可能并不是十分重视,但是不可否认阿里巴巴对很多其他公募基金管理公司层面的收费一直不低。

天弘基金凭借着余额宝已然成为行业翘楚,从 2012 年 1.14 亿元的营业收入到 2013 年全年的 3.11 亿元,近 200% 的增长余额宝功不可没。但是为何 2013 年上半年 6 189.99 万元的营业收入尚可以带来 852.52 万元的净利润,下半年近 2.5 亿元的营业收入却带来更多的亏损? 原因是天弘基金在支出方面投入很大,互联网金融要求的公司后台设备、人员配备都需要支付大量的成本。天弘基金与阿里巴巴的合作无疑是其快速发展的关键所在,而随着 2013 年的大规模投入完成之后,天弘基金盈利的春天即将到来。

6. 招商基金微钱庄——开启移动社交理财新时代

2014 年 1 月 20 日,招商基金正式发布微信理财产品"微钱庄",投资者可直接在微信平台开立招商基金账户,享受高收益现金理财。由此,招商基金成为行业内首批实现微信开户功能的基金公司,开启移动社交理财的新时代。已经有数十家基金公司通过微信公众账号推出了微信理财平台,但这些微信理财平台大多无法直接在微信上开户。招商基金上线的微钱庄突破了限制,实现微信直接开户功能,真正意义上实现移动理财功能。①

招商基金的该功能率先向招行客户开放,凡招行借记卡持有人均可在招商基金官方微信上直接开立基金账户,即可购买招商货币基金 A,享受高收益

---

① 黄金滔、安仲文,《首批实现微信开户功能 招商基金推出"微钱庄"》,《上海证券报》,2014 年 1 月 21 日。

现金理财。客户在需要还贷、转账、缴费时，在 ATM 机取钱的前一刻用手机赎回微钱庄，资金快至一秒即到银行账上。

此外，账户安全是移动端应用发展过程中一个不可忽视的关键。招商基金微钱庄的微信开户功能率先面向招行客户，背后是招商银行的直付通系统，与招行手机银行所采取的账户安全保障技术一致，微钱庄的账户安全有切实保障。

四、超级账户之战

（一）得账户者得金融

对于互联网金融发展至今的大致脉络，我们可以发现互联网金融创新开始表现出两个有趣的现象：

一是社交属性大大强化。春节期间，"微信红包"把很多年轻人吸引在手机屏幕前，通过一场全民游戏，深入推广了"转账汇款"这一传统个人金融业务在移动互联时代的全新体验。而腾讯公司也毕其功于一役，借助微信关系圈的火热人气一举完成了天量的用户拓展和银行卡绑定，进军移动支付市场的战略实现了完美的弯道超车。

二是多功能产品受到推崇。在"余额宝"天量增长的迅猛势头带动下，基于货币基金的各种"宝"你方唱罢我登场，通过各种应用场景叠加和收益率竞赛成为老百姓争相接纳的"储钱罐"，大量分流商业银行的活期存款，引发了金融市场内外的激烈争论。

不管是社交属性的放大，还是多功能的涌现，几乎所有的新翅膀都是牢牢插在"综合账户"身上。这实际上隐含着一个趋势：未来的金融创新不再拘泥于单一的产品或者渠道，如何发挥综合账户的价值成为创新者和投资者们最为关注的焦点。[1]

---

[1]　万建华，《未来金融之争将是账户之争》，http：//finance. sina. com. cn/zl/bank/20140310/133418460423. shtml。

账户何以有如此大的魅力呢？至少有两个方面的原因。一方面，移动互联网时代，大部分商业模式都是加载于人气兴旺的社交关系网络上，而账户是构建社交网络的基本细胞；另一方面，账户为客户关系维护、交叉营销、大数据分析提供了天然的载体。从转化效果来看，在综合账户上推陈出新无疑比单一产品创新更为直接，也更为有效。

在信息经济时代，账户不仅仅是用户连通互联网的身份凭证，更是包括信息价值和货币价值在内的客户所有价值的综合载体。它既是商家、企业同客户交互信息的主要渠道，也是挖掘客户价值的直接途径。在已经敞开大门的网络经济时代，账户会成为货币活动的大本营，它将是每一个独立经营者或者消费者综合理财与财富管理的出发点和归宿点。谁拥有了客户账户，谁也就掌握了客户资源和业务基础。①

能够带来比活期存款更高的收益仅是群"宝"起舞的一方面原因，更重要的是这些"宝"们既能购物又能转账，既能缴费又能还款的多功能委实给客户带来了不一般的便利和综合价值。持续流入的沉淀资金和人气为账户平台提供了丰厚的生长土壤，沉淀资金的有效利用则成为账户平台反哺客户的阳光水分。

如果借用最近在互联网圈子里很流行的"互联网金融三板斧"——"有了账户一切都变得简单：有留存资金的就去关联货币基金，有供应商的就提供贷款，有账号的就做支付"，我们就能明白为何近来有如此之多的创新资源持续投入于账户体系建设的根本原因：得账户者得金融，对用户账户的争夺才是这场金融战获胜的关键。

（二）券商行业首支超级账户——君弘一户通

近来，陆续有券商通过各种创新手段，推出了在投资炒股的基本功能之上又迭加了保证金余额可自动产生理财收益，并能广泛用于购物、消费、缴费、还款的"证券类综合账户"，这种超级账户受到了市场的高度关注。超级账户表面上简单、操作性强，其实质是券商要增强客户资金池的沉淀。逻辑是操作方便，客户加大交易量和购买产品，重建支付功能的券商熟悉客户的资金流向，

---

① 万建华，《金融 e 时代：数字化时代的金融变局》，P143，中信出版社，2013 年 5 月。

开发相关的资管产品。券商通过超级账户将资金汇集，虽然钱依然紧握在银行手里，但两家可以协议做一个保证金产品，收益率远超活期利息，券商也能主动盘活闲置资金。国泰君安证券推出的"君弘一户通"就是此类账户创新的一个案例。

2011年，万建华自出任国泰君安董事长以来，就一直推动超级账户的建设。其在公开场合曾多次重点提及券商支付功能的重构，如何与银行重新确定合作方式成为解决该问题的核心。作为银联的创始人，万建华在银行系统内有着深厚的经验与资源，国泰君安间接接入大额支付系统，以及与银行对接账户的谈判，都在两年内完成。

2013年12月18日，国泰君安继首家以特许参与者身份接入央行大额支付系统后，推出了君弘一户通，实现了券商行业首只"超级账户"。君弘一户通是国泰君安最新推出的业务，它以客户为中心，为客户在公司内建设一个全账户、全资产、全业务的新一代综合理财服务平台，为客户提供多样化支付渠道，使得客户能够"一键登录，综合理财"。

君弘一户通的正式推出，对于券商而言，表面上只是一款让投资者交易更加方便的应用，而背后的逻辑则是券商支付功能的重建，以及其经纪业务向增值服务进行转变。在具体的开发过程中，这套应用由国泰君安自己研发。支付功能的建设上，国泰君安间接接入央行大额支付系统，重新梳理了与银行间的关系。投资者操作该应用时，已经可以手机充值和部分网上消费。未来，国泰君安计划把交易品种、支付范围继续拓宽。同时，利用大量客户账户内的闲置资金，推出类似保证金产品的理财业务。[①]

（三）中国平安的互联网突围战

1. "壹钱包"掘金社交金融

2014年1月16日，在阿里余额宝规模突破2 500亿元之后的第二天，由中国平安开发的社交金融平台"壹钱包"在上海平安金融大厦亮相，平安祭出的互联网金融"秘密武器"壹钱包开始正式内测。同时，这则壹钱包版的"陈欧

---

① 蔡俊，《解密国泰君安超级账户：券银竞合"端上不同的菜"》，《理财周报》，2014年1月13日。

体"就在平安员工中传播开来："你有你的支付宝，我有我的壹钱包。你有你的余额宝，我有我的现金宝。你否定我功能简单，我说我又能支付又能聊天……我是微信和支付宝的结合体，我是壹钱包，我为自己代言。"而当日，壹钱包的下载量就意外达到百万级别，使得原来意图仅进行内部测试的平安暂时关闭了其下载通道。①

壹钱包具备五大功能：赚钱、花钱、省钱、借钱和聊天，例如，朋友之间的相互转账、AA 制支付（针对同个消费建群，群里每人在该消费中均摊支付同等数额的金钱）、派发红包、提现等。其主要实现三个功能：管理财富、管理健康、管理生活。而未来借助中国平安的全金融牌照，壹钱包的功能会有更多可能。例如，实现为朋友购买保单，然后利用聊天功能推送给友人；将自身在平安的资产（比如人寿保单等）抵押，通过陆金所向其他个人借款或购买陆金所的余额理财产品；基于寿险等大数据对客户进行贴身健康管理等金融社交服务。

拥有全金融牌照的平安选择从社交金融切入互联网，金融企业与互联网企业之间的文化以及各个业务之间如何进行有效整合，成为摆在平安面前的最大挑战。在未来，平安的壹钱包能否在互联网系金融综合平台的围剿下成功突围，很大程度取决于它是否能充分玩转平安的金融基因，真正实现旗下各金融板块交叉销售，提供差异化功能。

2. "1333"战略

与壹钱包内测同一天，中国平安在上海宣布了其在互联网金融领域的"1333"社交金融战略，中国平安二级市场股价应声上涨近 4%。巧合的是，平安大厦在陆家嘴的门牌号亦是"1333 号"。

在"1333"战略中，壹钱包就是那个"1"，依托它，平安将金融服务嵌入"医、食、住、行、玩"当中；从而实现管理财富、管理健康、管理生活三个功能；将会覆盖三层用户：先在 80 万名平安员工内部推广，再向 8 000 万名平安客户推广，最后推向社会大众；并逐步推出 333 项生活场景应用。

传统金融的问题是与客户之间的接触频率太低，譬如在保险行业，客户只有在买保单、续保、理赔的时候才会跟保险公司产生接触；银行业只有在客户

---

① 杨倩雯，《平安：互联网没法忽视的金融"小伙伴"》，《第一财经日报》，2014 年 1 月 21 日。

想要办理业务时才会去银行,传统金融业还是显得颇为被动。而在中国平安的"1333"战略设想中,333项生活场景应用就可以将金融嵌入到医、食、住、行、玩当中,大大增加金融与客户的接触频率,增加客户黏性。而管理财富、管理健康、管理生活这三个功能,就需要其旗下的陆金所以及医健通、万里通、一账通、天下通几大门户支撑。

在管理财富方面,陆金所是其中的重要平台,定位于互联网投融资平台的陆金所,如今在P2P行业已经成为领军企业,而除P2P之外,陆金所还存在B2B、B2C等多样化的模式和机会。同时,陆金所下一步会逐步推出信用评级以及资产评级。

而"医、食、住、行、玩"就成了平安生活管理的五大方面。为什么选这五个呢? 按照马斯洛的个人需求层次理论,人在解决了生存和安全问题以后,再上一层就是社交的需求了,再上一层就是他受到尊重,最后自我实现。实际上,在解决安全问题以后,社交是非常重要的,然后自我实现,所以讲平安的定位是社交金融。举例来说,在"行"方面,平安旗下的"平安好车"于2013年3月在上海注册,以"帮卖二手车"为切入点,主要为广大车主提供二手车资讯、车辆检测、车辆帮卖和车险、车贷等金融服务;"住"方面,平安会在住房方面建立一个市场,将金融融到里面去,希望把找房、看房、买房,用金融打通;而在"玩"方面,壹钱包横空出世,主打"会聊天的电子钱包",还在进行内测就已引发市场极大关注。

而这些生活场景之间,则以万里通和一账通相互打通。以平安万里通为例,其已成为中国最大的积分平台,客户达数千万,有300家电子商务公司及线下20多万家合作商户。

在健康管理方面,平安健康险的互联网化则将成为重点。为了实现这一转型,平安特地将曾任阿里巴巴集团资深副总裁兼阿里软件总裁的王涛招致麾下,担任平安健康险董事长兼CEO。

平安作为传统金融企业的代表,也杀入了风起云涌的移动互联网金融平台。世人皆知阿里、腾讯,现又有平安加入,"三马"并驱于中原,未知将来鹿死谁手。①

---

① 闫墨宸,《平安"壹钱包"角逐社交金融》,《云南信息报》,2014年3月5日。

3. "临用钱"发力移动金融

2014 年 1 月 16 日,继推出壹钱包支付平台备受宠爱后。中国平安乘胜追击,低调测试一款名为"临用钱"的移动客户端,该产品欲颠覆 ATM,实现在其合作的便利店扫码取现,而"临用钱"相关域名也引关注。[①]

中国平安测试的临用钱,已整合在壹钱包平台移动 APP 导航内。用户首先需要绑定相应的银行卡,才能在合作的便利店快速取现。其具体取款流程为：用户进入与中国平安合作的便利店,向店员索取一张临用钱刮刮卡,点击 App "我要取款"按钮,扫描刮刮卡上的条形码,获取一条验证码。然后确认门店信息,取款金额及取款手续费,选择取款银行卡并确认取款。而便利店店员支付现金还需要经过一步密码对照：现场刮开刮刮卡的密码图层,比对用户手机上收到的刮刮卡密码,对比成功,才支付现金。中国平安临用钱的核心将是实现"无卡、无 ATM 取现"的超级功能。

4. 布局第三方支付

随着传统渠道业务发展遭遇瓶颈,互联网销售渠道正成为险企的新战场。各险企在电商渠道布局略显成熟,争取第三方支付牌照已经成为险企的新征战点。保监会支持险企设立电商机构的同时,也支持险企拓展第三方支付领域。平安保险已经通过收购第三方支付公司的方式取得了相关牌照,布局第三方支付。

平安已拥有全金融牌照和近 8 000 万客户,且客户本身有着多样的支付需求。虽然集团旗下有寿险、产险、银行、信托、证券、基金等不同板块,但每个客户都有不同的账户,而支付就是将其结合起来的黏合剂。

其实,金融机构与客户的关系是较生硬和并不多的弱联系,就拿最传统的寿险举例,多数寿险的交费方式是一年一交,这样的付款方式与公司的互动并不活跃。

第三方支付则与客户联系更为紧密和频繁,平安的壹钱包就相当于一个综合账户。通过这些打通一些渠道,增加了客户的黏性和忠诚度,因为任何业

---

① 《中国平安欲颠覆 ATM 测试便利店扫码取现》,http://www.ebrun.com/20140116/89979. shtml。

务只要跟交易有关就离不开支付。

不仅平安保险开始在第三方支付方面着手开锅,安邦保险也已经有计划开展第三方支付业务。其实无论险企现在有无第三方支付的动作,这已经成为一种趋势。险企若能拿到第三方支付牌照,网销保险将更加便利,在网销保险的时代就抢得了先机。

5. 平安的 O2O 模式

致力于打造"不一样"发展模式的平安银行在移动互联网金融领域再领先机,推出线下商务与互联网结合的 O2O 服务模式。[①] 平安银行 2014 年初全新升级了企业手机银行,将供应链金融 2.0 服务扩展到移动客户端,并推出面向小微商户的移动收款服务,驰援贷贷平安商务卡功能,加上该行领先的对公客户微信开户服务在全国所有网点开办,一个由移动互联网铺就的线下商务与线上服务互动的 O2O 服务模式成型并独具特色。

企业手机银行 2.0 版是平安银行抓住网络金融时代新机遇的服务升级。该 2.0 版与平安银行企业网上银行互联互通,客户免费下载并安装客户端软件后,即可随时掌控第一手财务信息,并实现移动授权、移动收款、供应链金融、网点查询、回单验证等特色功能,为企业用户的移动商务提供了全方位、易操作、安全可靠的移动金融服务。企业手机银行的升级,意味着移动互联网、电子商务与移动金融服务的深度融合,实现移动金融服务尽在"指掌之间",坐享 O2O 模式的便捷与高效。

同时,作为国内首家推出的公司业务微信银行,平安银行公司业务微信于 2013 年 8 月 12 日正式上线,为公司客户提供"触手可得"的金融服务。作为"第一个敢吃螃蟹的人",平安银行于 2013 年 11 月推出公司客户微信开户功能并迅速组织试点,创造了公司客户开户临柜至离柜最快 7 分钟的服务新标杆,现在该项服务已在平安银行所有网点开办,支持企业开户业务量最大的四类业务,包括基本户、一般户、定期户、注册验资户,"在线上传开户资料、预审、预约+线下临柜开户",客户在线(On-line)填写表单审核认证通过后,线下

[①] 颜剑,《发力移动互联网金融 平安银行试水对公 O2O 模式》,http://finance.china.com.cn/roll/20140409/2321077.shtml。

(Off-line)到银行网点柜台办理开户，开创了商业银行灵活利用O2O两种渠道资源、创新服务的成功落地。

6. 对微信、支付宝、壹钱包的分析

(1) 流量和存量之争

微信支付和支付宝钱包之争，是流量和存量之争。这里的流量泛指用户进行交易的资金流，存量泛指用户在交易、理财等行为中沉淀在账户上的存量资金。存量和流量肯定是密切相关的，但切入的侧重点不同，会造成产品在使用体验上的巨大不同。由于支付宝钱包力求做同时覆盖流量和存量的全功能产品，因此在支付上永远做不到像微信支付那样彻底舍弃其他客户端从而将移动支付简化到极致。①

微信支付从流量切入拼支付流程，大而全的支付宝钱包无法舍弃存量拼流量，因此拉出微博支付专精流量作为牵制。支付宝需要确保支付宝钱包的绝对优势才算赢，微信支付只要保持对支付宝的竞争压力就算小胜。除了平安壹钱包之外，打酱油的产品无法影响这两大巨头的竞争。

(2) 支付宝：居中的资金管理者

由于淘宝上是担保交易，用户要先把钱付给支付宝，确认收货之后再命令支付宝把钱付给卖家。因此，支付宝的基因天生就是居中的资金管理者，它的目标始终是把用户的资金留在自己的账户内。这样的基因由余额宝这个产品放大了，理财产品不仅把用户用于消费的钱留在账户里，更直接瞄准了家庭财富。也就是说，支付宝和其身后的淘宝天猫目标相同，都是希望用户在它的体系内可以满足所有需求，它们虽然欢迎别的机构进入体系内成为必要补充，但是并不希望用户通过这个体系向外获取其他服务。

这个特性造就了"淘宝天猫＋支付宝余额宝"的强大，但也决定了支付宝的弱点：支付过程无法简化。在支付宝快捷支付诞生之前，通过支付宝用网银付款是相当复杂的过程，支付成功率也一直不高。正是支付过程无比顺滑的快捷支付奠定了支付宝在流量领域的市场地位。但是这个最佳支付体验的

---

① 康宁，《剖析：微信支付与支付宝钱包的关键性差异》，http：//www. huxiu. com/article/26146/1. html？f＝wangzhan。

宝座现在要让给微信支付了。

(3) 微信支付：不留恋存量资金

微信支付要做的事情很简单，就是在快捷支付的基础上进一步简化支付流程，并且把"财付通"这个第三方支付平台也简化掉，让支付回到用户用银行卡直接付款这个最短流程上去。正因为微信支付专攻流量，所以我们找不到微信支付对存量资金的留恋。微信支付的页面上只有银行卡标志，不存在余额的概念，更不存在微信之外的某种支付账号，也不会劝你用账户余额购买理财产品。这样将移动支付以外的东西统统砍掉，其实是恢复了支付的本来面目，就像很多用户到现在也分不清淘宝账户和支付宝账户，更没几个人能记得清支付宝登录密码。而且简化掉这些多余的包袱，让全功能的支付宝钱包没有办法模仿，因为微信支付只需要保障微信和银行卡的连接安全，支付宝钱包除了保障连接安全还要保障账户资金的安全。这两个任务的难度完全不是一个级别，不是实力和经验差距能够弥补。所以，支付宝钱包虽然添加了免密码支付和六位数字密码支付，在支付流程上仍然比微信支付更烦琐。因为只有微信支付不需要保障账户资金安全，可以把财付通账户都彻底简化掉。

微信支付不需要在市场份额上动摇支付宝，只需要保持自己在支付流程上的客户体验优势，就能对支付宝造成持续压力，而支付宝恰恰又没法舍弃安身立命的存量根基去和微信支付宝拼流量。尽管支付宝钱包在用户数量上远远超过微信支付（不是超过微信），但是仍然选择模仿微信的界面和操作逻辑，就是这种持续压力的体现。

所以，我们也就很容易理解微博支付的任务是什么。支付宝钱包做不到的差异去牵制微信支付，可同时微博支付又无法克制商业化的冲动，总想着搞出点账户余额好卖理财，这恰恰与简化支付的任务相矛盾。微博支付难成大器，会在完成牵制对手侧翼的任务之后遭到抛弃，沦落为一个战略型产品而非实用型产品。

同样的道理也可以说明为什么支付宝不担心大玩补贴营销的百度和网易。百度理财的收益率补贴到8％，网易理财的收益率补贴到10％，而余额宝最近推出一年期产品仍然只有7％，并且7％的收益率在之前的聚划算上就出现过。百度和网易在流量上比腾讯实力还弱，百度百付宝的使用场景比财付通更少，网易压根没见着支付工具露面。从流量切入竞争的微信支付会让支付宝忌惮，但从存量切入的竞争可就一点也不会让支付宝害怕。作为存量的理财资金当然也有客户体验，但这个体验并不仅仅由收益率决定，还包括这个理财买和花方不方便、理财能否敞开购买。百度和网易只是把货币基金包装一下而已，既不能长期补贴，也找不到让理财资金可以花的地方，还必须限额搞抢购——有着余额宝金字招牌的支付宝当然没道理害怕这样糟糕的客户体验。实际上，在存量方面没人拼得过大而全的支付宝体系。

（4）平安壹钱包是潜在的有力竞争者

互联网公司只能从流量和存量中二选一切入，但壹钱包背后的平安集团就不一样了。虽然壹钱包现在还只是个半成品，但是有平安为它导入现成的流量和存量，和需要白手起家抢支付宝份额的互联网公司完全不同。壹钱包的流量来自平安银行，如果用平安的银行卡终究还是自家的产品更直接；存量来自平安旗下的保险、证券，这些理财资金也是已经在平安体内的，通过壹钱包多个功能总比没有强。更何况平安集团还有陆金所的股权，不一定什么时候里面就会冒出一大波高收益的理财产品。毕竟，对于腾讯、阿里这样的互联网企业来说，互联网是根本，金融是工具；对于平安等金融企业来说，金融是根本，互联网才是工具。

（四）账户之争将持续

未来的金融之争本质上可能是账户之争。谁的账户体系规模最大，谁的账户功能最丰富，谁能给单个账户用户带来最好的体验和收益，谁就将掌握移动互联时代的金融先机——持续的资金流和人气。

从这一意义上来说，已经掌握强大社交网络的互联网公司无疑已经捷足先登，传统的金融机构需要考虑，面对互联网跨界挑战，如何将亿级规模的账户资源和金融运作经验进行有效整合，从而保持综合金融的优势。

伴随利率市场化和金融跨界的深化演进，金融创新将持续围绕账户开发和渠道多元化对接两个要素进行。资金成本的抬升可能会让金融机构过几年紧日子，但挖掘账户价值的努力将永无止境。

五、互联网金融门户

（一）传统金融行业冲击风暴——互联网金融门户

近年来,伴随着金融市场化进程、金融创新步伐的加快,信托投资和私募基金行业快速发展,各类信托产品、阳光私募基金和私募股权基金层出不穷,给投资人带来丰富的投资理财产品。与此同时,这类投资理财产品合约条款复杂,投资收益起伏不定,加上投资人受到专业知识和投资技术的限制,投资人面对这类大量多元化的投资理财产品,往往很难做出明智选择、形成最佳投资组合,甚至对其中隐藏的风险不明而受到损失。

正是在这样的背景下,不同于银行、信托机构的第三方理财专业机构及其开展的第三方投资理财网上服务平台应运而生,更有少数机构发展成这一领域有影响力的互联网金融门户。

这些互联网金融门户的核心本质就是"搜索＋比价"的模式,即采用金融产品垂直搜索方式,将各家金融机构的产品放在平台上,用户通过将各种金融产品的价格、特点等进行对比,自行挑选合适的金融服务产品。互联网金融门户模式的快速发展,不仅满足了广大互联网客户对贷款、信托、保险、理财、财富管理等多元化的需要,而且也正在对传统金融行业酝酿越来越大的冲击风暴。①

伴随着利率市场化,银行之间的金融服务竞争日趋激烈。对于客户而言,了解信息需要大量的时间成本,而新兴的这些互联网金融门户网站为大家提供了信息服务的平台。中国利率市场化的进程对于互联网金融门户网站来说,是很大的机遇,对其快速发展起到了推动作用。

在互联网金融门户迅速发展的大背景下,为适应中国保险行业的发展和老百姓对保险保障的需要,近几年来一些专门提供保险产品咨询、比价和购买及全程服务的互联网保险网站开始形成。以大童网为例,这家由北京大童保

---

① 卓尚进,《互联网金融门户快速崛起》,《金融时报》,2013年9月4日。

险经纪公司创立的交易平台,已引进超过 40 家保险供应商的 1 000 余种金融保险商品。

2012 年 3 月上线的平安陆金所,则是中国平安集团投入 4 亿元打造的网络投资理财平台,注册会员已超过 30 万人。平安集团希望在这一领域做到国内最大,同时这也是平安集团综合金融服务方面的一大创新尝试,即用互联网的方式提供类似金融服务,未来陆金所将逐步努力成为独立第三方投融资平台。

互联网金融门户多元化创新发展的趋势呈现"现在进行时",中国金融业应该勇于挑战,把握机遇,快速打造核心竞争力。银行等传统金融巨头应当充分利用目前线下渠道还暂时占据的绝对优势,一方面进一步巩固优势领域,同时积极拥抱互联网、拥抱互联网金融,依托线上、线下平台,快速、便捷、持续地为客户提供优质服务,留住客户的心,留住今日的辉煌。

(二) 门户网站在行动

2013 年 11 月 25 日,新浪董事长兼 CEO 曹国伟在"2013 新浪金麒麟论坛"上的致辞中表示:"依托新浪微博的海量用户资源、社交大数据以及新浪网的影响力,新浪愿以更加开放的姿态,携手金融机构探索互联网金融的新模式,打造全新的互联网金融平台……这将是我们未来发展的一个重要方面。"这是新浪首次明确表示"打造全新互联网金融平台"。事实上,像腾讯、百度等此前也已经开始布局金融业,实施"打造全新互联网金融平台"这类系统工程。①

2013 年,互联网金融创新在中国大地上风起云涌。其中,互联网门户巨头如腾讯、百度、新浪等投身于这股创新浪潮中,成为一道亮丽的风景线。"余额宝"里面很多的用户其实并非传统基金的购买者,但是通过"余额宝"所搭建的易用、方便、流动性强的产品平台进入这个领域。新浪其实与之非常类似,拥有众多用户,因此希望在这样一个平台上更好地开展与金融理财相关的业务。新浪布局金融取得进展是在 2013 年中。7 月 6 日,北京新浪支付科技有限公

---

① 卓尚进,《打造全新互联网金融平台：门户网站在行动》,《金融时报》,2013 年 11 月 28 日。

司获得央行发放的支付牌照,获批开展互联网支付、移动电话支付等业务。7月21日,新浪正式发布"微银行",将通过微银行涉足理财市场。此外,消费者在"微银行"还可办理开销户、资金转账、汇款、信用卡还款等业务。

作为国内最大的社交门户网站,腾讯在互联网金融的关键领域如投资理财、基金、保险、股票、融资等方面均有布局。在保险领域,腾讯与阿里、平安已成功组建众安在线,开始线上销售有特色的保险产品。早在2011年5月,腾讯旗下的财付通获得第三方支付牌照,成为第一批获得央行支付牌照的企业。2013年8月,腾讯发布微信5.0版,联手旗下财付通发布微信支付,强势布局移动端支付。

在移动互联网时代,腾讯已抢得先机,其旗下微信已成为国内最大的社交生活入口。微信支付也推出其独立的品牌标识,和财付通共存于腾讯旗下。微信支付采用的是绑定银行卡支付,简单的身份验证即可,甚至不需要用户开通网上银行,支付方便、用户体验良好。打通线上和线下,微信走的是二维码和普通的POS机扫码两种方式,受到广大用户的欢迎。用微信来承载腾讯在移动端的娱乐游戏、电子商务甚至互联网金融服务已成现实。微信理财通购买基金如同购买表情贴图一样方便,又像余额宝或者百发一样小额申购、随时赎回、保证收益,极具竞争力。

百度作为国内最大的搜索引擎门户,2013年以来以"追赶者"的姿态加快了在互联网金融领域的布局。7月,百度旗下的百付宝获得第三方支付牌照。8月底,百度金融页面低调上线。9月,百度在上海设立实体小额贷款公司的申请获得批准。10月底,百度理财产品"百发"上线,随后推出"百赚"产品。10月28日,百度"百发"理财产品开始发售,截至当日下午14时50分,已成功募集到10亿元的资金,参与购买用户超过12万户。"百发"是百度与华夏基金合作的一款理财产品,采用限额出售方式。11月5日,百度贷款搜索平台上线。百度在互联网金融领域将分为三个不同的频道,即百度理财、金融频道和财富频道。后两者均为金融搜索,其中财富频道在贷款、保险和理财领域,并遵循百度一贯的"流量变现"逻辑,把运营交给第三方来做,贷款业务主要接入金融垂直搜索网站"融360"。

从以上的介绍可以看出,国内几大互联网门户巨头均对互联网金融领域进行战略布局,这预示着"新型互联网金融平台"将快速崛起。

互联网门户开拓创新互联网金融新模式,或者与传统金融机构合作建设新型互联网金融平台,是互联网与金融跨界融合的必然趋势。互联网企业拥有海量客户资源和大数据、云计算等优势,通过创新互联网金融模式和平台,可以满足相当部分互联网用户对金融服务的需求,完善金融生态体系,提升金融服务效率。

但是,各家互联网门户目前搭建的互联网金融平台或开展的互联网金融服务,还只是处于"跑马圈地"的粗放阶段,提供的产品和服务比较雷同,将来有必要向精细化、特色化、多元化方向发展,进一步打造自己的核心竞争力。唯有如此,才能促使互联网金融持续稳健发展。

(三) 互联网理财 2.0

互联网理财 1.0 模式打破传统金融服务模式,以标准化理财产品、直通投资者、操作便捷顺畅等特点,短时间内得到了快速的发展,但仅满足投资者单一现金管理需求。无论从投资者的多元化需求还是目前货币基金的单一持仓标的的风险,都要求其升级和突破。[①]

2.0 模式能够很好满足投资者资产配置、全生命周期理财的财富管理诉求,具有蓬勃的生命力。首先,金融市场化带来的政策红利,放松管制、加强监管的提出,极大地推动了创新萌动,互联网开放、分享、责任的精神在互联网理财领域得到很好的体现。其次,互联网的特有优势可以很好地弥补"长尾"投资者的理财服务诉求。传统金融业"嫌贫爱富",使很大一部分中产阶级和工薪阶层缺乏好的理财服务,互联网理财 2.0 将有效满足这批投资者。再次,投资需求的多样化,财富管理时代来临。单一理财产品不能满足投资需求,多样化理财产品也仅是产品线的丰富,关键是强大的独立第三方理财机构和专业化服务能力。

他山之石,可以攻玉。美国互联网理财较为成熟,早已经历互联网理财

---

① 《余额宝取缔之争直逼互联网理财 2.0》,http://finance.eastmoney.com/news/1370.20140227369711695.html。

2.0模式,是我们学习和发展的重要参考。但基于国家金融发展程度、制度以及文化的差异,美国同中国相比,还存在三个不同的特点:一是美金融业高度发达,互联网理财与传统金融同步性强,互补性强,竞争激烈。互联网理财与传统金融业是"兼容"的,是传统金融业的补充。而国内则是国企银行为主的金融业态势,对互联网理财的关注度严重不足,不仅没有借势发展,甚至将其放在了对立面,近些时日互联网理财报道的持续升温很明显是两者利益之争的外延;二是理财观念强、法制健全、第三方理财机构专业服务。美国的金融业信用体系、法律体系完善,金融产品透明度高。独立专业的第三方理财机构蓬勃发展,成就了一个欣欣向荣的理财市场;三是城市模式的不同。美国是社区化城市模式,城市相对都不大,但社区繁多,人口聚集程度小,这就决定了电商物流成本高,特别是在人力成本高昂的美国。而国内则处于城市化进程中,尚处于发展中国家阶段,人力成本低,互联网理财更容易突破地域限制。

正是基于以上三点不同,结合国内社会环境和理财环境,探讨国内互联网理财2.0模式,理财环境、投资诉求明确了,互联网理财2.0方向和定位就会明确。首先,模式平台架构不同。1.0模式只是简单的信息平台,是现金管理,只是线上和线下的购买渠道,同真正的理财服务还相距甚远。2.0模式则是搭建服务平台,注重的是资产管理,是将传统金融业的理财服务创新到互联网上,这不是简单的搬迁,而是一系列创新组合成的新体系,既具有传统理财服务的精髓,又有互联网快捷、公平等特点。其次,产品模式不同。1.0模式产品简单、单一,而2.0模式下的理财产品多样化、个性化、定制化,是全生命周期产品。再次,盈利模式不同。1.0模式只是简单地依附于利差和政策红利,只是短期的现金管理,而2.0模式则是依靠自身的资产管理能力,依托金融专业人才,通过长期的投资服务获取收益。模式的不同决定了其对社会经济的影响也大相径庭,毫无疑问,2.0模式将更能够提高实业效率,促进金融市场与实体企业间的良性资本循环,更切合当前经济改革的大环境。

总而言之,互联网理财2.0模式在国内的优势很明显,前景很广阔,短期条件劣势也很凸显。但如果企业能够从根本上解决互联网理财2.0模式的劣势,充分发挥优势,其活力将无与伦比,其发展也不可限量。

其实国内也已有在互联网理财2.0方向上的有益探索。有些互联网公司或第三方基金销售公司，更具有创新和开拓基因，作为 2.0 模式的先锋，更容易为投资者带来 2.0 模式的益处。如挖财、天天基金网、一路财富等公司：挖财从移动端的记账工具入手，在数据积累的情况下挖掘用户投资价值；天天基金提供了丰富的理财工具和组合为成熟投资者提供理财投资决策支持；一路财富定位于互联网金融精品店，参考美国互联网金融发展，学习最大第三方理财机构嘉信理财投顾服务体系，结合互联网及移动互联网方式，为不同生命周期的普通投资者精选不同需求的理财产品，联合银行、基金公司等金融企业定制互联网用户专属理财产品等，让所有人眼前一亮。当然国内的这些公司都只是互联网理财 2.0 模式的有益探索和实践，能否有所作为，还离不开互联网和理财的本质，那就是用户需求、极致体验和专业投资能力。

（四）金融产品网销重要性凸显

传统金融渠道虚拟化，可以有效整合交易、支付和理财等业务，为客户提供便捷、丰富以及个性化金融解决方案。随着互联网金融的升温，网上第三方渠道销售基金也开始火热起来。基金、保险等理财产品在线销售的宏观环境已经基本成熟。产业模式层面，确立了电子商务平台、支付平台在用户层面的强大聚合力，专业代销机构在专业层面的优势以及互联网本身的强大价格优势；政策层面，确认了销售机构、销售支付结算机构、第三方电子商务平台三个监管层次，推动了整体网销的合规进程。[①]

对于金融产品网销，在渠道层面，互联网相较于传统线下渠道无疑具有较强的便捷性和价格优势，因此在用户聚合力层面具有明显优势；在售卖产品类型层面，主要以风险较低、流动性较强的货币型基金以及刚需、标准化程度较高的保险产品为主；在用户层面，主要吸引的是长尾互联网网民群体，对于价格、便捷性以及收益具有较强敏感性。而在未来，此类网销模式将进一步扩大到整体的金融产品网销层面。互联网作为销售渠道的优势将凸显，渠道将成为互联网金融的重要属性。

---

① 银联信，《互联网金融深度研究季报》，2014 年 1 季度。

六、互联网金融新模式：直销银行

（一）金融与互联网竞合共舞

互联网金融已经成为热门话题，具有大数据优势的互联网企业和具有金融服务优势的商业银行纷纷涉足互联网金融领域，这个战场谁都想提前布局，站稳脚跟。

1. 民生阿里联姻

2013 年 9 月 16 日，民生银行与阿里巴巴在杭州签署战略合作框架协议，双方将在资金清算与结算、信用卡业务、信用支付业务、理财业务合作、直销银行业务、信用凭证业务、互联网终端金融、IT 科技等方面开展战略合作。[①]

在理财业务方面，民生银行设计推出针对淘宝用户的专属理财产品，并通过在淘宝平台上建立淘宝店铺，实现专属理财产品及其他适宜产品的展示和线上销售功能。

在互联网终端金融方面，阿里巴巴与民生银行合作发行定制版 TV 盒子和云手机，并联合提供产品服务，民生银行则负责将以上商品纳入其信用卡积分体系。

双方已就民生银行在淘宝网开立直销银行店铺，以及民生银行直销银行电子账户系统与支付宝账户系统实现互通等事宜达成一致。

直销银行是欧美已较为成型的金融模式，指不依托实体网点、主要通过电子渠道提供金融产品与服务的新型银行经营模式。与传统银行相比，直销银行能为客户提供更优惠的贷款利率、更高的存款利息及更实惠的金融产品和服务。

阿里巴巴和民生银行达成战略合作颇有深意。2013 年 7 月 5 日，央行正式出台《银行卡收单业务管理办法》，新的管理办法取消了此前征求意见稿中收单机构必须通过银联转接清算的要求，肯定了支付机构和银行直连模式的

---

① 庄春晖、陆玫，《阿里携手民生银行淘宝上开直销银行》，《东方早报》，2013 年 9 月 17 日。

存在,但中国银联同一时间在其董事会上却提出了截然相反的观点,所有支付机构未来只能通过银联转接。这个时候银行的态度很关键,民生银行与阿里的战略合作无疑向外界释放了一个信号,与第三方支付的合作符合银行的战略利益。

2. 北京银行领跑直销银行

2013 年 9 月 18 日,北京银行在京举行直销银行开通仪式,在与其境外战略合作伙伴荷兰 ING 集团充分准备的基础上,正式开通直销银行服务模式,此举标志着国内第一家直销银行破土萌芽,或将开启国内直销银行的新时代。北京银行在国内率先引进并开通直销银行服务,其模式绝非简单复制,而是结合中国特点进行了大量探索创新。北京银行直销银行已经从经营区域、产品设计、系统建设、组织架构、直销方式、客户群体等多个维度做好了充分准备,并率先在北京、西安、济南等地建立了多家直销门店,拟上线推出简单、便捷、优惠的专属金融产品。①

直销银行的业务拓展不以柜台为基础,它打破时间、地域、网点等限制,主要通过电子渠道提供金融产品和服务的银行经营模式和客户开发模式,能够为客户提供简单、透明、优惠的产品。北京银行在国内率先引进并开通直销银行服务,其模式并非简单复制,而是结合我国特点进行了大量探索创新。这是我国金融服务创新的体现,也是借助互联网技术深刻变革传统金融服务模式,让实体网络和虚拟网络互补结合,让便捷性和安全性有效统一,为客户提供更好的服务体验。

当前,中国的中小银行均面临互联网金融和利率市朝的挑战,特别是在中国金融体制改革不断深化的背景下,推出直销银行正是"恰逢其时"。

(二) 从互联网金融模式看直销银行发展

1. 直销银行的发展

从国际商业银行的经营管理实践看,"直销银行"并非新生事物。例如,

---

① 魏晞,《北京银行与荷兰 ING 推出中国首家直销银行》,http://finance.chinanews.com/fortune/2013/09－18/5301150.shtml。

1965 年在法兰克福成立的"储蓄与财富银行(BSV)",就是最早的直销银行之一。它一改传统的零售银行服务对分支行系统的依赖,代之以通过邮件、电话、微机、自动出纳机、双向有线电视等媒介直接向远距离顾客提供金融服务。但是,由于业务规模小,品牌影响力有限,多年来并未引起人们足够的重视。

在直销银行发展过程中,信息技术和客户行为是影响"直销银行"业务模式的最重要变量。随着互联网技术的日益成熟和电子商务模式被越来越多的人所接受,"直销银行"得以快速发展,市场份额迅速扩大,"直销银行"成为一个越来越受到重视的概念和业务模式。1995 年,全球第一家网络银行——Security First Network Bank(SFNB)成立;1997 年,荷兰国际集团(International Netherlands Groups)在加拿大首创直销银行 ING Direct,大获成功,并在其后迅速在全球多个国家复制。以 ING Direct 为代表的直销银行模式,受到广泛关注。

从国际直销银行的发展缘起和历程来看,虽然有商业银行降低成本的需求,但是互联网金融环境下竞合的生态才是直销银行得以快速发展的根本原因:一是数字一代的壮大,互联网的广泛应用推进了金融的普惠化;二是支付环境大大改善,监管环境也大为改善,银行间、银商间的竞合体系逐步完善,渠道竞争和渠道合作成为常规;三是电子商务特别是平台的开放,使得电子银行渠道可以适应商务的基本需求。[1]

2. 直销银行的模式

从当前国际直销银行的实践来看,直销银行主要有以下几种模式:

(1) 纯粹的网络银行。以 Security First Network Bank(SFNB)为代表。该银行是全球第一家纯网络银行,第一家获得联邦监管机构认证可以在万维网上营业的银行,也是第一家获得联邦保险的网络银行,第一家在美国全部 50 个州都有客户和账号的银行。开业之初,它只雇用了 15 名员工,就为 1.2 亿个因特网用户提供了几乎全部的金融服务。在完成对 Newark 银行和费城 FirstFidelity 银行的兼并后,SFNB 成为美国第六大银行,资产达到 1 260 亿美元。但是,随着电子商务低谷的到来,1998 年 SFNB 因巨额亏损被加拿大皇家

---

[1]　巴曙松、吉猛,《从互联网金融模式看直销银行发展》,《中国外汇》,2014 年第 2 期。

银行收购，成为它的一个有机组成部分。

除 SFNB 外，其他尚在运营的纯粹的网络银行还有 Simple、SmartyPig 等。它们通常由互联网公司和互联网从业者创立，有的持有独立的银行牌照，有的则是与传统银行合作，并以传统银行为资金托管方。纯粹的网络银行建立之初，均以服务网民为宗旨，其业务模式和用户体验更贴近互联网用户习惯，更能吸引年轻的个人用户。但是，由于完全缺乏母银行的品牌、安全基因，在商业模式、信息安全和客户服务方面，纯粹的网络银行面临更大的挑战，对所在国网络用户普及率和监管政策依赖度较高。

（2）全球性的直销银行。以 ING Direct 为代表。ING Direct 是荷兰国际集团的全资直销子银行。在成立 ING Direct 之前，荷兰国际集团已在海外的对公业务和保险业务方面拥有一定的市场规模，但尚无零售业务，而 ING Direct 成立的目的就是要拓展海外零售业务。1997 年，ING Direct 在加拿大成立并大获成功，其后迅速在全球多个国家复制。ING Direct 通常是目标国家市场的首位直销银行，三年左右即实现盈亏平衡。经历 2008 年金融危机后，ING Direct 逐步收缩，出售了在北美和英国等多处的直销银行业务，专注在欧洲的业务发展。ING Direct 是独立于母公司的实体。这种构架允许 ING Direct 以更快的速度对资产与负债进行轧差。

ING Direct 作为全球性的实体，同母公司组织的地区架构不同，可以更容易地在全球范围共享最佳实践。金融危机后，荷兰国际集团分拆为保险和银行两大板块。银行板块在全球有三种业务模式，其中在德、英、法、意等大型成熟市场，主要实行的是有机增长的 ING Direct 模式。从 2005 年开始，ING 推动三种模型向一种模式转化：突出面向客户的简单、公平和运营的低成本这两大原则，传统银行模式和直销银行模式互相趋近，传统的全能银行减少产品供应，并开始大力发展线上销售业务。以发展海外零售业务起家的 ING Direct 模式，目前已成为直销银行的样板。但是由于直销银行的市场份额和 ING Direct 的先发优势，复制 ING Direct 模式存在一定的挑战。

（3）作为子品牌的直销银行。依靠母公司集团，针对独立的客户群，建立独立的子公司和子品牌，通过电子渠道进行直接销售，这是目前欧洲国家比较多的直销银行模式。如德意志银行集团下除德意志银行外，还有 Postbank 和

Norisbank 两个独立的银行品牌。其中 Postbank 中低端客户居多,大量依靠邮储的网点开展银行业务;Norisbank 则是德意志银行集团的直销银行品牌,瞄准数字精英,曾经有过网点但已经关闭。与此类似的还有由西班牙 Santander 集团全资控股的 Openbank,成立于 1985 年,是西班牙的第一家直销银行,定位为客户的主办银行、母银行的创新试验田;Unicredit 全资控股的 Fineco 银行,是意大利第二大直销银行。

与 ING Direct 不同,作为子品牌的直销银行,不是完全独立的组织架构,基本上是前台独立,中后台与母银行共享。依托母银行集团的品牌影响、企业信誉、资金实力和后台支持,作为子品牌的直销银行模式得以大力发展,并在北欧、德国等互联网渗透率高、市场集中度低的国家成为主流。

(4)作为事业部的直销银行。以汇丰 Direct 为代表。2005 年,汇丰银行在美国面临重大挑战:一是网点少,仅在纽约和南加州有网点分布;二是资产业务庞大,而存款规模发展滞后,影响了资金供给。针对这一情况,汇丰银行计划在 2010 年前新增 500 亿美元存款,其中 250 亿美元需来自互联网金融。为此,汇丰成立 Direct,作为客户的附属增值账户,关注能带来存款额的客户,强调模式创新和低成本。汇丰 Direct 仅是汇丰集团的事业部,主要关注存款指标,通过集团内部转移定价确认汇丰 Direct 的盈利水平。

汇丰 Direct 发展的初衷,和目前我国中小银行面临的负债压力大、网点偏少的情况有些类似。但是,对于事业部的直销银行来说,如何真正建立独立的网络用户群接受度高的品牌,仍然是一个挑战。

3. 直销银行的关键

(1)差异化的战略定位。面对不同的竞争标杆,建立差异化的战略定位,是直销银行建立合理竞合关系的关键。作为全球性的直销银行,ING Direct 以"目标国家市场的首位直销银行"和"客户的第二选择银行"为战略定位,以最简单、基本的银行产品和服务满足客户主要的金融需求;Openbank 作为 Santander 集团的子公司,面对 ING Direct 在西班牙市场的强势地位,为保护市场份额,同样针对数字精英,定位于成为客户的主办银行、母银行的创新试验田;Fineco 依托母银行 Unicredit 强大的投行平台和资产管理能力,极力成为创新、高价值、差异化的高端直销银行;汇丰 Direct 则是以通过互联网渠道吸引存款客户为主要的战略定位。此外，根据自身的战略定位，各直销银行都设计了完全不同于母公司的品牌体系。

（2）补充性的客户定位。以新客户的获取为主要目的，紧盯专属客户群，作为传统网点的补充，而非蚕食传统网点的客户资源，是直销银行与传统网点建立竞合关系的关键。如前所述，直销银行瞄准的目标客户主要是数字精英，这些客户对网络、电话等电子渠道接受程度高，而对网点的依赖性低，更看重便利性。相对于传统银行的实体网点，这一客户定位本身就是补充性的。同时，作为子品牌的直销银行，在客户定位中都建立了自己的专属客户群：德意志银行集团的三家银行瞄准不同客户群，三者之间很少有交集，大部分 DB 和 Postbank 客户需要到网点完成业务，而 Norisbank 则专注于数字精英；汇丰Direct 的主要目标是吸收存款，而非在电子渠道提供全面银行服务，强调做客户的附属增值账户，而非主要账户，通过开发具有创新性、低成本的业务模式来服务和获取客户，因而并未显著蚕食传统网点的客户。

（3）专属化的产品体系。不论是作为独立的子公司，还是作为事业部，建立专属化的产品体系，面对细分客户群，进行独立的渠道销售，是直销银行在竞合关系中建立和完善自身商业模式的关键。从国际领先银行的实践看，直销银行的目标客户除电子渠道接受程度高以外，逐利性（即追求好的定价）、体验型（即看重电子渠道的新体验）及注重服务、愿意转换账户也是其主要的特征。与之相应，直销银行的产品体系也应有别于传统银行。正如 ING Direct CEO Arkadi Kuhlmann 所说："银行的复杂性是不对的，我们主张化繁为简。"直销银行应建立产品设计简单、定价优于传统渠道产品的专属化产品体系。直销银行的产品品类少，但基本可覆盖支付、投资、融资领域。如 ING Direct，从简单的储蓄账户起步，最终扩展到储蓄账户、按揭贷款、股票账户、养老金账户和企业储蓄账户五类，但整体提供的产品总数却在减少。产品设计针对直接渠道限定狭窄的产品范围，最大限度地减少与客户互动的需要，以降低成本。同时，建立专属的直销渠道，在设计与功能上区别于传统电子渠道，力求简单易用，并注重融入销售元素。依托互联网的规模成本优势，ING Direct 的盈利主要来源于利差收入，而不是国际主流的非利差收入。但是，它采取的是"高买低卖"的方式，即以高利息吸纳存款，而以低利息发放贷款。

（4）包容性的渠道平台。从国际直销银行的经营实践看，由于监管政策、法律环境和客户体验等因素的作用，纯粹的网络银行不足以形成对客户金融服务的闭环，商业模式比较脆弱。因此，直销银行必须建立包容性的渠道平台，才能在互联网金融的竞合环境下建立完善的商业模式。从国际直销银行的领先实践看，首先，在网点渠道上，并非完全是空中渠道。Openbank 等子公司直销银行借助的是母银行的物理网点；作为服务高端直销客户的银行，Fineco 建立自己的专属网点和金融咨询师团队；ING Direct 也不是纯互联网的，它通过线下的 ING 咖啡馆支持线上业务，将咖啡吧店员培训为金融顾问，能够以没有术语的方式与客户沟通对话，提供产品建议。其次，在运营平台上，如前所述，除 ING Direct 建立完全独立的组织架构外，作为子品牌的直销银行，基本上都是前台独立，中后台运营与母银行共享。再次，在营销平台上，虽然很多直销银行奉行的都是纯线上经典的营销模式，几乎不依赖于集团现有客户，但作为子公司的直销银行并不排斥网点推荐，甚至是第三方合作的形式，如 Openbank。最后，我们看到，在德国这样市场成熟度高、集中度低，直销银行比较多的欧洲国家，除 ING Direct 自建自己的自动取款机系统外，其他的直销银行要么是加入自动取款机联盟，如"现金群联盟"或"现金池联盟"，要么是为客户提供能够免费取款的 VISA 或万事达信用卡。

（三）对于中国发展直销银行的分析

首先，随着"数字一代"的成长，国内开展直销银行的市场环境已具备，把握先发优势最为重要。BCG"数字一代调研"的结果显示，中国数字一代人口将从 2013 年的 5 200 万增长到 2017 年的 1.1 亿，年复合增长率将超过 20%；中产和富裕族互联网渗透率五年内将增长 4—5 个百分点；城市网银渗透率五年内则将增长 20 个百分点。简单测算，中国直销银行潜在客户规模超过3 000 万，五年后可达 6 000 万。从国际直销银行的实践看，在直销银行发展中先发优势明显。因此，抓住数字一代的客户需求，率先在中国建立真正直销业务模式的银行，将能够获得明显收益。

其次，从事业部模式起步，逐步打造子公司的直销银行，建立合理的内部竞合关系，将是我国发展直销银行的可行路径。汇丰 Direct 在美国的成立背景与今天国内中小银行现状有相似之处：一是如何提升存款规模成为业务进一步拓展的关键挑战；二是网点不足成为制约存款规模进一步提升的瓶颈之一，特别是城商行受到跨区域设点的限制，这一需求更为迫切。

从我国的监管政策和法律环境来看，目前银行要取得独立的直销银行牌照尚有困难，建立事业部模式更为现实。但是，从国外直销银行的实践来看，事业部和内部计价的汇丰 Direct 并非主流模式。其仅仅作为一个事业部，在内外部竞合关系中，与母银行难以形成明显区分，客户感受程度较低。长期来讲，直销银行还是要发展为独立的子银行，针对独立的客户群，建设独立的品牌体系。

直销银行在中国是否能成功实践，取决于银行内部能否真正建立一个独立的竞合主体。其关键之一是要聚焦数字一代，建立独立的产品体系，且产品设计要简化，界面设计要简洁，做到简单、专属、优势、创新、标准化。关键之二是要处理好直销银行和分行的竞合关系，建立真正的事业部体制。要建立直销银行独立的核算体系，独立的产品定价体系，处理好存量客户二次开发的问题，尽量不重复营销传统网点的客户。关键之三是要处理好直销银行与内部渠道整合的关系。从国际经验看，直销银行应建立独立的前台，有独立的销售渠道，但中后台则主要和母银行共享。因此直销银行在发展初期，鉴于国内目前的监管环境和银行业网上银行、手机银行等电子渠道发展程度已较高，应与各渠道充分共享移动运营、视频面签、影像识别等技术手段。关键之四是要细分客户群和产品，尽快建立直销银行独立的品牌。结合数字一代的特点和国际直销银行的经验，建立校园银行的特色品牌，加大对网络消费信贷的营销力度，是国内直销银行建立特色和品牌的捷径。

再次，作为银行内部事业部的国内直销银行，能否在处理好内部竞合关系的基础上，通过强化内部整合获取外部竞合的有利地位，是其能否快速发展的关键。国内互联网金融将是互联网企业和金融企业共生和竞合的生态。从国际经验看，在直销银行领域的上述竞合关系中，银行端处于强势。在互联网的起源地美国，虽然物理网点分流出一部分现金和手续业务到网上，但客户拓展和营销的职能要求仍使其继续保持着快速增长。虽然银行机构总数从20世纪80年代开始逐年下降，但分支机构的数量却始终保持稳定增长。从中国的监管环境看，由于借记卡实名认证、理财产品亲见亲签等规定，虽然第三方支付、阿里小贷、淘宝理财等互联网企业增长迅猛,但从对直销银行的监管和执照发放的要求看,互联网企业难有快速进展。

鉴于此,作为银行事业部的直销银行,要突破传统渠道的强势地位,不仅仅是做一个超级分行,还必须利用与当前互联网金融的竞合关系,强化内部整合,获取外部竞合的有利地位,利用外部平台,迅速做大规模。一是要做好内部整合,形成对外部竞合的统一接口。即首先把自己内部的系统整合好,以一个统一的虚拟账户与互联网公司的账户对接。二是要抓住时间窗口,积极开展与大型电商平台的合作。对于数字一代来说,互联网企业是其主要的入口和门户。直销银行应该抓住目前有利的时间窗口,积极开展与大型电商的平台合作,以此批量引入客户。三是要积极开展与第三方支付等新型互联网金融企业的合作。从中国当前互联网金融发展的实际看,第三方支付等企业对于发展为直销银行,既难以跨越监管政策,也缺乏内部动力。作为有独立销售渠道的直销银行,应借此在支付结算、客户结算等方面强化与第三方支付公司的合作。四是要开展与非金融领域最佳实践公司的合作。直销银行的长期目标是从事业部发展成为独立的子公司。从国际领先实践看,ING Direct 作为全球性的实体,在全球范围共享最佳实践是其成功的经验之一。鉴此,直销银行应加快与服务、品牌俱佳的实践公司的合作,尽快建立自己的特色品牌、特色服务,拥有独特的客户群并形成独特的定位。

(四) 直销银行与利率市场化

利率市场是一个复杂的体系,有多种利率,比如国债利率、民间利率、SHIBOR、贷款利率等,但是作为一个后发国家利率市场化最关键的一步,也是最核心的一步,存款利率的市场化才是真正实现了资金价格的市场定价,才是政府从资金市场中彻底退出,也才能真正实现所谓"让市场在资源配置中起决定性作用"。

在众多金融机构中,民生银行是认清市场发展趋势的翘楚企业,2014 年 2 月 28 日,民生银行直销银行正式上线。民生银行直销银行突破了传统实体网点经营模式,主要通过互联网渠道拓展客户,具有客群清晰、产品简单、渠道便捷等特点。客户拓展上,直销银行精准定位"忙、潮、精"客群。产品设计上突出简单、实惠，首期主打两款产品，一是"如意宝"余额理财产品，这款产品对接货币基金，具有购买门槛低、申购无限制、单日最高赎回 500 万元、实时支取、日日复利的特点；二是"随心存"储蓄产品，1 000 元起存、随用随取、利息收益最大化。渠道建设上，充分尊重互联网用户习惯，提供操作便捷的网站、手机银行和微信银行等多渠道互联网金融服务。

民生银行像淘宝一样，主动引导客户，开户后就直接绑定类余额宝基金，实现从存款到货币基金的无缝对接。其网络直销平台直绑的类余额宝产品名为如意宝，接入两支货币基金，分别为汇添富基金和民生加银旗下产品。也就是说，只要你开通了民生的网络银行，那么你的资金就已经购买了两只货币基金，货币基金的收益就是你的存款利息。

民生银行这一步的实质是：直接将货基"请"到了银行自家的储蓄账户，其创新意义不言而喻。其实就是存款的利率市场化，只不过这个市场化直接由货币市场来提供，而不是由银行自己做决定，这就更加市场化了。

自从阿里巴巴和天弘基金合作推出余额宝后，货币基金对接第三方支付的模式，对商业银行的存款冲击很大，此后包括工商银行和平安银行等都推出了自己的产品，意图阻止余额宝的进攻。民生银行的这个产品不仅仅提供了余额宝一样的收益和便捷，直接将货币基金和储蓄账户对接，更重要的还有银行的信用做背书。

2014 年 3 月 28 日，民生银行直销银行在其官方微信平台发布消息称，民生直销银行正式上线满月，上线一个月来，"如意宝"产品销售态势良好，总申购额已近 200 亿元，累计为客户回馈收益 1 700 万元。进一步从正面印证了直销银行模式是符合利率市场化趋势的，未来有很大的发展空间。

七、渠道创新

（一）多样化的银行网点

1. 银行＋咖啡厅

随着银行业内部竞争加剧以及互联网金融的外部冲击，国内银行业正在经历服务渠道的转型与革命,重新定位网点职能、布局网点改造和转型成为当前国内银行业的共识。在互联网金融时代的网点转型大潮中,银行业除了对现有物理网点进行设备升级之外,更涌现出多种新型业态渠道,咖啡银行正是其中的一种新型业态渠道。

2014年3月6日,招商银行联合韩国第一大咖啡连锁品牌——"咖啡陪你"(Coffebene)启动创新合作,未来双方将在国内推出咖啡银行。空气中弥漫着淡淡的咖啡香气,实木的桌椅在橘黄色的灯光下闪烁着特有的木质光泽,如果没有咖啡厅一角站立着的两台存取款一体机,没有"招商银行24小时自助银行"的招牌,几乎很难将其与传统的银行联系起来。在这个咖啡银行体验区内,不仅有可供客户自助办卡、取现的机器,也有供客户咨询银行理财产品、贷款业务等的区域,还有移动终端体验区等。

招商银行不仅继续与"咖啡陪你"保持结算、收单领域的合作,还将在咖啡银行网点合作、特惠商户、客户优惠活动、小微金融产品等方面做更深入的探索。其中,双方首度发挥各自渠道优势,将银行"搬进"咖啡厅,打造全新的咖啡银行模式。咖啡银行将一改银行的传统服务环境,在建店的时候将银行网点与咖啡厅融合在一起,将咖啡厅休闲、轻松的氛围和咖啡文化带入银行网点,消费者既能在店里享受到银行金融服务,也能享受到咖啡店的饮品与舒适环境,提升了银行客户在排队时候的体验。招行在全国的网点数量约1 000家左右,尽管其网点效能是同业的领先水平,但与国有大型银行动辄过万的网点机构数量相比,招行还是寄望未来加强网点建设。招行与"咖啡陪你"将陆续在北京、上海、杭州、重庆、武汉、深圳等城市打造咖啡银行服务网点,在咖啡银行网点中也将配置先进的智能服务设备如VTM等设备。①

早在2007年,招商银行就想改变传统银行柜台交易的冰冷形象,给银行加点咖啡因子,把银行"搬进"咖啡厅,让来办业务的客户既能享受咖啡厅休闲、舒适、小资的环境,又能得到银行的专业金融服务。招行领导在国外考察的过程中,对全球规模最大、运作最成功的直销银行机构——ING Direct咖啡厅银行印象颇深。在20世纪90年代中后期,ING集团的零售银行布局遭遇

---

① 冯一萌,《咖啡银行一号店》,《IT经理世界》,2014年第6期。

实体网点数量先天不足、同业竞争加剧网点饱和、物理网点运营成本高企的冲击，ING 集团转而设立 ING Direct,将咖啡馆和银行网点相结合,在降低网点运营成本、实现扩张的同时将咖啡银行嵌入客户日常生活,在轻松舒适的环境中提升客户体验,为客户办理相关线上业务。受 ING Direct 咖啡银行启发,招行也希望"把银行变得像咖啡厅一样轻松",但在国内他们一直没有找到合适的合作伙伴,招行也曾想过自建咖啡厅,但这种做法显然并不适用于中国的监管环境和现状,直到招行遇见了韩国的"咖啡陪你"(Coffebene)。一方面,招行融入了具体的某个零售业态,可以直接发现零售业态的金融服务需求,并进行细分行业的金融产品设计;另一方面,"咖啡陪你"则可以分享银行客流带来的咖啡消费,银行的金融服务等于是一种增值服务,特别是对那些高端理财和增值需求的商务人士具有较大的吸引力,双方可谓是一拍即合。借助咖啡银行的模式,招行也将弥补物理网点数目不足、服务辐射半径不广的问题。

从目前商业银行的转型发展来看,银行如何绕过电商、社交等大流量平台获取自己的客户渠道成为短期内的主要任务。也正是因为如此,银行热衷延伸自己的前沿服务端口,接入生活、商务和便民环节,将银行的金融服务送到直接的 C(Customer)端,希望通过这种方式建立自己的客户关系管理渠道和营销渠道,建立银行业产品和服务的直接通道。就目前线下金融服务还不完全饱和的现状来说,建立快速便捷的社区金融服务、商圈金融服务具有一定的优势,也有利于改善银行服务差、效率低的印象。

线下的社区银行,各种类型的零售业态银行,以及线上的直销银行,未来都将成为银行的渠道延伸,而真正的银行服务将成为"系统后台＋渠道延伸"的模式,中台业务流程将被整合。

2. 银行 O2O：争夺渠道

(1) 多元化的渠道

O2O 就是线上线下相畅通连接,达到"交易、营销、体验"三大步骤在现实世界和虚拟世界的一体化贯穿。O2O 对于银行来讲不再是"砖头"(物理网点)加"互联网"的概念了。渠道不仅仅是"砖头"、ATM、网上银行,生活无处不渠道,网点是、广告板上的二维码是、Appstore 里的应用客户端是、微信、微博和咖啡厅也是。在一个渠道碎片化的时代,渠道的种类会随着通信技术、营销水平的提升不断地丰富,通过穷举法来梳理渠道、整合渠道是费力不讨好、事倍功半的行为。

银行渠道整合是个技术问题,但是如何整是个管理理念问题,其关键是达到客户的统一管理和提供流畅无缝连接的线上线下一体化金融服务。[①]

目前各个金融企业、互联网金融企业或者纯粹的互联网公司都在争夺线上入口。貌似入口被垄断后,再发展相应的线下服务是一个路径。但是入口也是多元化的,以前电商平台是入口,现在社交自媒体微信是入口,有人说路由器未来也是入口,银行网点本身就是绝好的入口,无论怎样今后必定还会有更多的入口,所以入口虽然重要,但是也不是唯一的,跟在别人屁股后面做入口不是银行的强项,而是个慢半拍的跟随策略。在快鱼吃慢鱼的时代,亦步亦趋就等于输了。

(2) 两个关键点

一方面要能够让线上和线下连接起来,另一方面又要有服务内容。

在连接方面,需要让"客户唯一识别装置"在各个渠道统一且无阻。对于银行来讲"客户唯一识别装置"可以是客户身份证信息、手机号码、客户编号、账号等。客户无论从哪个入口与银行发生接触,银行都要通过其身份唯一识别装置来与客户发生联系,并能够通过该渠道沉淀客户行为信息。如果入口阻止了银行通过唯一识别装置识别和记录客户行为信息,那么银行才再考虑自己做入口。比如银行自建电商平台,是因为客户交易信息被互联网企业垄断,银行无法利用这些信息为客户提供授信等金融服务。但是目前微信这个入口,对银行更多是机会而不是威胁。移动互联网上的任何新的支付、定位等拥有信息流和资金流的渠道都可能是银行有待挖掘的新渠道、新入口。

在内容方面,就是要提供全方位的生活服务商品,关注整个消费的中间过程。世界上没有那么多"无心插柳柳成荫"的好事,看似不着边际的业务,其实是有心在互联网金融市场分一杯羹的企业在下一盘"大棋",要不然怎会有阿里入股新浪微博、收购高德地图,微信联合嘀嘀打车,百度收购糯米网站等看

---

① 赵飞,《银行做O2O如何打通任督二脉?》,http://hy.cebnet.com.cn/2014/0213/219732.shtml。

似挺跨界的事情。只要有服务就少不了有资金在其中流淌,只要有生活就少不了用户捧场。有了用户和资金流,还愁没有金融机会? O2O绕不开生活服务类商品互联网化这个过程,O2O拼的不仅是技术,更是生活服务类商品与支付与金融的结合能力。

(3) 着力方向

一是发挥O2O中的客户主动性。银行现在研究最多的是如何利用O2O解决"向谁营销"和"营销什么"的问题。银行目前理解的线上线下融合推进营销的路子仍然主要是利用现有的数据仓库精准营销系统定位目标客户,分析客户,然后下发营销任务。不过这在O2O全渠道营销时代是不够的,不是这个策略不行,而是这个策略把客户定义得太被动了,必须要有发挥客户主动性的策略。

工行、建行一前一后推出的智能网点则是发挥客户主动性,提升营销力的例子。在智能网点的金融超市,客户只要在货架上拿起感兴趣的产品卡片,旁边的屏幕就会自动播放该产品的动漫介绍。等候的客户能够通过iPad登录银行开发的App,了解投资理财资讯和各类特惠信息。能互动桌面为客户带来全新的互动方式,客户经理现场为客户设计理财方案,轻轻一挥,方案就能传输到客户的手机上供客户带回家。

在移动金融场景运用区,客户可通过二维码支付、闪付、刷卡支付现场购买饮料,充分体验现代化支付方式的魅力。智慧银行展示的贵金属也和传统方式大不相同,通过虚实结合和全息影像技术,形成立体的视觉交互效果。让客户在等待办理业务的过程中,随心所欲扫二维码,自己主动去看看关心的业务和产品,如果自己没看明白,就可以即时询问网点内的营销人员。这种客户主动发起的O2O行为,比银行发起的O2O精准营销应该能带来更高的客户转化率。

二是充分提升Offline的客户体验。银行都在考虑如何解决排队,减少客户等待时间过长的问题,这是对的。但是有没有想过如果客户在网点停留时间过短,会丧失很多潜在营销机会?如果客户店内停留时间过短,是否意味着这个网点是交易结算型的低端网点,而不是营销体验性的高端网点? 如何让客户的等待不再是无聊的浪费时间,而变得有趣和能提高客户收益?

网点是客户体验服务的最佳场所,体验功能是 Offline 对 Online 的重要补充,因此客户在网点适时的"等待",或者说"停留"是必要的,是银行的营销机会,关键是找到把客户等待变得有趣、有经济贡献的方式,首先是让客户觉得有经济价值。如果在等待时候,客户经理像美发店里的小工一样喋喋不休地推荐产品那会让体验的美感荡然无存。但是智能银行目前注重的还是 VR(virtual reality)虚拟现实,但是要做到极致体验,必须还要在 AR(augmented reality)增强现实方面做文章,让服务体验更加生动、人性化。

3. 国外银行网点渠道创新业态

店内网点银行:由于超市和百货商场人群密集、流动量大,成本比传统网点低,澳大利亚、英国、美国部分银行设立超市银行。据估计 2003 年美国有 8 100 家店内网点,约 600 家银行在超级市场设有分支,富国银行就有 1 000 家左右。此外,百货公司高档的环境更适合金融机构在金融休息室提供高价值的投资产品和其他咨询服务,英国劳埃德 TSB 在主要购物中心设立了两个"无柜台"的网点,旨在正常的银行营业时间以外提供金融咨询和产品。

咖啡厅银行:咖啡厅银行主要有两种模式:一是部分银行自己经营咖啡厅,如华盛顿互惠银行开设了星巴克咖啡厅风格的分行,ING 直销银行开办低成本的连锁咖啡馆;二是银行选择与成熟品牌合作来吸引客户和潜在客户。其中星巴克咖啡厅的吸引力最大,邀请星巴克的美国大银行有富国银行、Charter One 以及 Riggs,英国 Abbey 国民银行与 Costa 咖啡连锁店合作。

艺术银行:艺术银行以艺术展览的方式营业,展览从世界各国收集来的艺术品,其定位目标客户为高端客户。比如纽约银行将艺术展览设在银行网点中以吸引艺术爱好者客户,每个展览持续 6—8 周。办展览的目的是为了吸引更多的高消费层次的客户。展览和银行的主要办公区域用玻璃门隔开,只要网点营业,展览就会进行,而且不用门票。

卫星网点银行:卫星网点的特点是规模小,网点多,覆盖范围广,可以最大限度地向最多的客户提供服务,满足客户与银行进行直接交流的需要。每个卫星网点配备一至两个金融顾问,帮助客户选择适合的产品,向客户推荐适合的银行服务,维护客户关系。卫星网点提供相当于"上门服务"的方式,扩展了银行的服务范围,拉近了银行与客户的距离,达到客户所希望的一对一的交流。①

　　4. 跨界者：传统银行的挑战者

　　苹果公司仅仅花了五年的时间，就成为全美最大的音乐零售商，也只花了七年就成为该行业全球巨头。搜索引擎谷歌在推出移动版地图的应用程序后，在短短 18 个月内，就鲸吞了几家 GPS 龙头公司 85％的市场。电商平台阿里巴巴相当于中国的亚马逊，它用不到三年的时间就变成坐拥 160 亿美元的贷款人，并在七个月内成为中国最大的货币市场基金的卖家。

　　企业现在都把触角伸往其他产业，这种做法已逐渐变为一种常态。埃森哲 2014 年在达沃斯论坛上发布的调查显示，有 60％的主管表示，他们公司在未来五年会以结盟、合资企业、收购的方式，朝这个方向前进。②

　　在已开发的市场里，银行业的成长和获益状况，只达到 2008 年金融风暴前之一半的水平。因此，这样的趋势对银行业来说，突显了一个严峻的挑战。当银行界还在设法从低迷景气里恢复元气时，非银行界正在利用数字化的创新技术大举入侵，一步步抢攻银行业务的价值链。埃森哲估计，在 2020 年以前，来自非银行界的竞争，会侵蚀掉传统银行三分之一的营收。

　　传统上银行有至多四分之一的获益来源于付款服务，而这正是面临最多竞争的服务项目。贝宝（PayPal）目前在许多国家是排名第一的在线付款方式，其他的新创公司如 Square 和 Stripe 也正赚进数十亿美元。零售业者也在跟进当中：星巴克在美国国内的营业额中，有三分之一的营收是来自顾客使用忠诚卡（Loyalty Cards）的消费额。

　　非银行界也正设法打入其他的核心领域，如支票和存款业务。谷歌近期为其电子货币包 Google Wallet 推出了一张实体现金卡。通讯商 T-Mobile 也推出了一项新的支票兑现服务，有智能型手机的应用程序和提款卡配套。沃尔玛与美国运通合作，开发出一款功能类似现金账户的预付卡，这个产品在不到一年内就吸引了超过 100 万名顾客使用。

　　要完全抢攻银行界的每一项产品、每一项服务，科技巨擘、电子通讯传播

---

① 朱紫云，《咖啡银行：招行零售网点创新试验》，《中国经营报》，2014 年 3 月 8 日。
② 韦恩·布施、胡安·莫雷诺，《传统银行的挑战者：星巴克、谷歌、阿里巴巴》，http：//www.paynews.com.cn/article/24137.html。

界、零售业者们还有很长的路要走。许多人也相信,规范所形成的屏障,也让来自非银行界的竞争者脚步无法太快。不过,这些新入侵者的举措,已对银行造成威胁,因为他们提高了顾客对服务水平的预期,且拉远了银行与顾客间的距离。银行所面临的风险是,新的竞争者开始把银行定位成局限在后勤支持的角色,而非银行业者自己,则在第一线直接成为顾客的财务管理代言人。

想抵挡这些来自非银行界的威胁,银行需要做的,不能只是变得"更数字化",也就是关闭几家分行,还有推出更好的移动业务或网络银行服务项目。如果他们真想捍卫自己的地盘,抵抗像谷歌和贝宝这类公司的入侵,他们自己要更进一步走入顾客们的商务生活。他们不能只在金融交易开始进行时才起作用,要学着在交易前后都扮演更为重要的角色。

在数字世界里,银行的竞争力先天就占了许多便宜。他们有广大的顾客基础、庞大的顾客及业务数据,并有能力处理付款、担保与融资的事宜,以上这些都是对手难以复制的。

银行的工作不该只是帮顾客存钱和付款,他们还有潜力结合自家的大量业务历史记录与新的数字化工具,协助顾客决定该买些什么、在哪里买、什么时候买,无论他们的消费项目是一顿晚餐、一场电影,还是一套新房。

在世界各地,已有几家脑筋动得快的类金融机构在这么做了,这或许能给大家带来启示:

担保银行(Garanti)是土耳其排行前几大的银行,该银行推出一款免费的移动客户端,依据用户的所在位置和过往消费记录,提供个人化的优惠方案和购物建议。这个应用程序运用 GPS 和提供用户定位的社交网站 Foursquare,让使用者知道附近是否有商店在打折优惠。它还能依照顾客过去的消费状况,提供一些省钱建议,帮忙估计当月账户里还会剩下多少钱。

美国银行(Bank of America)分析业务历史记录,针对最常消费的店家的交易,发给顾客消费回馈金。顾客只需轻轻点击电子账单上某一笔过往交易的按钮,就有资格拿到回馈金。等到下一次他们再在同一个店家消费,回馈金就会自动进到他们的银行户头。该银行已使用 Cardlytics 的技术,向顾客发出了 1 700 万美元的回馈金。

澳洲联邦银行(Commonwealth Bank of Australia)提供一款行动应用程

序,把"增强现实"(augmented reality)的技术用在房屋购买上。找房子的人只需用智能手机自带的相机对准某个房屋对象,详细的房产信息就会显示出来,并为每月应缴的房贷与保险金额做出估计。这个应用程序范围涵盖了澳洲95％的房地产,目前每个月房产搜索量已达到了两万笔。

西班牙对外银行(BBVA)一直都在应用汽车网站 TrueCar 的数据,为他们的美国顾客提供汽车实际卖出价格(而非官方定价)的信息,让顾客在买车时更方便议价,同时再向顾客推销自家的汽车贷款和车险方案。该银行的创新实验室还打算在其他国家更进一步,派出买车交涉专家帮助顾客砍价,因为他们手上握有大量真实的车价信息。

随着产业之间界线越来越模糊,金融服务未来将在顾客心中呈现出全新的意义,或许这一天很快就会到来。传统银行如果还想要当个赚钱的产业部门,不能只靠帮人开户、帮人存提款。这个行业的未来,将取决于他们的服务能力,他们必须深入到顾客的日常生活中,帮顾客聪明消费、聪明理财。

(二) 民营银行引领差异化竞争格局

1. 阿里、腾讯进军民营银行

作为金融改革重要一环的民营银行试点工作终于破冰。2014 年 3 月 11日,银监会主席尚福林在参加十二届全国人大二次会议记者会时表示,首批 5家民营银行已经开始试点,包括阿里巴巴、腾讯等在内的 10 家民营企业参与了试点工作。[1]

民营银行的试点采取共同发起人制度,每个试点银行至少两个发起人,同时遵守单一股东股比规定。参与试点的民营企业共有 10 家,其中阿里巴巴和万向、腾讯和百业源、均瑶和复星、商汇和华北、正泰和华峰分别合作,组成 5家民营银行,他们将分别在天津、上海、浙江和广东开展试点。上述企业都是按照同一地域的两家企业"结对子"开银行的。虽然没有明确规定,但监管层主张同一地域民营企业联手,因为这样作为银行的共同发起人,更容易实现共同的价值观和商业目标。按照相关规定,我国银行注册资本至少要达到 1 亿

---

① 沈玮青,《十企业"结对子"组建五家民营银行》,《新京报》,2014 年 3 月 12 日。

元,而上述五家民营银行在试点方案中提出的注册资本大都高于这一水平。

试点中的五家银行将突出特色化业务、差异化经营,重点是服务小微,服务社区功能等,以完善多层次的银行业金融服务体系。5 家银行试点方案中包括了四种形式。其中,阿里巴巴和万向是"小存小贷",即规定了单户存款上限和单户贷款上限,符合监管层要求的差异化的经营导向;同时,阿里将利用自身具备的互联网技术优势开展银行业务,主要服务网上经营的小企业客户。腾讯和百业源的模式则是"大存小贷",即只做一定限额以上的存款;此外,天津商汇和华北集团合作模式则是"公存公贷",即只面向企业做法人业务,而不做私人业务,这样能有效降低风险;另外两家民营银行则是在特定区域内服务当地小微企业。

2. 阿里和腾讯办不同模式的银行

阿里和腾讯伙同各自小伙伴开银行的业务方向大致定下来了,一个是小存小贷,一个是大存小贷。两种模式按字面意思理解就可以:阿里系吸收小额存款,腾讯系吸收大额存款,两者发放的都是小额贷款。①

阿里搞小存小贷不奇怪,它早有经验。阿里是将自身一贯具有优势的小微商户信贷套路复制到了民营银行上。正如它和万向有那么点官腔味的表态:"持续关注和支持电商平台小微企业、网络创业者的生存与发展。"当然,阿里顺带捎上 C 端(客户端)做消费金融也是完全可以理解的,毕竟人家早在去年就已经酝酿 C 端的信用支付了。

腾讯总裁刘炽平的一句"以消费金融为特色的新型银行"则勾勒出了腾讯民营银行的业务轮廓。这也不难理解:微信目前月活跃用户已经 3.55 亿了,财付通也搭建好几年了,微信支付此前也用新年红包、打车软件、大众点评(美食团购)等关联用户的银行卡了,加上近日被暂停但吉多凶少的虚拟信用卡,腾讯在 C 端的消费金融肯定要有大动作。

对于腾讯和阿里不同模式的银行业务方向,不管如何,创立银行将对两家企业的其他业务产生促进作用。最重要的是,基于支付,两者不知道衍生出了多少赚钱的方式,总得有一个合法合规合理的壳子,把这些业务都装下。无论

---

① 刘筱攸,《阿里腾讯办银行为什么是小存和大存?》,《证券日报》,2014 年 3 月 25 日。

小存或大存,风雨欲来,我们拭目以待。

3. 银行业进入"差异化"竞争时代

1996 年 1 月,中国第一家以民营资本为主体发起设立的全国性股份制银行——民生银行成立。此后民间资本进入银行业的热情一直高涨,但脚步一直迈不开。即使在银行参股,其决策权和话语权也受到限制。

自 2013 年以来,有关允许民间资本发起设立银行的政策频频出台。2013年 6 月,国务院常务会议提出"探索设立民营银行";2013 年 7 月,国务院办公厅发布《关于金融支持经济结构调整和转型升级的指导意见》,提出尝试由民间资本发起设立自担风险的民营银行等金融机构;2013 年 11 月,十八届三中全会《决定》提出,在加强监管前提下,允许具备条件的民间资本依法发起设立中小型银行等金融机构。截至 2014 年 1 月底,已经通过国家工商总局预核准的民营银行超过 70 家。

由于民间资本的特性,决定了民营银行不可能与商业银行"硬碰硬",而是独辟蹊径,和传统商业银行展开差异化竞争。如果是同质竞争,又不能给客户提供更好的服务,民营银行失败的概率比较大。民营银行要围绕小微企业"做文章",这样既符合监管层的要求,又能避开大银行的"地盘",民营银行在这样的错位竞争中才有优势。

开设民营银行的底线,就是不能产生任何系统性风险,同时能服务实体经济、保护消费者利益和公平竞争。在开放的行业中,各投资主体应在同样的环境下开展金融活动,同样接受监管,承担同样的责任和义务。

八、互联网理财引领竞争新格局

(一) 去银行化的渠道

随着淘宝余额宝、百度理财等产品的热销,"互联网理财"一词跃入人们的视野。其实互联网理财已经不是什么新鲜事儿,早在各大银行和基金公司在网上售卖理财和基金产品前,互联网理财就已诞生。互联网理财在当前之所以成为热点话题,一是因为余额宝的出现大幅提高了公众对互联网理财的关注度;二是因为淘宝、百度、腾讯、人人贷等互联网公司的杀入使其被注入了真正的互联网基因,并呈现出一个新特点:即去银行化。^①

互联网理财是指资金通过互联网渠道流向银行、基金公司等金融机构,再由这些专业金融机构将资金投向债券、股票等投资工具。客户实际上是通过投资金融产品获得收益,互联网理财平台起到的是"代销"作用。主要包括金融机构自有理财平台和互联网第三方理财平台。前者包括银行网银、基金公司网上直销平台等;后者则是近期互联网金融的一个热点。比如余额宝,将客户资金通过余额宝平台投入天弘增利宝货币基金;百度理财B则是将客户资金投向华夏现金增利货币基金。

备受关注的余额宝从2013年6月13日上线至今,在短短几个月时间内,使天弘增利宝货币基金一跃成为国内规模最大的基金,创造了我国基金业的历史纪录。而2013年10月28日百度理财平台正式上线首推产品百度理财B,则创下了5小时销售超10亿元、参与购买用户超12万户的纪录,秒杀余额宝。与此同时,东方财富网的活期宝、汇添富的现金宝、苏宁易购的零钱宝等数"宝"争锋,网易、腾讯等互联网公司陆续推出了互联网理财平台,京东、新浪等公司也跃跃欲试。理财的去银行化特点越来越明显。

(二) 互联网理财的影响

由于互联网理财刚刚开始起步,无论是从业务量、余额还是从产品种类、数量上,都无法与银行机构相提并论,对银行的存贷款、代销等中间业务收入可能产生的分流、替代等影响相对有限。比如存款,有部分对收益较为敏感的客户将部分活期存款从银行搬至支付宝等平台,会对银行存款产生一定分流作用,但大部分人都只是将一小部分钱购买此类产品,以应付在网购平台的日常开销,顺便获得更高投资收益。

长期来看,一方面客户资金最终投向了货币或短期债券型基金,其收益率会回归到3—5%的行业正常水平,靠补贴回报获得的高收益不可持续;而另一方面,随着未来存款利率的全面放开,市场化的银行存款利率也将走向资金均

---

① 王雅娟,《去银行化的互联网理财竞争图式》,《上海证券报》,2014年2月11日。

衡价格,更具吸引力。贷款受到的影响也有限。

但互联网理财带来了一些本质性变化,即它改变了客户对金融服务的需求。科技进步改变了消费者的偏好,如同苹果改变了消费者对手机的需求一般,互联网理财的出现改变了客户对理财的需求。随着互联网理财方式的普及,客户发现原来除了银行之外还有一些门槛更低,也更为便利的其他选择。体验过互联网公司提供的理财服务之后,他们自然会将之与传统理财服务进行比较,并对传统理财服务提出新的要求,或者直接"用脚投票"。

面对互联网理财的出现,传统金融机构也不得不进行相应调整。例如:平安、民生等行推出"类余额宝"产品。平安银行推出的"平安盈"与南方现金增利货币基金合作,客户在网上开立财富 e 电子账户,通过账户购买"平安盈",门槛低至 1 分钱,"平安盈"内资金可 T+0 实时转出使用,还可直接购买基金或理财产品。民生银行内测一款电子银行卡,将活期储蓄与汇添富、民生加银两家基金公司的货币基金挂钩,客户认购无门槛,可免费跨行转入转出,并支持随时取现。与余额宝相比,银行推出的"类余额宝"产品转入转出使用网银的安全机制,在安全性上更胜一筹;若进一步与实体卡相结合,实现在线上线下 POS 的使用,则将更具吸引力。

互联网理财的兴起促使传统金融机构开始在淘宝开店。华夏基金、广发基金等 17 家基金公司及国华人寿、太平洋保险等 9 家保险公司均在淘宝开设了旗舰店。这些传统金融机构的淘宝旗舰店销售的产品与柜面产品基本无异,但其加入了例如收藏店铺送集分宝、点评商品送集分宝等淘宝特色服务,同时与客户的互动方式也更加"互联网"化。这些影响和改变在以前都是让人难以置信的。

（三）互联网理财兴盛的启示

1. 互联网理财与传统银行将在竞争中拥抱

一方面,两者的战线将拉得更长。未来两者的较量可能会从争夺超短期理财拓展到定期理财、信托、保险等领域。据悉,"余额宝二代"已箭在弦上,天弘、南方、工银瑞信、易方达、道富、德邦等 6 家基金公司将为阿里定制不同期限的短期理财产品。在 P2P 领域,未来将会有更多银行系大佬进入。

另一方面,两者将彼此融合,差异化发展。互联网企业拥有大数据、云计算等先进技术和创新合作的互联网基因,而传统银行拥有资金运营、风险管理、品牌信誉以及专业理财团队等核心竞争力,在激烈竞争的同时,两者将围绕各自的核心竞争力在客户分层、优势业务、金融生态建设等方面走差异化的发展路径。

2. 渠道依然为"王"

过去银行通过遍布全国的营业网点占有了传统理财市场中的绝大部分客户,无论是银行的理财产品还是代销的基金、保险等产品,其销售均依靠银行的渠道。而互联网理财时代,银行面临被"脱媒"的风险,互联网公司通过社交网络、购物平台、搜索引擎等汇聚了大量客户,成为一个新的潜在理财渠道。

为此,商业银行应重视渠道建设,加快推进物理网点的转型升级,从"坐商"向"行商"转变,提升网点营销能力与客户经理服务水平,利用物理渠道的独特功能与优势,打造互联网公司不可复制的核心竞争力。与此同时,积极提升商业银行电子渠道的客户体验,植入真正的互联网基因,彻底改变那些造成客户"选择困难症"的功能堆砌,打造能与淘宝等互联网企业相媲美的电子渠道。

3. 积极拥抱"长尾"

截至 2013 年末,余额宝已有 4 303 万用户,规模达 1 853 亿元,人均余额 4 306 元。互联网理财模式是对长尾效应的一次成功诠释,通过低门槛产品聚沙成塔,吸引大量草根客户。根据瑞士信贷发布《全球财富报告 2013》,全世界超过 69% 的成年人持有财富低于 1 万美元,23% 的成年人持有财富介于 1 万美元至 10 万美元,这两个阶层构成了财富金字塔的底层和中层,但其财富总量高达 40 万亿美元,十分可观。商业银行拥抱"长尾"的重点在于成本控制。若能够将互联网先进理念及技术与银行的专业化服务相结合,通过低成本、高效率的方式来吸引这条"长尾",则将产生巨大效益。

4. 要有自我革新的勇气与决心

历史上两次工业革命均是以蒸汽机、内燃机等新技术的出现作为重要驱动因素,21 世纪正在发生的则是以互联网、可再生能源等新技术作为标志的第三次工业革命。在新技术和新的生产方式所带来的新潮流中,引领者创造超额利润，追随者保持不被淘汰，而那些动作慢的，或者选错了方向的企业则可能遭遇淘汰。昔日的行业巨头柯达和诺基亚都是因为转型力度不够大、态度不够坚决，而在行业更新的过程中逐渐衰落。

因此，互联网理财之于传统金融机构来说，一是应有自我革命的勇气，勇于给自己"动手术"，将真正的互联网基因植入体内；二是应有壮士断腕的决心，有人怕银行自己做类似"余额宝"的存款替代产品会抢占自身存量资源，但自己不"断腕"就会被互联网企业"断腕"，甚至被同业"断腕"。

5. 紧抓银行核心竞争力

尽管互联网理财来势汹汹，但其并没有脱离理财的本质，商业银行在理财领域的专业优势是互联网企业无法替代的。在互联网理财发展的洪流中，商业银行应着力抓住自身在物理渠道、项目选择、风险控制、人才队伍等方面的独特优势。

一方面通过进一步提升网上银行等客户自助设备利用率，利用大数据、云计算等技术将物理网点和"人"从低端业务中解放出来，从事高端理财规划等机器不能完成的业务；另一方面是苦练内功，继续提高产品设计和创新水平，抓住"大资管"机遇推出一些拳头产品，理财产品的用户体验绝不仅仅是购买和查询的方便，产品的安全性、流动性和收益率才是客户关注的重点。

不论怎样，互联网理财作为新兴的业务，必将在曲折中成长，在金融版图中获得一席之地。

九、充满活力的互联网金融理财

互联网金融理财是一个涉及面非常广的领域，也是传统银行与新兴的互联网金融机构交叉很多的领域，传统与新兴，在竞争中有合作，在合作中有竞争，优势互补，展现出令人惊讶的活力，创造了许多新型的业务模式。"宝宝们"就是这个领域的产物，以互联网销售因此成了一个举足轻重的渠道。除了基金可以在网上销售外，其他各种金融产品均先后进入网络销售的时代，从而带动了整个金融体系的升级。互联网金融是跨产品线的，在统一的账户体系下，互联网金融门户、直销银行等渠道创新层出不穷，传统银行业纷纷开发出新的业务模式以应对，极大地丰富了金融业的服务种类，使老百姓获得了更多的实惠。而这恰恰是金融业的初衷——更好地服务实体经济。

后　记

　　近一两年来,"互联网金融"这一名词迅速走入大众视野,成为社会各界高度关注的热点和焦点,涉及互联网金融各个领域的相关报道也层出不穷。这对于一个新兴领域来说是有些受宠若惊的。

　　从互联网金融的名称来看,其属于互联网与金融的交叉领域,而不论是互联网领域还是金融领域,均是非常吸引眼球的:互联网行业仅用最近十余年的时间就发展成为孕育数家顶尖企业的行业,其造富能力大大超过传统行业;而金融业正在面临利率市场化、向民营资本大力开放、逐渐放宽牌照限制等历史性的机遇,在中国进一步的市场化改革中的地位不言而喻。同时,这两个行业精英云集,对各种新技术、新商业模式的反应是非常迅速的,这就好像氢气遇上氧气,一旦有火花,就会发生剧烈的化学反应。

　　互联网金融相对于传统金融,其借助的载体是互联网,而不是传统营业网点,这就导致了许多颠覆性的结果。例如:余额宝的出现使得小额资金有了获得原来大额资金才能获得的活期收益,众筹使得新的 idea 有了新的筹资方式,第三方支付不但大大丰富了生活中的各种支付场景,而且使得线上和线下连接到了一起,形成 O2O 闭环……

　　颠覆性的创新,对于传统经营方式的替代是跨界的,换句话说是防不胜防的,好似中国移动短信业务的最大对手不是联通短信,而是微信一样,传统基金公司的最大对手不是其他基金公司,而是全新的基金销售模式;传统银行存款的最大竞争对手不是其他银行,而是"各种宝";传统现金支付的竞争对手不是银联 POS 机和信用卡,而是拉卡拉、二维码、NFC 等各种新奇的移动支付方式……所以,在这个不断变化的世界中,传统的霸主随时可能被不知何处出现的一个新鲜"小玩意"不知不觉中抢走一块市场。这使得企业家们不断地关注市场最新发展动态,消费者也对各种新兴事物充满了好奇心。

　　互联网金融领域新书如雨后春笋,本书的风格和已有的书籍有所不同,它既满足了专业互联网金融人士对互联网金融知识的了解要求,也能让其他非金融人士、非互联网人士在轻松活泼的叙述风格中了解互联网金融的大致情况和典型事件,本书引用了不少资料,在文中有所标注,以便有进一步好奇心的读者做进一步拓展阅读。或者说,这并不是一本专业性很强、晦涩难懂的书,适合所有对互联网金融有好奇心,但没有相关知识背景的读者阅读。毕竟互联网金融这个新兴行业的许多问题并没有唯一的标准答案,希望本书能起到抛砖引玉的作用,普及互联网金融的常识,推动这个行业的发展。

　　感谢互联网金融领域的所有开拓者们,是你们的亲身实践造就了这本书的内容。感谢本书所引用的所有资料的作者,是你们使我能够站在巨人的肩膀上看得更远。同时,本书在写作过程中也得到了来自东方出版中心相关领导、编辑的大力支持和指导,感谢!

　　最后,谨向帮助、支持和鼓励我完成本书写作的家人和所有朋友致以深深的敬意和诚挚的感谢!

中国社会科学院金融研究所博士　谢辉

2014 年 6 月于北京

图书在版编目(CIP)数据

网金的魅惑：解码互联网金融/谢辉著. —上海：
东方出版中心,2014.8
ISBN 978-7-5473-0696-3

Ⅰ.①网… Ⅱ.①谢… Ⅲ.①互联网络-应用-金融
-研究 Ⅳ.①F830.49

中国版本图书馆 CIP 数据核字(2014)第 169219 号

网金的魅惑：解码互联网金融

出版发行：东方出版中心
地　　址：上海市仙霞路 345 号
电　　话：62417400
邮政编码：200336
经　　销：全国新华书店
印　　刷：昆山市亭林印刷有限责任公司
开　　本：710×1020 毫米　1/16
字　　数：265 千字
印　　张：19　插页 2
版　　次：2014 年 8 月第 1 版 第 1 次印刷
ISBN 978-7-5473-0696-3
定　　价：45.00 元